Ich habe einen Liebhaber

Martina Rellin

Ich habe einen Liebhaber

Frauen erzählen von ihren Begegnungen mit dem ganz besonderen Mann.

Schwarzkopf & Schwarzkopf
Verlag

Angst tötet die größte Liebe.
Anaïs Nin

Das bin ich mir wert

Vorwort von Martina Rellin

Marie sagt: »Mein Geliebter macht mich schön und begehrenswert und strahlend.« Marie ist verheiratet, und das seit vielen Jahren. Sie werden Maries Satz wiederfinden in diesem Buch, wörtlich – aber auch in vielen Variationen: Der Liebhaber bestätigt Frauen in ihrer Weiblichkeit, zaubert Schmetterlinge in den Bauch, er verleiht Energie und Kraft. Er tut all das, was sich Frauen von einem Liebhaber wünschen – und das ist mehr als Sex. Mehr als Sex, der mit dem Liebhaber selbstverständlich leidenschaftlich und aufregend zu sein hat und es auch ist! Frauen erleben mit dem Liebhaber kleine Fluchten aus dem Alltag, Ausstellungen, Theater, Urlaub, die Lust am Geheimnis, Romantik und Abenteuer, Dinge, die mit dem festen Partner schon lange nicht mehr möglich sind. Frauen mit Liebhaber sind klug genug zu wissen: Der Zauber des Liebhabers ginge im geteilten Alltag mit diesem Mann verloren. Und nicht nur das: Wahrscheinlich wäre das neue Paar überhaupt nicht alltagstauglich. Darum bleibt der Liebhaber am besten, was er ist. »Man braucht eben zwei Männer, einen für den Tag, der da ist, der einen auffängt, und einen für die Nacht.« Sagt nicht nur Marie.

Gäbe es die Liebhaber nicht – noch mehr Ehen landeten vor dem Scheidungsrichter, bei uns ist es mittlerweile jede dritte. Gäbe es die Liebhaber nicht, manche Ehen würden sogar überhaupt gar nicht erst geschlossen, denn auch das kommt vor: Liebhaber, die vor der Ehe da sind und die von vornherein miteinkalkuliert sind in die Vorstellungen einer Frau davon, wie ihr Leben aussehen soll. Der Liebhaber als Stabilisator der Ehe – bei nicht verheirateten Paaren entfaltet er seine konservierende Wirkung für die offizielle Partnerschaft natürlich genauso. Liebhaber retten Ehen und Partnerschaften und bewahren Familien davor, auseinandergerissen zu werden. »Na großartig«, werden kritische Menschen jetzt sagen, die Wörter wie Liebhaber, Geliebte, Fremdgehen, Seitensprung und Betrügen nur mit Abscheu über die Lippen bringen. »Na großartig, tolle Leistung der Liebhaber.« Nein, liebe Moralapostel, das Lob gebührt zwar auch den Liebhabern, aber mehr noch den Frauen, die sich trauen, lustvoll und selbstbestimmt Platz für einen zweiten Mann in ihrem Leben zu finden und es so spannender und reicher zu machen.

Mir war es wichtig, in diesem Buch endlich aufzuräumen mit der gerade in Frauenzeitschriften üblichen Darstellung der nichtoffiziellen Mann-Frau-Partnerschaft. Die zeigt die Frau für gewöhnlich als Opfer, als zweite Geige. Variante 1: »Ich bin die Geliebte eines verheirateten Mannes – er sagt immer, er läßt sich scheiden, und Weihnachten sitze ich wieder allein unterm Tannenbaum.« Die Frau als arme, bedauernswerte Geliebte, der Mann als Schurke. Variante 2: »Mein Mann geht fremd.« Arme, betrogene Ehefrau, schurkiger Mann. Die Männer als Sieger, die Frauen als Verlierer. Das muß nicht so sein. Frauen haben es in anderen Lebensbereichen geschafft, sich selbstbestimmt ihre eigenen Positionen zu erobern: im Alltag der festen Partnerschaft, in der Familie, im Beruf, in der Gesellschaft. Dort lassen sie sich nicht kleinmachen, sondern leben und arbeiten unabhängig von den überkommenen Vorstellungen davon, was eine Frau, eine Mutter, eine Berufstätige darf und was sie besser zu lassen hat. Genauso selbstbestimmt gehen viele Frauen heute ihr Gefühlsleben an, und dazu gehört körperliches wie seelisches Erleben. Denn um es hier noch einmal ganz klar zu sagen: Frauen mit Liebhaber suchen nicht den Mann für den Sex zwischendurch, sie wollen auch einen Gesprächspartner, jemanden, der mit ihnen lacht, ihnen Komplimente macht, sich um sie bemüht, sie wollen die ewig junge, die leidenschaftliche Liebe, die es mit dem vertrauten Partner nicht mehr gibt.

Als es sich in meinem Bekannten- und Freundeskreis herumgesprochen hatte, an welchem Thema ich gerade arbeite, die erste Geschichte einer Frau mit Liebhaber im *Magazin* erschienen war mit der Aufforderung an Frauen, sich doch bitte mit ihrer Geschichte zu melden, konnte ich mich vor Fragen und Kommentaren kaum retten. »Na, das finde ich ja an sich ganz spannend, aber meine Frau hat sowas nicht nötig«, prahlte ein Mann in größerer gemischter Runde, ausgerechnet ein Mann, von dem bekannt ist, daß er gerne damit angibt, wen er gerade wieder »flachgelegt« hat. Oft glitten im größeren Kreis die Gespräche über Liebhaber ins Launige, Unverbindliche ab. Was Wunder, ist es doch noch nicht mal unter Freundinnen und Freunden üblich zum Beispiel darüber zu sprechen, ob, und wenn ja mit welchem Vergnügen, man noch mit seinem jeweiligen Partner schläft.

Aber dann: Sie meldeten sich bei mir, Frauen aus dem weiteren Bekanntenkreis, die von meinem Vorhaben gehört hatten und endlich einmal jemandem erzählen wollten, was sie mit Liebhabern erlebt haben und erleben. Kaum zu glauben: Ganz viele Frauen können mit niemandem darüber sprechen, daß sie einen Liebhaber haben. Der Liebhaber muß ihr Geheimnis bleiben, und in glücklichen Zeiten ist dann niemand da, mit dem sie den Überschwang der Gefühle teilen können, in schlechten Zeiten – und auch die kommen mit Liebhaber vor – ist keiner da, der Leid teilt und daraus halbes Leid macht. Nun konnten sie mir von allen Höhen und Tiefen erzählen und sprudelten nur so. Auch nach dem Aufruf in der Zeitschrift meldeten sich für mich verblüffend viele Frauen – zwar hatte ich strikte Anonymität zugesichert, aber daß so viele bei einem so heiklen Thema darauf wirklich vertrauen würden, hat mich dann doch überrascht.

Wie nun kommt eine Frau überhaupt zu einem Liebhaber? Nehmen wir den klassischen Fall. Es muß nicht unbedingt der ins Haus stehende 30. oder 40. Geburtstag sein, um sich selbst zu fragen: Was hält das Leben noch an Überraschungen für mich parat? Was habe ich? Was fehlt mir? Es ist erstaunlich, wie nüchtern das angeblich so emotionsgesteuerte Geschlecht auch zwischendurch Bilanz zieht, und die sieht dann oft so aus: Die Familie funktioniert, die Partnerschaft funktioniert, mit meinem Mann verbindet mich Vertrauen und Gewohnheit, aber das Prickeln ist weg, alles ist ein bißchen langweilig. Das ist noch lange kein Grund, sich zu trennen oder scheiden zu lassen, denn vielen Frauen ist klar: Mit dem nächsten wird es irgendwann auch so sein wie mit dem jetzigen. Also beschließen viele, etwas für die bestehende Partnerschaft, auch für die Lust miteinander, zu tun.

Unzählig die von Frauen nach Hause geschleppten Prospekte für romantische Wochenendtrips, die Vorschläge für gemeinsames Ausgehen, die für Kerzenschein und guten Wein gekochten Menüs, nicht zu vergessen die extra erworbenen Dessous. Unzählig auch die Zahl der Abende, die mit Enttäuschungen enden, weil sich der Zauber des Anfangs der Beziehung nicht zurückholen läßt. Die schwarze Seide stapelt sich im Wäscheschrank. Die Besitzerin genießt immerhin, die Sachen ganz allein für sich zu tragen. Der Ehemann verbringt die Abende weiter lieber vor Computer oder Fernseher und ringt sich bei Annäherungsversuchen höchstens ein durchaus noch liebevoll geknurrtes »Du wieder« ab.

Kann durchaus sein, daß das Paar gemeinsam leidet an der verlorenen sexuellen Anziehung, kann sein, daß es sich mit guter Absicht zu Eheberatung oder Paartherapie begibt, die ihm in ihrem Machbarkeitswahn vorgaukelt: »Ihr könnt es schaffen, wenn ihr nur wollt, man muß an einer Beziehung arbeiten.« Kann aber auch sein, daß des Paartherapeuten »Seid spontan und verabredet euch mal wieder wie Fremde im eigenen Schlafzimmer« hauptsächlich die Lachmuskeln anregt, was ja auch schön ist, wenn man miteinander lachen kann. Ob mit Therapeut oder ohne: Das Paar leidet daran, nicht zu genügen, dem medial vermittelten Ideal nicht zu entsprechen, daß zu einer guten Partnerschaft auch guter Sex gehört.

Anfang des Jahres 2001 sorgte der Paarberater Michael Mary mit seinem Buch »5 Lügen, die Liebe betreffend« für Aufsehen. Erstaunt nahmen die Medien zur Kenntnis, was doch eigentlich jeder wissen kann: Es sei ganz normal, wenn bei einer Langzeitbeziehung die Leidenschaft nachlasse, Harmonie sei ein Wert an sich, eine Beziehung nicht krank und behandlungsbedürftig, wenn Sex nicht mehr so wichtig sei oder nicht mehr vorkomme. Das mußte mal gesagt werden. Therapeuten und Medien fahren trotzdem fort, uns mit immer neuen Rezepten für die in sexueller Hinsicht erfüllte Partnerschaft zu versorgen – genauso, wie sie nicht müde werden, uns allwöchentlich neue Wunderdiäten anzupreisen, die offensichtlich kaum dazu beitragen, die Fettleibigkeit in Deutschland zu bannen.

Ja, was denn nun? Das Problem ist erkannt: Mit der Zeit schwindet die Leidenschaft zwischen den Partnern, das Begehren läßt nach. Das ist normal, also laßt das Klagen und Aufbegehren, man kann dagegen ebenso wenig machen wie gegen Falten. So einfach ist es nicht. Wenn das Paar schon nichts tun kann, dann vielleicht jeder für sich? Männer sind anders als Frauen, sie ertragen solche Situationen leichter, manchmal suchen sie sich für ihren Wunsch nach Sex eine Geliebte, meist dann in der Zwei-drei-Stunden-die-Woche-Form. Manche Männer tun noch nicht einmal dies, denn es stimmt einfach nicht, daß das starke Geschlecht das ewig triebhafte ist – Sie werden in diesem Buch Frauen finden, die klagen wie Lisa: »Mein Mann ist zärtlich, wenn wir Sex haben. Aber das ist es eben: Wenn wir Sex haben.« Das gibt es wirklich: Männer, die weniger Sex wollen als Frauen, und meistens fehlt dann auch noch etwas anderes.

Frauen, die an ihrer festen Partnerschaft festhalten wollen, aber sich nicht abfinden können mit dieser tief empfundenen Leere der Seele, mit der im Dornröschenschlaf versunkenen Leidenschaft, suchen nach Wegen, das fehlende Prickeln oder Knistern zurückzuholen in ihr Leben. Und, so komisch das klingt: Weil sie ihre Männer lieben, erscheint ihnen der Liebhaber als Lösung ihres Problems. »Jetzt suchst du dir einfach für den Sex einen anderen. Punkt. Aus.« Dieser Gedanke von Lisa beschäftigt viele Frauen – aber zwischen Drandenken und Tun ist ein Unterschied. Immerhin: Ist der Liebhaber erst mal theoretisch erwogen, stellt er sich oft von alleine ein. Warum? Die Scheuklappen sind weg, plötzlich nehmen die Frauen wahr, daß da ein Arbeitskollege schon länger heftig flirtet, daß der Bekannte aus dem Sportverein die oft locker ausgesprochene Einladung zum Kaffee wirklich ernst meint.

Viele Frauen gehen den nächsten, folgerichtigen Schritt und helfen dem Zufall auf die Sprünge: Sie suchen. Der klassische Weg: die Zeitungsanzeige. Selber aufgeben oder lesen. Der neue Weg: das Internet. Nicht jedes Treffen führt zum Erfolg, aber meistens haben Briefe, Telefongespräche, E-Mails oder das Separée des Chatrooms schon sehr gefiltert, und darum knistert es beim ersten Treffen dann oft wirklich wie erhofft. Allein diese Situation, die Spannung, wird's oder wird's nicht? Oft bleibt der Liebhaber lange, und wenn er geht oder gegangen wird, wird auf demselben Wege per Anzeige der nächste gesucht und gefunden.

Selbstverständlich, es gibt sie wirklich, die Frauen, die immer, schon als junge Frauen, neben der festen Beziehung noch einen Mann oder Männer nebenher hatten. Diese Frauen sind es dann auch, die es fertigbringen, den ruhigen, den verläßlichen Freund, eben den, mit dem man alt werden kann, der ein guter Vater für die eigenen Kinder wäre, bei dem viele Jahrzehnte sicher erscheinen, zu heiraten oder sich sonstwie klar an ihn zu binden. Der Liebhaber bleibt auch nach dem Gang zum Standesamt mit einem anderen. Diese Frauen wollen, genauso wie die, die erst später zu Liebhabern finden, alles: Geborgenheit und Ruhe zu Hause, Aufregung und Leidenschaft mit dem Freund, und das organisieren sie mit Meisterschaft.

Noch immer ruft die Lebensform »Frau mit Liebhaber«, und als Lebensform muß man das, was viele Frauen tun, bezeichnen, bei vielen Menschen Empörung hervor: Unglaublich, entsetzlich, haben diese Frauen denn kein Gewissen? Ein gutes doch jedenfalls bestimmt nicht. Doch, sie haben. Anflüge von schlechtem Gewissen sind selten, und es gibt einen Standardsatz, der die Lage prima beschreibt: »Ich nehme ihm doch nichts weg.« Ihm, dem festen Partner, dem Ehemann. Das sagen viele Frauen. Und sie nehmen ihm wirklich nichts weg, im Gegenteil, meist profitiert der Ehemann oder feste Partner, ja die ganze Familie von einer ausgeglicheneren, vergnügteren Partnerin oder Mutter. Und wie sieht es aus mit wenigstens ein bißchen schlechtem Gewissen der Partnerin des Liebhabers – denn meist hat er eine – gegenüber? Wäre da nicht ein bißchen weibliche Solidarität angebracht, um die arme Partnerin nicht in die mißliche Lage der Variante 2 zu bringen: arme betrogene Ehefrau? Hier siegt die Liebe zu sich selbst und auch zum Liebhaber, Gedanken an die andere könnten den Spaß verderben, und darum wird sie am besten aus der Gedankenwelt gestrichen. Das ist nicht immer einfach, wenn man die Partnerin des Liebhabers kennt, aber meist ist das gar nicht der Fall. Wenn doch, geht man ihr besser aus dem Wege, meist ist sie nämlich noch nicht mal unsympathisch. Ist sie unbekannt, sollte sie das nach Einschätzung der Frauen besser bleiben, denn »wahrscheinlich wäre sie mir ja sogar sympathisch«, wie Hanna vermutet. Daß der Liebhaber den eigenen Mann kennenlernt oder kennt, ohne daß daraus eine Katastrophe erwächst, ist da schon wahrscheinlicher. Leicht zu erklären: Frauen haben die feineren Antennen. Die Frauen der Liebhaber für das, was der Mann außerhalb der festen Partnerschaft tut, die Frauen mit Liebhaber dafür, was sie ihrem Mann zumuten können und was nicht.

Liebhaber scheinen sehr gut mit ihrer Rolle als Zweitmann klarzukommen, auch wenn manche durchaus sagen: »Ich hätte dich gern für immer« – das ist dann häufig Teil des Spiels, das beide Partner miteinander spielen. Und als Partner darf man sie bezeichnen, Frau und Liebhaber, ohne daß die meist vorhandenen festen Partnerschaften davon berührt wären. Oder wie sonst soll man es nennen, wenn ein Mann und eine Frau ihre Zweisamkeit planen, genießen, und das eben über die sexuelle Leidenschaft hinaus.

Und die Männer der Frauen, die einen Liebhaber haben – was sind das für Männer? Sie werden Ihnen begegnen in diesem Buch, und ein Bild zeichnet sich ab: Sie sind in ihren Partnerschaften meist die ruhigeren, sie sind verläßlich, gute Väter, der sichere Hafen, manchmal auch ein bißchen weniger als das, aber eben wichtig genug für die Frauen, um die Beziehung aufrecht zu erhalten. Als rücksichtsvoll und verantwortungsbewußt habe ich die Frauen erlebt, die mir ihre Geschichten erzählt haben, sorgsam gehen sie mit ihren außerpartnerschaftlichen Beziehungen oder Affären um, um ihre eigenen Männer nicht zu verletzen. Und, merken die Männer denn nichts? Abgesehen davon, daß die Frauen klug vorgehen und ihre Partner wenig argwöhnisch sind, ahnen viele Männer, was da vor sich geht. Aber hier zeigt sich ein gravierender Unterschied zwischen den Geschlechtern: Neigen Frauen dazu, ihren eigenen Mann sofort zur Rede zu stellen, wenn sie ihn in den Armen einer anderen vermuten, schieben Männer diese Gedanken einfach weg. Und es ist zu kurz gedacht einfach zu sagen: Er liebt seine Frau eben nicht, er ist desinteressiert. Nein, gewähren lassen, vertrauen, das fällt Männern leichter, weil sie vielleicht wissen, daß sie sich auf ihre Frauen verlassen können. Manche Frauen sagten mir wie Ines: »Ich würde meinem Mann alles erzählen, wenn er fragen würde.« Manche wünschen sich auch wie Annie: »Ich habe mir manchmal doll gewünscht, daß ich Jens von Matthias erzählen kann, natürlich um mein schlechtes Gewissen zu beruhigen. Das wäre schön: Du erzählst alles, der andere kann das akzeptieren, du brauchst dich nicht mehr zu verstecken.« Aber über das Bedürfnis, sich mitzuteilen, das doch manchmal aufkeimende schlechte Gewissen zu beruhigen, siegt der Wunsch, die Beziehungen nicht aufs Spiel zu setzen – die zum eigenen Mann wie die zum Liebhaber.

Nicht alle Frauen sind dieser Konstellation mit heimlichem Liebhaber gewachsen, zu tief wirken die immer noch geltenden Tabus: Man geht nicht fremd, man betrügt seinen Partner nicht, so ein Doppelleben – und zu dem wird es oft – gehört sich nicht. Wohlgemerkt, in diesem Buch geht es um Verhaltensweisen, die über den einmaligen Seitensprung, den One-Night-Stand, hinausgehen, die sich zwar offiziell auch nicht gehören, aber für die meisten verzeihbare Sünden sind, gelobt der Partner Besserung. Dieses Buch beschäftigt sich nicht mit diesen läßlichen Sünden, sondern widmet sich gleich der hohen Schule der vermeintlichen Unmoral, und der ist nicht jede gewachsen. »Das Thema ›Liebhaber‹ ist für mich erledigt. Flirts ja, aber der Preis, den ich bezahlt habe, der ist einfach zu hoch. Einen Liebhaber zu haben ist nur etwas für Frauen, die sagen: Wer kann mir denn? Man muß sehr genau wissen, was man will, wie weit alles gehen darf. Ich weiß jetzt eben, daß ich das nicht kann, einen Liebhaber neben meiner Ehe zu haben«, sagt Caroline, die ihre Zeit mit ihrem Liebhaber erst genossen hat, dann aber zunehmend litt unter der Situation und dem Druck, den der Liebhaber entgegen allen ungeschriebenen Regeln ausübte. Wenn Frauen in dieser Situation mit Liebhaber ins Schlingern kommen, wirklich an ihr leiden, dann sind das meist Frauen, die wie Caroline in diese Geschichte völlig unbeabsichtig hineingeraten sind. Plötzlich war er da, der andere Mann, und es war zeitweise anregender, aufregender mit ihm als mit dem festen Partner. Hier geschieht dann manchmal das, was sich in der Statistik der Scheidungsgründe mit »neuer Partner« niederschlägt. Auch Sabine beispielsweise trennte sich von ihrem Mann, litt unter der Trennung von ihren Kindern: »Ich fragte mich lange Zeit immer wieder: Hatte ich das Recht, so egoistisch zu sein?« Und sie kam zu dem Schluß: Sie hatte. Sie vermuten richtig: Gerade die Frauen, die bewußt, gezielt nach einem Liebhaber gesucht haben, begeben sich wenig in Gefahr. Bricht der Liebhaber dagegen als Naturereignis einfach so hinein in ihr Leben, sind größere Turbulenzen zu erwarten. Und natürlich ist es so: Jüngere Frauen gehen tendenziell lockerer mit der Frage nach dem Liebhaber um als ältere; finanzielle Unabhängigkeit scheint Grundvoraussetzung zu sein. Auch zwischen Westen und Osten ist ein Unterschied zu beobachten: Gerade ältere Frauen aus dem Osten zeigen ihren Anspruch auf ein selbstbestimmtes Leben sehr selbstbewußt, in ökonomischer Hinsicht genauso wie im Hinblick auf die Ansprüche an die Partnerschaft – die als junge Frau erlebte finanzielle Unabhängigkeit durch einen eigenen Beruf, die früh bekommenen und schon großen Kinder, die DDR-Sozialisation insgesamt machen das möglich.

Scheidung ist heute eigentlich kein Tabu mehr, dennoch ist es erstaunlich, wie viele Frauen bei ihren Überlegungen »Soll ich mich trennen, soll ich nicht?« die Einschätzungen durch ihr soziales Umfeld ins Kalkül einbeziehen. »Wir sind für unseren Bekannten- und Freundeskreis die letzte ideale Familie, alle anderen sind schon mindestens einmal geschieden« – »Wir gelten als tolles Paar.« Sie werden diese oder ähnliche Äußerungen in diesem Buch wiederfinden. Kunststück, werden manche jetzt sagen: Nach außen die Fassade aufrechterhalten und heimlich durch eine Liebschaft das herbeiholen, was zu Hause fehlt. Ja und? Frauen mit Liebhaber brechen eines der letzten Tabus, denn das Leben mit Liebhaber erscheint nicht gesellschaftsfähig. Wie weit sind wir trotz – oder vielleicht gerade wegen – der Durchsexualisierung des Alltags davon entfernt, in der Kollegenrunde sagen zu können: »Im Urlaub fahre ich mit meinem Liebhaber auf die Malediven, mein Mann bleibt lieber zu Hause.« Oder wie wäre es, zum Grillfest bei Freunden statt Ehemann mal den anderen Liebsten mitzubringen? Nein, das geht nicht. Immerhin gelten dabei für Frauen mit Liebhaber ähnliche Tabus wie für Männer mit der klassischen Geliebten.

Frauen mit Liebhaber werden in diesem Buch vieles wiederfinden, was sie selbst bewegt oder bewegt hat, das reicht von der Frage: Sprechen Frau und Liebhaber über die jeweils anderen Partner (absolutes Schweigen bis hin zu einfühlsamen Ratschlägen) bis: Wird der Sex mit dem Liebhaber nicht auch langweilig (nicht so schnell, er behält den Reiz des Besonderen, und das Bemühen, sich möglichst das Sonntagsgesicht zu zeigen, ist unzweifelhaft da). Und Frauen, die gerne einen Liebhaber hätten, werden sich bei mancher Geschichte fragen: Wie schaffe ich es, eines dieser Wunderwesen abzukriegen und nicht einen von der Sorte, wie ihn Anja erlebte: »Er hatte gesagt, ich könnte ihn auch zu Hause anrufen. Habe ich dann gemacht, und er hat gesagt: ›Falsch verbunden.‹ Das tat ihm hinterher furchtbar leid, aber ich habe gemerkt: Ich eigne mich nicht zur Geliebten.« Klar, daß dieser Mann wirklich die duldsame Geliebte für die Zwei-drei-Stunden-Nummer einmal die Woche wollte. Bei Anja – die zu den Frauen gehört, die ohne feste Beziehung im Hintergrund dennoch nur Liebhaber und keinen festen Partner suchen – war er falsch gewickelt, und da ist es, wie überall im Leben: Wer sich weigert, das brave Mädchen zu sein, wer immer alles und noch mehr fordert, hat größere Chancen, das auch zu bekommen als die stille Dulderin. Gut gebrüllt, Löwin.

Überhaupt gut gebrüllt, denn bisher hörte sich das alles doch recht lustig und unkompliziert an. Für alle Frauen, die jetzt schon im Geiste Anzeigentexte formulieren, die doch Mut gefaßt haben, das Leben stärker in die eigene Hand zu nehmen: Jetzt kommt das Kleingedruckte. Natürlich hat Himmelhochjauchzend als Gegenpol zu Tode betrübt. Nicht nur, wenn *er* plötzlich nicht mehr will. Nein, es kann schon schwierig genug sein, wenn anfangs doch die große Frage nach der Trennung von den Partnern kommt. Diana: »Wir haben ganz oft und lange über Trennungen gesprochen und wissen jetzt beide: Wir tun es nicht, am besten, alles bleibt, wie es ist.« Keine Angst, Sie schaffen das auch, so wie die meisten anderen. Trotzdem kann es Sie ganz persönlich immer wieder anfechten, zum Beispiel mit unfairen Vergleichen: »Ich habe immer verglichen: Warum kann Jürgen das nicht auch so und so machen?« erinnert sich Caroline. Nein, zweifeln Sie nicht an sich und Jürgen, Sie haben schon ganz richtig entschieden, sonst teilten Sie nicht so lange mit dem Mann zu Hause das Zuhause. Und was, wenn jemand merkt, daß Sie einen Liebhaber haben? Sie sind so klug, das merkt keiner. Selten überschreitet ein Paar den Grad des Gerade-noch-Erlaubten, um die festen Partnerschaften nicht zu gefährden.

Ich freue mich, daß so viele unterschiedliche Geschichten jetzt in diesem Buch gebündelt sind. Die Idee dazu kam mir durch eine Schulfreundin. Zwanzig Jahre hatten wir uns nicht gesehen, da ruft sie mich plötzlich in der Redaktion an: »Hallo, Martina.« Ich hörte ihre Stimme und sah wieder das Mädchen Jutta vor mir, eine Schönheit mit langem, dunklem Haar, die sich die Jungs aussuchen konnte. Sie erzählte von ihrem Leben mit Ehemann und Kindern im Reihenhaus am Stadtrand, wie froh sie sei, da jetzt wieder regelmäßig rauszukommen zu ihrem Halbtagsjob in der Bibliothek. Im Hintergrund lief klassische Musik. Früher hörte Jutta Punk. »Das ist übrigens mein Sohn, der da gerade Klavier spielt«, sagte Jutta. Die wilde Jutta von früher im Reihenhaus mit Klavierbegleitung. Was sollte ich da denken. Ich sagte: »Mensch, Jutta, du bist ganz schön solide geworden, was? Ist das nicht ein bißchen langweilig?« – »Nein, wo denkst du hin, gegen die Langeweile habe ich einen Liebhaber, das kann ich sehr empfehlen.« Ihre Freundin habe auch einen! Wir haben noch viel gelacht am Telefon, und als wir auflegten, war die Idee für das Buch da: »Ich habe einen Liebhaber. Frauen erzählen.«

Jetzt kommt er endlich, der Dank an alle Frauen, die mir ihre Liebhabergeschichten anvertraut haben. Euch allen, Ihnen allen, danke, danke, danke. Es macht Freude, mit Frauen zu sprechen, die voll im Leben stehen, das Leben genießen, die positiven Seiten voll auskosten und auftretende Probleme aktiv und selbstbestimmt angehen. Selten habe ich in so kurzer Zeit so oft Sätze gehört wie »Das bin ich mir jetzt einfach wert.«, »Das ist ein gesunder Egoismus, den ich da lebe« oder »Ich möchte mir nie vorwerfen, etwas verpaßt zu haben«. Viele, viele Stunden habe ich in den letzten Monaten mit Gesprächen verbracht, wir haben uns getroffen, einmal, zweimal, immer wieder, wir haben telefoniert, ich habe geschrieben und alles, was Rückschlüsse auf die Identität der Frauen zuläßt – Namen, Berufe, Orte, allzu eindeutige Umstände – so weit verändert, daß die Frauen nicht zu erkennen sind. Ähnlichkeiten sind zufällig, keinesfalls beabsichtigt.

Daß uns beim Reden und Aufschreiben die Wirklichkeit manchmal eingeholt hat, versteht sich von selbst. So schrieb mir Lisa an die letzte Korrektur: »Nach einem Jahr und zwei Monaten hat Michael unser Verhältnis beendet. Es ist ihm zuviel Nähe. Das hält er nicht aus. Es ist nicht leicht für mich. Aber ich muß es akzeptieren, und ich werde es auch.« Nun, sie mußte es nicht. Einige Wochen später, bei einem neuen Telefongespräch, waren die beiden schon wieder verabredet. Auch das gehört zum abwechslungsreichen Leben mit Liebhaber dazu.

Lisa, 45

Mein Engel fliegt durch den Raum

Oder: Männer sind nur der Katalysator

Vor acht Jahren hatte ich das erste Mal die Idee: Ich muß es mit einem anderen Mann versuchen. Ich hab's auch wirklich probiert, aber: Es ging nicht. Ich bin regelrecht von der Couch wieder aufgesprungen und habe gesagt: »Tut mir leid, aber ich kann das nicht.« – »Da kann dein Mann aber stolz sein auf dich«, war die Reaktion von dem Mann auf dem Sofa. Er war aus unserem weitesten Bekanntenkreis.

Als es dann doch geklappt hat, daß ich den ersten Sex mit einem anderen Mann außerhalb meiner Ehe hatte, war das bei meiner Kur. Dort war ich nur auf mich gestellt, ich kam mir sehr einsam vor, mir fehlte die Geborgenheit und mein soziales Umfeld. Da war ein Mann, mit dem ich mich sehr gut unterhalten konnte. Ich unterhalte mich überhaupt gerne mit Leuten, finde auch immer ein Thema. Jedenfalls haben wir geredet und geredet, und es hat geknistert. Und wie es geknistert hat. Merke nur ich das, habe ich mich gefragt. Es lag so eine Erotik in der Luft, aber es ist nichts passiert, und wir haben uns ganz normal voneinander verabschiedet. Ich habe den Mann dann danach angerufen, am Telefon ist es leichter, und ich habe gefragt: »Hast du denn nichts gemerkt?« Da sagt er: »Doch, aber ich habe mich nicht getraut.« Ein paar Tage später ist es dann geschehen, und ich fand es einfach schön.

Ich bin jetzt Mitte 40 und seit 20 Jahren verheiratet, mit allen Höhen und Tiefen. Wir haben ein gut organisiertes Familienleben. Alles funktioniert prächtig. Aber sexuell haben wir uns sehr auseinanderentwickelt. Mein Mann will kaum noch Sex. Es fehlt die Anziehung, man wird als Frau für den eigenen Mann so gewöhnlich wie ein Bild an der Wand. Ich habe mich zu diesem Thema sehr belesen und habe versucht, an unserem Problem zu arbeiten. Alles Mögliche habe ich versucht. Ich bin in Dessous in seinem Arbeitszimmer aufgetaucht, es war schon fast albern, was ich alles getan habe. Es gibt einen Witz, der die Situation gut beschreibt: Liegt eine Frau in schwarzen Dessous im Bett. Kommt ihr Mann nach Hause und fragt: »Ist was mit Mutter?« Aber irgendwann habe ich mich gefragt: Warum? Warum arbeite immer nur ich an unserer Beziehung? Das bist du dir jetzt einfach selber wert, daß du dich nicht von deinem Mann abhängig machst. Jetzt suchst du dir einfach für den Sex einen anderen. Punkt. Aus.

Meine erste Beziehung, die während der Kur begonnen hatte, ging dann drei Jahre. Wir haben uns so alle 14 Tage gesehen, auch mal am Wochenende. Er wohnte 200 Kilometer von uns entfernt, ein ganz schönes Stück.

Als es mit dieser ersten Beziehung vorbei war, habe ich angefangen, auf Annoncen zu antworten. Du mußt viele Frösche an die Wand werfen, wenn du einen Prinzen finden willst ... Der erste Mann, den ich traf, hatte über einen Freund annonciert. Er selber war verheiratet und hatte drei Kinder. Er hat gleich beim ersten Treffen zu mir gesagt: »Komm, steig ins Auto«, aber ich habe nur geantwortet: »Meine Mama hat immer gesagt, man steigt nicht zu einem fremden Mann ins Auto.« Wir haben dann erst mal ein paar Stunden im Lokal geredet, uns noch zwei Mal getroffen, bis er mich gefragt hat, wie ich es denn ausdrücken würde, wenn ich mit einem Mann Sex haben wollte. »Na, ich winke mit dem Fähnchen«, habe ich geantwortet. »Und wann tust du das?«, fragte er. »Na, dann werd' ich jetzt mal winken«, sagte ich daraufhin.

Die Frage »Gehen wir zu mir oder zu dir?« stellte sich natürlich gar nicht, wir hatten ja beide Familie zu Hause. Das war eine sehr prickelnde, eine sehr erotische Situation: mit einem fremden Mann im Hotel. Das Thema Aids hatten wir vorher schon abgehakt, also gib Aids keine Chance. Kondome waren mir schon wichtig. Es war schön, einfach nur richtig schön. Wir haben immer Sekt mitgebracht und unsere Lieblingsmusik auf CDs. Mit diesem Mann habe ich das erste Mal gespürt, was es heißt, richtig sex-hungrig, geil aufeinander zu sein. Aber mir hat dann etwas gefehlt.

Die Wochenenden waren immer tabu, wegen seiner Familie. Ich wollte ein bißchen mehr Zeit mit ihm haben, nach dem Sex auch angerufen werden, ein bißchen mehr umsorgt sein. Kurz: Ich konnte die Grenzen nicht erkennen, die nun einmal da sind. Nach dem vierten Mal habe ich ihn einfach angerufen und gesagt: »So was wie dich muß ich mir nicht antun, und tschüß.« Dann habe ich einfach aufgelegt.

Nun hatte ich also meine außereheliche Beziehung gecancelt. Ich fing wieder an, Annoncen zu lesen. Da war dann auch eine, die sprach mich an: »Abendessen und erotisches Dessert«, stand da. Hoffentlich weiß der Junge, wovon er spricht, dachte ich so. Wir haben uns getroffen, er erzählte von Frau und Familie, und daß seine Freundin, ja, richtig, seine Freundin, gerade mit ihm Schluß gemacht hatte. Um damit fertig zu werden, wollte Michael offensichtlich etwas Neues kennenlernen. Aber ich wollte doch nicht nur sein Trostpflästerchen sein, ich eigne mich nicht zur Florence Nightingale. Ich habe ihm ganz klar gesagt, daß ich auch auf Sex Wert lege in so einer Beziehung. Für ihn sei das auch wichtig, erklärte er mir.

Als wir uns dann drei Mal getroffen hatten, er immer wieder von Claudia , seiner Freundin, anfing, habe ich gefragt: »Was ist denn nun mit dem Sex?« Wir waren im Auto, ich hatte große Lust, und er sagt, er kann das so nicht. Er ist so ein Sensibler, ein Guter, der noch richtig rot wird. Er braucht zum Sex auch Geborgenheit und Nähe, genau so wie ich.

Das nächste Mal sind wir dann ins Hotel gegangen, und nach dem vierten, fünften Treffen fing es dann an, richtig gut zu werden. Michael ist absolut feinfühlig, zärtlich und aufmerksam. Er geht auf mich ein, es ist himmlisch. Zwischen uns gibt es ein richtiges erotisches Flimmern. Es ist ein gegenseitiges Geben und Nehmen, einfach fantastisch. Dazu braucht man auch Vertrauen, das erst allmählich wächst. Michael ist acht Jahre jünger als ich. Anfangs hatte ich damit ganz schöne Schwierigkeiten.

Wir haben uns von Anfang an beim Sex ohne viele Worte verstanden. Und nicht nur beim Sex. Einmal kam ich zu ihm, da hatte ich gerade vorher einen Bekannten im Krankenhaus besucht, der im Koma lag. Michael hat mich nur angeguckt, gesehen, daß was nicht in Ordnung war und wortlos in den Arm genommen. Das gab mir was, das kann ich gar nicht beschreiben. Der andere merkt ohne Worte, wie's dir geht. Aber ich fing bald wieder an, die Grenzen, die es in so einer Beziehung nun mal gibt, zu überschreiten. Ich habe ein sehr vereinnahmendes Wesen. Eigentlich wollte ich an der Situation, die ich hatte, gar nichts ändern. Trotzdem, ich wünschte mir beim Sex einen Mann, der seine Rolle voll ausfüllt. Um festzustellen, ob unsere Beziehung gut ist, habe ich angefangen, nach jeder Begegnung einen Stein in die Schale zu legen: einen weißen Stein, wenn es gut war und einen schwarzen, wenn es schlecht war. Es waren mehr weiße als schwarze, und bei 50 habe ich dann aufgehört. Wir haben uns damals so zweimal die Woche getroffen.

Ich habe die Erfahrung gemacht: Sage, was du brauchst, dann kriegst du, was du brauchst. Durch meine Arbeit habe ich auch früh manchmal Zeit, und wenn wir morgens Sex hatten, dann lege ich schon Wert darauf, daß Michael mich im Laufe des Tages noch einmal anruft. Ich möchte das, ich sage das, und dann kriege ich das auch. Der andere kann doch nicht immer ahnen, was man will. Michael richtet sich sehr danach, was ich mir wünsche. Nie vergißt er, mich montags anzurufen und mir eine schöne Woche zu wünschen, zu fragen, wie das Wochenende war. Das sind Dinge, die sich richtig eingespielt haben. Ich bin keine Feministin, aber ich glaube, ich bin schon selbstbewußt und möchte schon mitbestimmen, wie mein Leben aussieht. Ich lege Wert darauf, daß meine Gefühle geachtet werden, und Michael versucht, dem gerecht zu werden.

Nach und nach mußte ich auch lernen, Michaels Grenzen zu akzeptieren. Das Wochenende gehört der Familie, es ist tabu. Auch wenn Michael abends mit seiner Tochter noch Mathe-Hausaufgaben machen muß, ist mir schon klar, daß er für mich keine Zeit hat. Wir haben richtig daran gearbeitet, unsere Grenzen festzulegen, wir haben viel darüber geredet. Ich weiß mittlerweile aber auch, daß ich ihm wichtig bin. Und ich gehöre mehr zu seinem Leben, als ich manchmal denke. Das merke ich immer wieder.

Wenn wir im Alltag Zeit für uns haben, dann zwei, drei Stunden, die wir sehr bewußt genießen. In diesen wenigen Stunden gibt es zwischen uns eine große Intensität, ich kann es nicht anders sagen. Michael fährt hier auf dem Weg zur Arbeit durch. Er braucht nur anzuhalten. Meine Freundin hat gesagt: »Wenn du versuchst, es heimlich zu machen, merkt's jeder.« Michael klingelt also ganz offiziell, wie jeder Klempner oder Elektriker, an meiner Tür.

Einmal waren wir zusammen zwei Tage weg. Michael hatte eine Dienstreise, und ich konnte es einrichten mitzufahren. Was, wenn wir auf der Autobahn verunglückt wären? Natürlich ist nichts passiert, und ich habe die lange Zeit, die wir zusammen waren, sehr genossen. Zum Schluß sind wir auch noch in einen Stau geraten und haben uns die Zeit mit »Was-wäre-wenn«-Spielen vertrieben. Manchmal denke ich, was ich tun würde, wenn es durch einen Zufall rauskommen würde. Das wäre nicht gut. Aber wie heißt es so schön: no risk, no fun. Wenn also der Fall eintreten würde, wäre ich bereit, mich von meinem Mann zu trennen. Nicht, um dann mit Michael zusammenzuleben. Nein, das nicht, ich würde wohl nie wieder heiraten.

Der Sex mit Michael ist so unglaublich weich und gut, ich fühle mich mit Michael so unglaublich weiblich, und das ist einfach ein tolles Gefühl. Stunden nach dem Sex brauche ich nur die Musik von Enigma noch mal aufzulegen, und schon kann ich das ganze Erlebte noch mal erleben und nachfühlen, auf meiner Haut, in mir. Das ist wunderbar. Michael berührt meine Seele. Wenn wir hinterher beieinanderliegen, denke ich, ein Engel geht durch den Raum. Manchmal nenne ich Michael auch »mein Krieger«. Ich streiche ihm zwischen den Augen über die Stirn und sage dann zu ihm: »Jetzt bist du unverwundbar und kannst die nächste Schlacht heil überstehen.«

Ab und zu habe ich auch ein schlechtes Gewissen. Ich frage mich dann: Was tust du, was setzt du eigentlich aufs Spiel? Aber mir gibt diese Beziehung so viel. Und was ich dort bekomme, kann ich auch weitergeben. Leidenschaft, Schmetterlinge im Bauch spüren, so etwas bestätigt mich in meinem Frau-Sein. Diese Gefühle, dieses Glück, dieses Spüren aller Sinne, das alles ist in mir! Früher war ich da viel mehr von Männern abhängig, heute spüre ich genau: Ich brauche zwar unbedingt einen Mann, der mit mir meine Leidenschaft leben kann. Aber er ist trotzdem nur der Katalysator. Diese Glückserlebnisse, diesen berühmten Flow, erleben andere, wenn sie malen oder sonstwie kreativ sind. Ich erlebe das eben durch die Leidenschaft. Mir tut das gut. Also ist das auch gut für mich. Ich stehe voll dazu, und das strahle ich auch aus. Viele, die mich kennen, sagen das auch, wissen aber nicht, wie es zustande kommt.

Ich bin jetzt wie gesagt 45, aber das Alter ist für mich überhaupt kein Problem, auch wenn mich allmählich so das eine oder andere kleinere Zipperlein plagt. Anderen Frauen meines Alters, von denen ich weiß, wie's daheim läuft oder eben auch nicht läuft, merkt man an, daß das Thema Sex für sie gar kein Thema ist. Ich will ja gar nicht behaupten, daß man Ausstrahlung nur über Sex kriegt. Aber es ist so wichtig, daß man mit sich im Reinen ist, wirklich in seiner Mitte ruht. Meine Familie hat auch etwas davon, wenn es mir gut geht. Michael und ich erhalten durch unsere Beziehung die Beziehungen mit unseren jeweiligen Partnern aufrecht. Wir sprechen kaum über unsere Partner, und wenn, macht Michael seine Frau nicht schlecht. Das finde ich gut, da hat er Niveau.

Vor einiger Zeit rief übrigens meine alte Affäre an. Der, den ich am Telefon abserviert habe. Seit kurzem treffe ich Klaus mal ab und zu. Bei ihm brauche ich keine Geborgenheit, wir haben ganz verrückten Sex miteinander. Mit diesem Mann kann ich so eine Beziehung leben. Ich bin für ihn nur das Objekt der Begierde. Ich sage immer, er ist mein Sommergewitter, kurz, aber heftig.

Zwei von meinen Freundinnen wissen Bescheid über die Geheimnisse in meinem Leben. Die eine hat seit zehn Jahren einen Liebhaber und ist letztes Jahr bei ihrer Familie ausgezogen, will aber mit ihrem Liebhaber gar keine neue Ehe. Nur Weihnachten, da ging's ihr schlecht, und ich habe gesagt: »Feier doch mit uns.« Aber sie hat sich dann doch lieber zum Dienst einteilen lassen. Dann habe ich noch eine verrückte Freundin, mit der habe ich mir sogar schon die Zuschriften auf Annoncen geteilt. Sie hatte zwar geschrieben »Blond« und ich bin brünett, aber da habe ich einfach zu dem Blind-Date-Mann gesagt: »Du, krieg keinen Schreck, ich habe mich gerade umgefärbt.« Man denkt immer, die Männer sind so cool, dabei hat einer mal richtig gezittert, als er auf mich warten mußte. Jedesmal, wenn eine Frau kam, hat er gedacht: Hoffentlich ist die das nicht, oder hoffentlich ist die's. Das hat er mir sofort erzählt, auch daß er gar nicht genau wußte, was er nun reden sollte. Meine Freundin sagt, man muß aufpassen, daß es von Anfang an mit dem Sex klappt.

Das hört sich jetzt alles sehr leicht an, wie ich damit umgehe, und im Grunde ist es das ja auch. Mein Mann Dieter ist sehr ernsthaft, der Grundtenor ist sogar eher depressiv. Ich würde mich davon anstecken lassen, wenn ich nicht gegensteuern könnte. Ich war gerade drei Wochen bei meiner Tochter in Neuseeland. Als ich zurückkam, hatte mein Mann ein Tief, weil meine Schwiegermutter mit Oberschenkelhalsbruch im Krankenhaus lag. Da mußte ich erst einmal das Chaos wieder ordnen. Das mache ich gerne, und das mache ich gut. Ich will meinen Mann in dieser Hinsicht auch nie enttäuschen. Wir haben eine klare Aufgabenteilung. Ich verdiene zwar mein eigenes Geld und kann auch auf eigenen Füßen stehen, aber wir sind ein Team und eine Familie, und das, was wir uns leisten können, wie wir leben, das können wir eben nur zusammen und wollen es auch. Steuererklärungen, der Einkauf, unser Umzug – das sind alles Sachen, die ich erledige. Ich halte meinem Mann sehr den Rücken frei. Dafür ist er eben auch beruflich geforderter als ich. In seinem Beruf ist es sehr wichtig, daß er gut aussieht, was er auch wirklich tut. Dieter treibt regelmäßig Sport, ist gepflegt, eigentlich spricht nichts dagegen, ihn wirklich zu begehren. Ich habe ihn vor 20 Jahren aus Leidenschaft geheiratet. Ich habe ihn damals wirklich begehrt. Aber jetzt ist bei uns nur noch Alltag. Ich möchte als Frau begehrt und erobert werden. Ich möchte ab und zu Romantik und Sinnlichkeit. Mein Mann ist zärtlich, wenn wir Sex haben. Aber das ist es: Wenn wir Sex haben. Ich sage immer, man kann eben keinem Blinden die Farben erklären.

Mein Mann sieht das so, daß er der Mann ist, und der kann bestimmen, wann es Sex gibt. Ich glaube, wir haben zuletzt im Urlaub, also vergangenen Sommer, miteinander geschlafen. Ich habe auch ein Recht, meine Lust auszuleben. Aber das verträgt Dieter irgendwie nicht. Bei Freunden und Bekannten gelte bestimmt ich als der dominante Teil. Dabei hat aber mein Mann alle Fäden in der Hand.

Vor acht Jahren ist mein Mann fremdgegangen. Da habe ich um ihn gekämpft. Ich bin zu der anderen Frau gegangen und habe mit ihr geredet. Ich weiß also, wie das ist, wenn man betrogen wird. Aber ich weiß jetzt auch, wie das ist, wenn man jemand anderen begehrt. Meine Freundinnen sagen, es kann gar nicht sein, daß Dieter nichts ahnt. Aber er sagt nichts. Ich bin da grundsätzlich anders, ich will Dinge immer gleich geklärt haben. Obwohl ich ja mittlerweile einsehe, bestimmte Sachen klärt die

Zeit. Solche Lebenserfahrung gewinnt man eben auch, wenn man mit anderen Menschen intensiveren Umgang hat.

Letzten Monat war ich mit Michael ein Jahr zusammen. Aus diesem Anlaß wollte ich eine Annonce in die Zeitung setzen: »Lieber Michael, einen ganz lieben Dank für das gemeinsame Jahr und den prickelnden Sex mit Dir. Dein Sahnehäubchen.« Ich wollte ihn sicherheitshalber vorwarnen, nicht daß seine Frau ihm die Annonce beim Frühstück vorliest: »Hör mal. Hier steht was von einem Michael ...«, und dann wird er wieder rot. Er wurde richtig nervös: »Meine Frau ahnt was. Die Annonce ist zu gefährlich. Wenn ich dann mit gepackten Koffern bei dir vor der Tür stehe, weißt du, was los ist ...« Da habe ich ganz schnell im Druckhaus angerufen, und sie haben aus »Michael« einfach »mein Geliebter« gemacht.

Ich will ja wirklich nichts gefährden. Es hatte so schön locker und leicht angefangen, bis ich im September plötzlich doch so richtig von meinen tieferen Gefühlen zu Michael erwischt wurde. Bin ich jetzt verliebt? Liebe ich etwa Michael? Das habe ich mich dann doch gefragt. Und ich habe es ihm auch erzählt. Doch, ich war selber richtig erschrocken. Ich habe Michael gesagt, daß ich mit meinen Gefühlen nicht umgehen könnte, wenn's plötzlich zu Ende wäre. Man kann Gefühle nicht steuern. Ich kann nicht absehen, wie es endet. Ich lasse es jetzt einfach so, wie es ist. Anders geht es ja nicht. Ich bin aber froh, daß ich tiefe Gefühle, solche Lebendigkeit überhaupt habe. Es ist einfach so: Wenn ich traurig bin, möchte ich weinen können. Wenn ich lachen will, möchte ich das tun. Ich möchte offen zu meinen Gefühlen stehen. Das mit dem Fremdgehen muß man unter Cleverneß buchen.

Einige Dinge kriegst du nie wieder zurück: das gesprochene Wort, die verpaßte Gelegenheit und den abgeschossenen Pfeil. Was ich lebe, ist ein gesunder Egoismus. Ich bin für mich verantwortlich. Wenn ich das voll ausleben kann, kann ich auch alle Mühe und Sorge in meiner Familie ertragen.

Ich weiß nicht, wie sich die Sache mit Michael entwickeln würde, wenn wir richtig zusammenleben würden. Der Zauber geht im Alltag verloren, ich bin sicher. Unsere Begegnungen jetzt geben mir Kraft und Auftrieb. Ich bin's mir zum Beispiel mittlerweile selber wert, daß ich schöne Unterwäsche anhabe, ich trage sie jetzt einfach immer. Ich habe ein Buch von einem Schwulen gelesen, der Frauen Tips gibt, was Männern gefällt. Er kennt sich da ja besonders gut aus. Seine Oma ist mal vom Traktor gefallen, und da stellte sich raus, ihre Unterhose war ein umgekehrter Pullover. Wie peinlich.

Ich versuche immer, die schönen Dinge in meinem Leben zu genießen. Ich weiß, daß Arbeit nicht alles sein kann. Vor ein paar Jahren habe ich Inline-Skates für meine Tochter gekauft – und bin sie dann selbst gefahren. Ich habe wieder Schwung, traue mir Dinge zu, die andere schon längst nicht mehr machen. Der Flug nach Neuseeland war gleich der erste Flug meines Lebens. Mit meiner Tochter mache ich auch verrückte Sachen. Wir waren zusammen in einer Schwulen-Disco. Das war sehr erotisch. So schöne Männer, und was für eine Verschwendung der Natur.

Man sollte viel offener und toleranter sein. Ich habe zum Beispiel noch nie mit einer Frau geschlafen. Neugierig wäre ich schon. Für einen Frosch ist der Brunnenrand der Horizont. Toleranz war damals für mich natürlich kein Thema, als mein Mann fremdging. Meine Freundinnen meinen ja, daß er auch heute was am Laufen hat, aber es interessiert mich nicht. Heute will ich es nicht mehr wissen. Anfangs hat es mich gestört, daß Michael immer von Claudia, seiner ehemaligen Freundin, erzählt hat. Ich hatte da wirklich oft Bauchschmerzen. Heute sage ich einfach ganz cool: »Und, was macht Claudia?« Denn sie ist auch ein Jahr danach für ihn immer noch präsent. Heute sage ich auch zu ihm: »Wart's ab, das bringt die Zeit, daß du sie vergißt.« Er konnte einfach nicht verstehen, daß sie Schluß gemacht hat.

Wenn ich das immer höre im Bekanntenkreis: »Keiner hat mehr Freunde, die Welt wird immer kälter.« – »Und« frage ich dann, »wer hat daran schuld, etwa Herr Schröder? Wird das von der Regierung verordnet?« Man ist doch selbst dafür verantwortlich, daß man Freunde hat. Als mein Bekannter im Koma lag, bin ich mit meiner Bekannten ins Krankenhaus gegangen. Warum tust du dir das an, habe ich mich gefragt. Aber es war mir wichtig. Das Leben ist ein Kreis. Wenn ich sehe, jemand braucht mich, dann bin ich da. Und ich erwarte, daß irgendwann auch jemand für mich da ist. Heute kann ich auch Hilfe von anderen annehmen, ohne ein schlechtes Gewissen zu haben. Ich weiß, was ich fühle, was ich brauche. Vor zwei Jahren habe ich das Kind von einer Freundin in einem Kindergarten abgeholt, und da stand dieser schöne Satz von Maria Montessori: Hilf mir, es selbst zu tun. Ich kann gut Dinge alleine machen. Ich gehe schon immer gerne alleine in die Sauna, ich gehe mit Freundinnen in die Disco. Ich bin selber aktiv.

Ich fühle mich rundrum glücklich. Mittlerweile weiß ich: Durch einen Liebhaber lerne ich auch andere Welten kennen, sonst würde man nur in seinem eigenen Kreis bleiben. Man sammelt ja durch so eine Beziehung Wissen und Erfahrung nicht nur in punkto Sex. Meine Tochter ist Mitte 20, und ich merke gerade, daß man auch von seinen Kindern etwas wiederbekommt. Das ist so schön. Sie ist diejenige in der Familie, die gemerkt hat, daß ich jetzt glücklicher bin. »Mutti, du siehst so glücklich aus, so verändert. Hast du einen Freund?« hat sie gesagt. Ist das nicht schön, daß sie es mir angemerkt hat?

Felicitas, 33

Einer, der abgelegt wurde

Oder: Ich habe kein schlechtes Gewissen

Ich könnte meine Beziehung zu meinem Liebhaber jederzeit wieder aufleben lassen. Ein Anruf würde genügen ... Das letzte Lebenszeichen von ihm war vor einem halben Jahr: ein Fleuropstrauß zu meinem Geburtstag mit einer Karte: »Von einem, der abgelegt wurde.« Ja, so sieht er das. Nie würde er von sich aus richtig Kontakt aufnehmen, anrufen oder so. Das mußte immer ich machen. Das war ja auch besser so. Ich habe ihn einfach immer angerufen, wenn ich Lust hatte. Meine Telefonnummer hatte er gar nicht.

Meistens haben wir uns einmal die Woche getroffen, dienstags. Ich brauchte nur zu sagen: »Ich will dich sehen«, und schon hatte er Zeit. Wie er das gemacht hat, weiß ich nicht. Er ist Arzt, ist verheiratet, und zwei Töchter hat er auch, aber die sind schon größer. Als Arzt einfach mal so den ganzen Abend wegbleiben... Manchmal ist er auch erst morgens um fünf nach Hause gekommen. Ich weiß nicht, was er da seiner Frau erzählt hat. Wenn wir mal über Nacht weg waren, war das einfacher: Da bin ich dann mitgefahren zu einem Kongreß oder einem Vortrag, und wir hatten noch Zeit für uns. Ich weiß nicht, was Andreas jetzt ohne mich macht. Eine Neue hat er bestimmt nicht, dafür ist er viel zu schüchtern. Mit uns, das hat sich so ergeben. Als ich meinen neuen Freund hatte, wurde mein Liebhaber nach und nach überflüssig. Ulkig, oder? Aber der Reihe nach, wie das alles kam.

Also, als ich Andreas kennenlernte, war ich mit Daniel zusammen, der geistig unheimlich anregend war, wir konnten uns gut unterhalten, er hat mir die Sicherheit gegeben, die ich damals brauchte. Mit 26 bist du nicht so selbständig wie mit 33, aber das war es nicht allein: Meine große Liebe, mit der ich vorher drei Jahre zusammengewesen war, kam eines Tages einfach nicht nach Hause. Anfangs denkst du dir nichts, aber dann stand die Polizei vor der Tür: »Ihr Freund ist bei einem Verkehrsunfall ums Leben gekommen.« Das ist so ein Schock, das kann man sich gar nicht vorstellen. Jemand ist einfach weg aus deinem Leben, es gibt kein letztes Wort, du kannst keinen Abschied nehmen. Wenn der Tod im Alter kommt, ja. Aber mit Mitte 20. Wer denkt an so was! Es war gräßlich, und da war plötzlich Daniel für mich da.

Wir sind zusammengezogen, mit meiner kleinen Tochter, und nach außen war das sicher auch alles sehr schön und sehr harmonisch. So wie Beziehungen nach außen ja oft perfekt aussehen. Und wir haben wirklich gut geredet, hatten gleiche kulturelle Interessen. Nur im Bett lief einfach nichts. Ich war seine zweite oder dritte Frau überhaupt, es war wie mit einer männlichen Jungfrau. Er hatte kein besonderes Interesse an Sex. Und ich hatte ehrlich gesagt keine Lust, ihm zu erklären, wie es geht. Anfangs ist das ja ganz niedlich, aber auf die Dauer? Mich hat es genervt, da jemanden zu haben, der nichts mitmacht.

So allmählich habe ich dann gemerkt, wie ich angefangen habe, mich nach anderen Männern umzusehen. Der, den ich dann genommen habe, war ganz nah: mein Arzt. Ich mußte damals öfter zu ihm, weil ich durch diese ganze Situation oft Kopfschmerzen kriegte. Wir haben länger als üblich geredet, und irgendwann haben wir uns für abends einfach verabredet. Wir sind meistens erst essen gegangen oder auch in Konzerte. Wir waren oft zu richtig öffentlichen Veranstaltungen, und wir hatten nie Angst, daß uns jemand entdeckt. Wie auch, in so einer großen Stadt. Natürlich haben wir nicht offensichtlich geknutscht, aber wenn einer von seinen Tennisfreunden vorbeigekommen wäre, hätte der an den Blicken sofort gesehen, was läuft. Oder seine Frau, nicht auszudenken. Die hat mich einmal, als noch gar nichts war, bei einem Empfang gesehen, als wir uns zufällig über den Weg gelaufen sind. Und sie hat zu Andreas gesagt: »Wenn du mit der was anfängst ...« Keine Ahnung, wie sie darauf kam, aber vielleicht hat er mich irgendwie besonders angesehen, er hatte immer ganz leuchtende Augen, wenn er mich angeguckt hat.

Na jedenfalls sind wir dann gleich am ersten Abend in seiner Praxis gelandet. In seinem Besprechungszimmer stand eine Ledercouch, die wurde aufgeklappt, das Bettzeug lag in einer Truhe auf dem Flur ... Seine Schwester war manchmal als Sprechstundenhilfe in der Praxis, ich weiß nicht, ob sie was gemerkt hat. Ich hatte seine direkte Telefonnummer, ein Anschluß, wo nur seine Familie auflief. Und ich. So konnte keiner von den Mitarbeitern was merken.

Meinen Freund Daniel hat es nicht interessiert, was ich dienstags mache. Er wußte nichts, glaube ich.Vielleicht hat er etwas geahnt, aber er hat nie gefragt. Er arbeitet beim Theater, und so war er abends selbst immer viel unterwegs. Auch wenn ich morgens früh nach Hause kam, direkt aus dem Bett von Andreas: Daniel war das egal.

So ging das eine ganze Weile, ich hatte wieder Sex, auch wenn man mit Andreas nicht so verrückte Sachen machen konnte, dafür war er zu vernünftig und zu konservativ. Aber die Aufregung, die Vorfreude an sich, sich zurechtzumachen, das reichte eben eine ganze Weile. Wenn wir mal eine ganze gemeinsame Nacht hatten, war das ein Fest. Meistens hat meine Freundin Ulrike so eine Nacht abgesichert: Offiziell bin ich dann mit ihr weggefahren. Es wäre ja zu peinlich gewesen, wenn sie versucht, mich an so einem Abend zu Hause anzurufen. Meistens war sie bei so einer Gelegenheit sogar selbst mit ihrem Liebhaber über Nacht weg, wir haben uns also gegenseitig Alibis gegeben.

Ulrike war die einzige Freundin, mit der ich damals darüber sprechen konnte, daß ich einen Liebhaber hatte. Sie war zehn Jahre älter, ihr Sohn war schon groß, und sie hatte immer Liebhaber und wollte gar keine feste Beziehung. Meine anderen Freundinnen steckten mittendrin in ihren Partnerschaften, ihre

Kinder waren klein, und sie hielten ihre Idylle hoch. Wenn ich da etwas erzählt hätte, das wäre wie eine Bedrohung gewesen. Ich glaube, sie hätten fast Angst um ihre Männer gehabt. Nur eine meiner Freundinnen lebte damals alleine, aber die war immer auf der Suche nach einem festen Partner. Sie hatte sehr romantische Vorstellungen von der Liebe. Ich bin da eher rational: Liebe und Leidenschaft kann ich auseinanderhalten, auch wenn das natürlich durchaus auch zusammengeht. Man schläft ja nicht mit jemandem, den man unsympathisch findet, aber man muß ihn ja nicht unbedingt gleich lieben.

Ja also, das mit Andreas hätte noch lange so weitergehen können. Aber irgendwann habe ich mich von Daniel getrennt. Es gab keinen Streit oder so, er hat ja nie über seine Gefühle geredet. Eines Abends sagte er so lapidar: »Dann zieh doch aus, wenn's dir hier nicht mehr gefällt.« Als er am nächsten Tag zur Probe war, habe ich den Stadtboten angerufen, zwei Koffer gepackt, die Bilder von den Wänden genommen. Die Stadtboten haben meinen Jugendstilsekretär runtergetragen und unter den Bücherkartons geächzt. Viel mehr hatte ich ja nicht. Und mit diesem Sack und Pack und Kind bin ich erst mal in die Wohnung einer Freundin gezogen, die für ein halbes Jahr in England war.

Immerhin hat Daniel dann gemerkt, daß die Bücher fehlten, wenn mein Verschwinden schon nicht auffiel. Wenn's nach ihm gegangen wäre, hätte unser Leben so weitergehen können, ich mußte die Entscheidung treffen auszuziehen. Diese Partnerschaft hatte natürlich unter keinem guten Stern gestanden: Ich hatte Daniel kennengelernt, als ich selbst ganz schwach war. Weiter unten als in meiner damaligen Situation kann man kaum sein. Natürlich berappelst du dich nach ein, zwei Jahren wieder, und Daniel konnte einfach nicht mit mir Schritt halten, er erschien mir dann immer schwächer. Er konnte nicht über Gefühle reden, Körperliches war ihm fremd – das paßte überhaupt nicht zu mir, und ich habe kein Helfersyndrom.

Meinen neuen Partner habe ich dann sehr schnell kennengelernt, daß er mein neuer Freund werden würde, war so eigentlich gar nicht vorgesehen. Klaus ist fast 20 Jahre älter als ich. Wir sind aufeinandergeprallt wie zwei Kometen, wir hatten Lust aufeinander und Spaß miteinander, und Klaus hat gleich am Anfang klargestellt: Ich will eine lockere Beziehung. Konnte er haben. Ich fand das toll, und ich habe auch weiter meinen Liebhaber getroffen. Klaus freute sich, daß er eine junge Frau abgekriegt hatte, mit der er bei seinen Freunden ein bißchen angeben konnte. Und außerdem habe ich ganz klar gesagt: »Ich will kein zweites Kind.« Das fand er zusätzlich gut, denn meistens sehen Frauen Anfang dreißig das anders! Er hat auch schon eine große Tochter, die er allerdings nur selten sieht.

Anfangs ging das auch prima mit der lockeren Beziehung. Ich bin weiter dienstags zu meinem Arzt ... Doch eines Tages war Klaus noch auf, als ich nach Hause kam. Er saß in der Küche, hatte Kerzen an, und die Flasche Rotwein war halbleer. Wenn er mehr trinkt, weiß ich: Liebe kann er dann nicht mehr. So saß er da und wollte alles genau wissen. Was wir gemacht haben, und wie. Klaus und ich haben dann alles noch einmal genau so nachgemacht. Das war ziemlich aufregend, und die nächsten Male war es immer so: Ich ging zu meinem Liebhaber, Klaus hat gewartet. Der arme Andreas, er wußte gar nicht, wofür wir ihn benutzt haben, ja schon fast mißbraucht haben. Uns hat das derartig angemacht. Ja, und allmählich wurde Andreas dann immer unwichtiger. Am Ende blieb nur dieser Blumenstrauß von Fleurop.

Es war gut, daß Klaus nicht eifersüchtig war. Ich selbst bin ziemlich eifersüchtig. Einmal kam ich eine Stunde früher nach Hause, und da lag Klaus doch tatsächlich mit einer anderen Frau im Bett. Ich bin wutentbrannt rausgerannt, aber dann habe ich mir überlegt: Wer ist hier eigentlich zu Hause, sie oder ich? Also bin ich zurückgegangen, hab' mich aufs Bett gesetzt, habe zu Klaus gesagt: »Hol uns doch mal 'ne Flasche Wein.« Ich habe mit der Frau ein Glas Wein getrunken, und sie ist dann gegangen. Das war's, die haben sich nicht wieder getroffen.

Seitdem macht Klaus gar keine Versuche mehr mit anderen Frauen. Ich kann da sowieso sehr sicher sein: Bis er anfängt, eine anzumachen, braucht er drei Gläser Wein. Und dann geht es ja nicht mehr, das ist wirklich sehr praktisch. Ich hatte noch nie so guten Sex wie mit Klaus, und da werden so niedere Instinkte wie Eifersucht auch unwichtiger. Ich glaube grundsätzlich, daß es ganz wichtig ist, in seiner Beziehung nicht vom Liebhaber zu erzählen, das würde nur belasten, den anderen völlig unnötig belasten.

Jetzt sind wir vor kurzem aus der Stadt in einen Vorort gezogen. Meine Mutter hat noch gesagt: »Denk dran, da draußen wird alles beobachtet.« Ich wußte zwar nicht genau, was sie meinte, Liebhaber, Besucher oder ungeputzte Fenster, aber darüber redet man ja auch nicht unbedingt mit seiner Mutter, jedenfalls ich nicht mit meiner. Natürlich würde es total auffallen, stünde da plötzlich ein fremdes Auto vor der Tür, wenn Klaus demnächst zwei Wochen in Belgien ist. Aber im Moment habe ich auch gar nichts vor. Ich bin froh über mein Leben, ich liebe meinen Freund, meine Arbeit macht mir Spaß, meine Tochter ist schon sehr selbständig und wird bestimmt übernächstes Schuljahr ins Ausland gehen. Das ist auch so etwas, was manche meiner Freundinnen nicht verstehen: daß meine Tochter in die Ganztagsschule geht, ich kein Problem damit habe, wenn sie in den Ferien fünf Wochen zu den Großeltern fährt oder eben ins Ausland geht. Für mich bedeutet das alles eine ungeheure Freiheit, und die Zeit, die ich mit meiner Tochter verbringe oder verbracht habe, die bin ich dann auch wirklich voll für sie da und nicht abgelenkt durch Haushalt oder irgendwelche Sachen, wie ich es bei anderen beobachte.

Ich weiß nicht, woran es liegt, daß ich so bin, wie ich bin, daß ich also mein Leben lebe und einen Liebhaber ohne schlechtes Gewissen haben kann. Als ich 19 war und gerade frisch verheiratet, da hat mein Mann in einer anderen Stadt studiert, und sein Freund hat manchmal bei uns übernachtet, auf der Durchreise nach Hause. Der hat mit mir in einem Bett geschlafen, und nicht nur das. Ich habe während meiner Schwangerschaft geheiratet, und ich kann mich nur an einen Tag erinnern, an dem es mir in der Schwangerschaft schlecht ging: Das war mein Hochzeitstag.

Caroline, 45

Alles im Griff

Oder: Heute abend sagst du's deinem Mann

Meine Beziehung mit Gerolf war wie eine Sinuskurve. Mal mit Schmetterlingen im Bauch, sogar mit Flugzeugen, ziemlich großen, die gestartet und gelandet sind, auch Boeings dabei. Leider endete alles mit einem großen Absturz, aber ich habe überlebt. Das Hin und Her mit Gerolf, meine Unentschiedenheit und Unklarheit haben mich extrem unter Druck gesetzt. In solchen Situationen bist du angreifbar, dein Immunsystem ist total unten. Ich habe dadurch Krebs bekommen.

Aber fangen wir vorne an. Ich war Lehrerin für Geschichte. Lehrer sind ja grundsätzlich dumm, sie haben keine Praxis, also Erfahrung im wirklichen Leben, und nach der Wende war sowieso alles neu, die Schüler wollten so viel wissen. Die Tagespolitik war das Wichtigste, und im Kollegium löste sich der Zusammenhalt auf, jeder dachte nur noch an sich. Eine Weile habe ich gekämpft, dann war auch meine Motivation weg.

Was in einem wirklich drin steckt, wird aber durch besondere Situationen erst herausgefordert. Ich fing also an, auf Stellenanzeigen zu antworten. Mit Mitte 30 kann man doch noch mal was Neues anfangen. Und irgendwann kam der Tag, an dem ich das erste Mal ganz mutig war: Ich bin zur Schulverwaltung gegangen und habe meine Kündigung eingereicht. »Wollen Sie das wirklich?« hat der Mann noch gefragt, aber ich hatte ja schon meinen neuen Arbeitsplatz. In der Baubranche, ausgerechnet! Ich wußte, das wird alles ganz neu für mich, aber mein Chef und ich trauten mir zu, daß ich bald alles im Griff haben würde. Alles im Griff haben. Das gehört zu mir. Lehrer haben immer alles im Griff: ihre Stunden, ihre Schüler, sich selbst.

In der Probezeit hatte ich einen ziemlich hohen Anspruch an mich, ich wollte soundsoviel Umsatz erreichen, das war eine echte Herausforderung, aber es lief. Ich kam mir zwar oft vor wie ein kleines naives Mädchen, das irgendwie in die Baubranche reingestolpert kommt, aber alles klappte gut. Ich bin ein ziemliches Organisationstalent, das brauchst du auch, weil du im Großhandel alles selbst einfädelst: die Kontakte zu den Kunden, den Lieferanten, im Betrieb. Es hat auch tatsächlich nicht lange gedauert, und ich wurde von der Assistentin zur Prokuristin. Ich sage immer: Nur wenn man Freude an der Arbeit hat, arbeitet man auch erfolgreich. Das war in der Schule nicht anders.

Gerolf bin ich bei einem Geschäftstermin begegnet. Das erste, was ich an ihm gesehen habe, waren diese leuchtend blauen Augen, aber nicht Augen, wie man sie in Lifestyle-Magazinen sieht, sondern eher wilde, wie bei ganz jungen Männern. Es lief dann alles ganz klassisch. Wir haben gleich bei der ersten Begegnung die letzten geschäftlichen Details bei einer Tasse Kaffee besprochen, wie man das so macht. Ein andermal gab's ein Geschäftsessen. Das endete mit dem Satz: »Wir können ja mal zusammen essen gehen.« Sieben Wochen war Funkstille, dann habe ich ihn angerufen.

Wir haben uns zum Chinesen verabredet, gegessen, Rotwein getrunken. Ich habe geredet und geredet. Ich fühlte mich total oben, und es ist ja nicht so, daß ich zu wenig rede. Ich redete über das Leben, über Menschen, und wie schwer es ihnen fällt, ihre Wünsche und Gedanken einfach auszusprechen. Ich kann es nicht leiden, wenn jemand sich damit zufrieden gibt, daß er den anderen nicht versteht. Ich will so reden, daß mich der andere versteht. Auf Gerolf wirkte ich sicherlich wie eine, die alles meistert: die Familie, die Gefühle, die Karriere, eben einfach alles.

Plötzlich fragte er ziemlich frech und frei, ob ich mit ihm schlafen will. Nach dem zweiten Glas Rotwein sagte ich ja. Ich dachte mir: Sag doch einfach mal ja. Ich war total überrascht über mich, nie während meiner ganzen langen Ehe hatte ich meinen Mann betrogen. Wir haben uns das dann richtig auf Termin gesetzt, so einfach zu dir oder zu mir ging ja nicht.

In den nächsten Monaten hat sich die Stadt, der Landkreis für uns geöffnet. Wir sind überall hingegangen, aber immer vor 18 Uhr. Selbst die Kinobesuche haben wir so gelegt. Für unsere Treffen haben wir uns jedesmal neue Restaurants in der Umgebung gesucht, ich könnte fast einen Restaurantführer schreiben, in so vielen und so unterschiedlichen haben wir gegessen. Geredet haben wir über alles. Wobei ich heute sagen muß, daß ich diejenige war, die mehr Stoff hatte. Ich bin jedenfalls eine Frau, die nicht nur über Mode, Essen und Reiseziele reden kann. Mich interessiert schon Politisches, mich bewegt, was um mich herum geschieht. Gerolf hörte immer gerne zu. Es kam dann eine Zeit, in der wir regelmäßig Sex hatten. Ich habe in meinem Kalender so manches Kreuz pro Woche eingetragen. Wir haben es überall gemacht, im Büro, auf dem Schreibtisch, im Garten, auf dem Sofa, im Auto auf dem Rücksitz, im Wald zwischen Himbeeren.

Ich war glücklich. Ich hatte alles im Griff. Die Arbeit, diese Affäre und mein Zuhause. Da fühlte ich mich sicher, aber alles lief irgendwie auf halber Kraft. Ich erfüllte meine Aufgaben, mein Mann erfüllte seine, mit den Kindern gab es keine Probleme. Jeder Tag lief fast gleich ab. Mein Mann Jürgen und ich waren auf dem besten Wege, miteinander zu versauern. Wir hatten nicht mehr die Kraft und die Ideen, unsere Beziehung so richtig zu leben und zu lieben. Als Frau kann man das eine Weile gut ertragen, es ist ja auch bequem. Außerdem investierte ich meine Kraft und Liebe doch mittlerweile in Gerolf. Gerolf war auch verheiratet, sein Sohn und seine Tochter waren schon aus dem Haus. Wir haben über seine Ehe nicht viel gesprochen, ich wußte aber, daß es da nicht zum besten steht. Ich dachte mir auch, so wie er mich liebt, kann er seine Frau nicht lieben. So war es auch.

Aber irgendwann fühlte ich mich nach und nach zwischen Baum und Borke, ich reflektiere das heute natürlich ganz anders als damals. Ich war vernebelt, vielleicht heißt verliebt sein auch einfach blauäugig sein. Mein Gott, was habe ich alles gemacht: Als wir als Familie in Urlaub gefahren sind, hat Gerolf uns zum Flughafen gebracht. Eigentlich unmöglich. Und Jürgen hat nichts geahnt. Die ersten zwei Jahre war er bestimmt völlig ahnungslos, obwohl natürlich jeder Mann weiß, daß ein Mann sich mit einer Frau auf die Dauer nicht nur zum Kaffeetrinken trifft. Und Jürgen wußte, daß wir uns zum Kaffee treffen. Ich habe allerdings auch ein bißchen was dafür getan, daß Gerolf nicht in so gutem Licht dastand, ich habe zu Hause richtig über ihn geschimpft – welcher Ehemann wird da denn schon groß nachfragen.

Meine Freundin war von Anfang an eingewiesen, anfangs funktionierte ja auch alles. Ich habe immer verglichen: »Warum kann Jürgen das nicht auch so und so machen?« habe ich Marlies gefragt, und sie hat gesagt, ich solle endlich aufhören, die beiden Männer gegenüberzustellen. Es ging bei diesen Vergleichen dabei gar nicht um große Dinge, auch nicht um Sex. Ich habe es zum Beispiel genossen, in Gerolfs Wagen gefahren zu werden. Wenn ich mit meinem Mann unterwegs bin, fahre immer ich, das hat sich so eingebürgert. Es ist schön, mal die linke Hand rüberzureichen und nicht die rechte.

Nach einem Jahr habe ich mich ernsthaft gefragt: Wie weiter? Seine Ehe war viel normaler und angreifbarer als meine, da stand es nicht zum besten, das hatte ich bald gemerkt. Gerolf redete manchmal davon, daß wir uns doch von unseren Partnern trennen sollten, daß wir beide zusammen ... Ich habe ihm gesagt: »Ich bin bloß der Anlaß, nicht die Ursache für deine Trennungswünsche.« Meine eigene Ehe ist sicher nicht die normale Durchschnittsehe, sie ist viel stabiler als die meisten. Wenn ich meine Ehe mit der von Gerolf vergleiche: Jürgen und ich haben mehr Stoff, mehr Hip, mehr Power, damals wie heute.

Die Entscheidung, wie es weitergeht, kam dann nicht von mir oder von Gerolf: Seine Frau hatte unser Verhältnis mitgekriegt. Das ist eigentlich kein Wunder, ich habe Gerolf zum Beispiel nach Hause gefahren, und sie stand am Fenster. Sie stellte jedenfalls erst ihn, dann mich zur Rede. Gerolfs Frau war sogar zur Psychologin gegangen, sie brauchte Hilfe. Wahrscheinlich ist sie so auf die Idee gekommen, mit mir zu sprechen, wahrscheinlich war das ihre Hausaufgabe: »Sie müssen mit der Frau reden.« Sie hat mich angerufen, und wir haben uns bei ihrem Lieblingsgriechen getroffen. »Was wollen Sie von meinem Mann?« Was sagt man da? Ich habe gelogen, daß ich gar nichts von ihm will. Ganz so war es ja nun auch nicht.

Sie ist noch vor Weihnachten ausgezogen, Gerolf und sie haben es noch nicht einmal für die Familie fertig gebracht, den Schein des Festes aufrechtzuerhalten. Sie war es dann auch, die die Scheidung eingereicht hat.

Als sie ausgezogen war, fing für Gerolf und meine Beziehung ein neuer Abschnitt an. In dieser Zeit begann auch mein gesundheitlicher Abstieg. Gerolf bezog ein neues Haus und versuchte, mich ganz für sich zu gewinnen. Ich wollte nicht, aber ich tröstete ihn manchmal mit Sex, mit gutem Sex. Er gab keine Ruhe: »Wir wollen doch zusammenziehen, meinst du nicht auch?« – »Du bist die Frau meines Lebens.« – »Ich liebe deine Augen.« – »Du hast genau dieselben Lebensvorstellungen wie ich.« Er hat den Druck immer weiter erhöht, mir alles in den schönsten Farben ausgemalt. Das Haus sei bald fertig, er macht sich selbständig: »Und du, du kannst dann unsere Buchhaltung übernehmen.« Ich als Buchhalterin, möglichst noch im ausgebauten Dach von diesem neuen Haus, ohne Menschen, ohne Betrieb, nee, natürlich können deine Kinder mit einziehen«, hat er gesagt. Und dann immer wieder: »Heute abend sagst du's deinem Mann.« Plötzlich stand ich in einer Entscheidungsecke, die ich gar nicht wollte. Ich war richtig in der Zwickmühle. Immer wenn ich mit Gerolf zusammen war, fühlte ich mich oben, ich war glücklich, irgendwie war ich ihm richtig hörig. Zu Hause kamen dann die Zweifel.

Ich habe Gerolf offenbar nicht deutlich genug gezeigt, daß es mit uns nichts wird. Meine Freundin hat gesagt: »Woher soll er denn wissen, daß du ihn letztendlich abstößt?« Sex war für mich zu der Zeit nur ein Mittel zum Zweck, ich habe nur noch funktioniert, er hatte, was er wollte. Ich habe es ihm zuliebe gemacht und hatte selber nicht so viel davon. Ich wollte ihn nicht verlieren, mir war die Zeit mit ihm, unser Zusammensein, doch wichtig geworden. Trotzdem war diese Zeit der Beginn der inneren Kündigung, einer schleichenden Abwendung, die Gefühlsbasis ist allmählich geschwunden.

Ich schwankte extrem in meinen Ansichten zwischen »Man soll das pflegen, was man hat« und »Ein Mann ist nicht genug«. Normalerweise mache ich mir Listen, wenn ich mich nicht entscheiden kann, wo ich alles aufschreibe: Plus und Minus, was spricht dafür, was spricht dagegen. Bei Gerolf und Jürgen waren die Listen ein einziges Gekritzel. Wenn ich mir unsicher bin, mach' ich für gewöhnlich 'ne Extraspalte, das hilft mir bei der Entscheidung, aber in diesem Fall half einfach gar nichts.

Irgendwie, aus irgendwelchen Gründen, wollte ich nicht mit Gerolf leben. Irgendwelche Gründe ist nicht ganz richtig, denn ich kannte meine Gründe ja, warum ich nicht in seinen goldenen Käfig wollte. Es waren mein Mann und meine Kinder. Meinen Mann brauchte ich, das spürte ich. Wenn ich bei meinem Liebhaber war, merkte ich, daß mir mein Mann fehlte. Umgekehrt, wenn ich mit Jürgen zusammen war, fehlte mir Gerolf nicht. Klingt verrückt, war aber so. Ich konnte mir überhaupt nicht vorstellen, daß Gerolf nicht mehr als mein Liebhaber, sondern als mein Mann rund um die Uhr für mich da sein sollte. Ich war völlig durcheinander, konnte nächtelang nicht schlafen, wandelte in der Wohnung umher, schrieb irgendwelches wirres Zeugs, um meine Angst, meine Unsicherheit, meine Zweifel rauszuschreiben. Ich habe fürchterlich viel geweint, am meisten über meine eigene Unsicherheit und Unfähigkeit, klar zu entscheiden.

Dann hat Gerolf diese Anzeige geschaltet. Ich hatte auch noch zu ihm gesagt: »Schaff dir 'ne Freundin an.« Er hat es gemacht. Mit dieser Anzeige. Im Sommer sagt er plötzlich zu mir: »Ich fahre nächstes Wochenende an die Ostsee.« Ich sage: »Ja.« An der Ostsee, da wohnte seine Anzeige. Ein paar Tage später stand er vor mir: »Sie ist so wie du, du mußt dich entscheiden.« Wie konnte die wie ich sein, ich fand das geradezu beleidigend. Natürlich habe ich mich auch dann nicht für ihn entschieden.

Mein Mann und ich sind erst mal in Urlaub gefahren. Die Anzeige ist dann prompt zu ihm gezogen, in den fertigen Goldenen Käfig, und schwuppdiwupp war er verheiratet. Plötzlich weißt du: Du bist nicht mehr die Nummer eins. Das hat wehgetan.

Dann kam mein Termin bei der Frauenärztin. Ich verließ die Praxis mit einem Verdacht auf Tumor. Tumor – ich verstand die Welt nicht mehr. All das, was man aus Filmen, Büchern und Talkshows kennt, war auf einmal hautnah da. Meine Frauenärztin hatte bei einer Routineuntersuchung festgestellt: »Da ist ein Knoten in Ihrer Brust.« Ich hatte nichts gemerkt, und ich habe mir auch keine großen Sorgen gemacht. Aber es war dann so. OP, Schnellschnitt, Krebs. Es folgten dann noch zwei Operationen, die Brust mußte doch abgenommen werden, und ich habe mich für den Wiederaufbau entschieden. Mit Anfang 40 möchte man doch noch einen Bikini anziehen. Wenn ich etwas mache, dann will ich es eben perfekt machen, und der Operateur hat es auch wirklich gut hingekriegt, die Brust, selbst die Mamille.

Ich weiß, daß mich diese ganzen Belastungen, dieser ständige Druck, krankgemacht haben. Es ist nachgewiesen, daß auch psychische Belastungen Krebs auslösen können. Dieses ständige Entweder/Oder, Schwarz oder Weiß, das hat mir zugesetzt. Heute weiß ich, daß es nicht so einfach ist, daß es auch etwas zwischen den Polen gibt. Ich war an vielen Stellen auch einfach zu naiv – wenn ich daran denke, wie Gerolf uns zum Flughafen gebracht hat, ich ihn nach Hause gefahren habe. Wir waren doch sonst so vorsichtig, hatten einen festen Tag in der Woche und haben uns in der Öffentlichkeit zurückgehalten.

Mein Mann weiß bis heute nichts davon, und das ist auch besser so. Er kann also auch nicht wissen, was bei diesen OPs für mich alles zusammenkam, was dahintersteckte. Es wäre nicht gut, darüber zu sprechen. Ich kann ihm also nie sagen, wie es mir ging, als ich da diese Tage vor der ersten OP im Krankenhaus verbringen mußte. Du fühlst dich als Nummer, bist total verängstigt und so schrecklich allein. Für mich war es furchtbar, nicht mehr die Starke zu sein, die Herr der Lage ist. Ich konnte nichts essen, habe täglich ein Pfund abgenommen, so daß die Anästhesistin noch gesagt hat: »Sie müssen aber wieder essen, sonst wirkt die Narkose nicht.« Ich habe nicht nur über den Krebs gegrübelt, warum gerade ich, wie geht das Leben weiter, sondern ich habe auch immer wieder an Gerolf gedacht.

Im Krankenzimmer gab es dann die ulkige Situation: Erst kommt mein Mann, bringt Freesien, meine Lieblingsblumen. Als er gerade zur Tür raus ist, wirklich, haarscharf, kommt Gerolf, einen großen Rosenstrauß dabei. Als er weg ist und ich die Blumen ans Fenster stelle, die von meinem Mann standen auf meinem Nachtschrank, sagt die Bettnachbarin: »Wer war denn nun Ihr Mann?« Ich sage: »Der eine war mein Mann, der andere war mein Freund.« Sie konnte es nicht auseinanderhalten.

Nach dem Krankenhaus fiel ich in ein unendlich tiefes Loch der Angst. Die Beziehung zu Gerolf hatte die Frau aus der Anzeige übernommen, für mich übernahm mein Mann das Ruder, worüber ich bis heute sehr froh bin. Ganz allmählich rappelte ich mich auf und versuchte, mein Leben wieder in den Griff zu kriegen. Mein Mann war es, der mich stets mit allen Ängsten und Fragen auffing. Oft redeten wir miteinander bis tief in die Nacht über unsere Gedanken und unser Leben. Das tat so gut und war wohl die beste Medizin, die ich genossen habe.

Eine Selbsthilfegruppe war nichts für mich, aber an unserer Uniklinik gab es so ein Forschungsprojekt mit Meditation, Yoga und so, alles sehr nett mit sehr viel Tee, alles wird wissenschaftlich begleitet. Da habe ich eine Frau kennengelernt, die allmählich so etwas wie eine beste Freundin wird. Ich suchte mir ganz bewußt Freundinnen, die ersten traf ich schon im Krankenhaus bei den Nachbehandlungen. Meinen Versuch, mir auch von einem Seelendoktor helfen zu lassen, gab ich nach einigen Besuchen auf: Ich habe keinen Sinn darin gesehen, mein ganzes Leben zu erzählen, von der Kindheit an wurde alles ausgebuddelt, und der Doktor saß da und sagte gar nichts dazu. Psychologen sind nichts für mich. Was soll die Vergangenheit? Vorn ist das Licht.

Irgendwie hatte ich die Vorstellung, auch die Sache mit meinem Ex-Lover ordentlich zu Ende zu bringen, ich hatte die fixe Idee, aus einem Liebhaber könnte ich einen Freund machen, aber das war ein Trugschluß. Zwischen uns stand der Sex. Tatsächlich der Sex. Er hatte schon früher immer mit mir schlafen wollen, und so war es auch jetzt, obwohl er gerade eine neue Beziehung begonnen hatte. Er glaubte, ich stehe ihm weiter zur Verfügung.

Er hatte doch wieder alles: eine Frau, die das Haus macht, Kinder, die sie mitgebracht hat, und ihm wird der Rücken freigehalten. Er hat alles neu: Haus, Frau, Job, komplett neue Optik, neues Layout, sogar einen Vollbart. Fehlte nur noch die Geliebte. Wir haben uns dann noch ein paarmal gesehen, geredet. Dann wußte ich, es ist besser, ihn gar nicht mehr zu treffen.

Mit meinem Wissen von heute hätte ich mir viel früher gesagt: Geh weg aus der Situation, das mußt du dir wert sein. Man kann sich aus einer Situation, die einem nicht gefällt, retten. Du kannst immer entscheiden. Ich war aber mit mir damals nicht eins, fühlte mich hin und her gerissen.

Das Thema Liebhaber ist für mich erledigt. Flirts ja, aber der Preis, den ich bezahlt habe, der ist einfach zu hoch. Einen Liebhaber zu haben, ist nur etwas für Frauen, die sagen: Wer kann mir denn? Man muß sehr genau wissen, was man will, wie weit alles gehen darf. Ich weiß jetzt eben, daß ich das nicht kann, einen Liebhaber neben meiner Ehe zu haben. Erst recht nicht nach all den Dingen, die geschehen sind. Wenn man für sich in einer Beziehung alles findet, braucht man keinen Geliebten. Ich krieg' nicht wieder so einen Mann wie meinen, mit dieser Intelligenz, diesem Input für unsere Beziehung. Er ist der Gebende bei uns, dabei sagt er das auch von mir. Wir haben alle Höhen und Tiefen zusammen durchlebt, er denkt strategisch, ich organisiere das Praktische. Als wir neulich zwei Wochen auf Rhodos waren, habe ich für acht dieser Tage etwas geplant: mit dem Auto um die Insel, wandern, Kultur, toll essen gehen, da wird sich nicht einfach so an den Strand gelegt. 14 Tage irgendwohin und dann all inclusive den ganzen Tag Cocktails trinken, das ist nichts für uns. Wir haben diesen Urlaub sehr genossen. Ich glaube, daß es so etwas wie einen zweiten Frühling gibt.

Die ganze Sache war nicht nur eine neue Chance für unsere Ehe. Ich bin aufgeschlossener geworden, so kann ich aus all diesem Schmerz, Ärger, dieser Angst und diesen Ungereimtheiten wenigstens etwas lernen. Heute weiß ich: Das Leben ist endlich. Eine Erkenntnis, zu der auch die Gespräche mit meinem Operateur beigetragen haben. Vorher funktionierte ich einfach gut, alles lief, ich habe über die Endlichkeit des Daseins nicht nachgedacht. Meine Sicht auf die Welt war eine materialistische, dialektische. Ich bin nicht religiös, manchmal denke ich, daß Menschen, die an ein Leben nach dem Tod glauben können, es leichter haben. Für mich gibt es das nicht. Allerdings habe ich gemerkt, daß ich esoterischen Ideen gegenüber offener werde. Ich stelle mich schon mal zwischen zwei Bäume, wenn es heißt, dazwischen gibt es eine besondere Energie. Ich kann dann auch etwas spüren. Jürgen sagt: »Du spinnst.«

Bei allem Negativen: Ohne diesen Mann, ohne Gerolf, hätte es die Veränderungen in meinem Leben nicht gegeben. Deswegen muß ich ihm nicht dankbar sein. Aber es ist ein gutes Gefühl zu merken: Du kannst auch mit 44 noch einmal durchstarten, tu doch was.

Gerolf und ich haben durch die Arbeit noch Kontakt, aber das ist eher eine Belastung. Zumal jetzt bei ihm genau das einreißt, was er früher an seinem Chef kritisiert hat: Da werden Rechnungen für Materiallieferungen nicht bezahlt, Ratenzahlungsvereinbarungen nicht eingehalten. Ich wußte erst gar nicht, wie ich damit umgehen sollte. Ich habe das Ganze dann einfach dem Regionalleiter übergeben. Es ist so schade, wenn du merkst: Der, von dem du mal so viel gehalten hast, ist ja doch wie alle anderen.

Manchmal denke ich an Gerolf, den Liebhaber, und bin traurig, daß es so gekommen ist. Erinnert werde ich durch die Orte, an denen wir gemeinsam waren, die Restaurants, grüne Wiesen. Noch heute schaue ich Autos genauer an und hoffe, daß ich irgendwann ihn in einem Auto seines Fahrzeugtyps sitzen sehe. Ja, sehen würde ich ihn schon gerne mal wieder. Ich muß es aber dem Zufall überlassen, ich werde nichts organisieren, weil ich weiß, daß ein Treffen mir sehr weh tun würde. Was gut ist zu wissen: daß ich wohl für eine gewisse Zeit seine Liebe war. Durch Gerolf bin ich dem tiefen Glücklichsein nach langer Zeit wieder begegnet. Bei Filmen, in denen sentimentalste Liebesszenen zu sehen sind, wird mir immer warm ums Herz und sein Gesicht erscheint vor mir.

Als er zu meinem Geburtstag angerufen hat, habe ich die Nummer im Display erkannt und gar nicht erst abgehoben. Nächste Woche hat er Geburtstag, ich denke dauernd dran, aber ich weiß, daß ich nicht anrufen werde. Es ist besser so. Am traurigsten finde ich, daß ich nicht nur einen Liebhaber verloren habe, sondern auch einen Freund.

Bettina, 52

Lieber Gott, schick mir einen

Oder: Ich will so werden, wie ich war

Ich bin der Prototyp einer netten Frau. Männer sind egoistischer als Frauen, bei mir war der Egoismus nie da, beziehungsweise er ist mir irgendwann abhanden gekommen. Letztlich wiederholt man meist nur, was einem die Eltern vorgelebt haben: Die Frau schleppt ran, sie versorgt. Ich habe immer versucht, es allen recht zu machen. Dem Mann, den Töchtern. Das kehrt sich gegen einen selbst. Das ist nun vorbei oder besser: Es hört ganz allmählich auf. Seit ich Holger kenne. Er ist so, wie ich sein möchte. Nein, er ist so, wie ich einmal war, mit 20, als Kind. Ich will wieder so werden, wie ich einmal war.

Meine Beziehung hilft mir dabei. Holger weiß nicht, welche Veränderungen er auslöst, das läuft alles für ihn unbewußt. Mich machen gerade diese Veränderungen so zufrieden mit meiner Doppelbeziehung. Anfangs hatte ich große Probleme damit, das heißt, nicht mit der Doppelbeziehung an sich, sondern mit dem großen Altersunterschied zwischen Holger und mir. Ich war sehr mißtrauisch und habe mich immer gefragt: Wieso interessiert er sich für mich? Schon als wir das erste Mal zusammen Kaffee trinken waren, habe ich immer gedacht: Die Leute sehen das. Sie sehen, daß er so viel jünger ist, ich Ende 40, er Mitte 30. Was denken sie von uns? Was denken sie von mir?

Holger ist nicht verheiratet, war es auch nie. Er ist ein Filou. Er hat mir gleich am Anfang erzählt, daß er viele Frauenbekanntschaften hatte. Wir hatten uns schon zwei Jahre bevor es richtig losging kennengelernt. Bei einem Stadtfest war er plötzlich bei unserer Gruppe, ein Häuflein Männer und Frauen, Freunde, Bekannte, wie das so ist. Er war plötzlich auch dabei und schleppte Wein heran. Er war nicht mein Typ mit seinen halblangen Haaren, er erschien mir viel zu unseriös. Aber seine Art, die hat mir gefallen, er war so lustig, so originell, und er hat uns alle zum Lachen gebracht. Er hat mit mir geflirtet, aber ich habe das nicht für voll genommen. Es war ein Fest, alle waren ausgelassen, etwas beschwipst, und die Situation war ganz unverbindlich. Kurz danach sind wir uns in der Stadt über den Weg gelaufen und haben »Hallo« gesagt. Mehr nicht. Zwei Jahre haben wir uns nicht gesehen.

Dann kam diese Fahrt mit der Straßenbahn. Ich war auf dem Rückweg von der Arbeit und saß da völlig abgekämpft und abgeschlafft mit meinen vollen Einkaufstaschen. Da stand er, lehnte am Ausstieg an der Stange und guckte zu mir herüber. Ich guckte auch, aber ich habe nicht geschnallt, wer er war. Ich dachte schon: Der kommt dir bekannt vor. Und immer, wenn er nicht guckte, guckte ich. Wenn er zu mir herübersah, blickte ich schnell aus dem Fenster. Eine Station vor meiner ist er ausgestiegen. Es war schon dunkel, es war Winter, ich habe ihm hinterhergesehen und gedacht: Na, dreht der sich jetzt um? Aber er hat sich nicht umgedreht. Ich habe das schnell vergessen.

Da ruft ein Bekannter an: »Du hast einen Verehrer.« – »So so«, sage ich, weiß aber wirklich nicht, was er meint. »Ja, es ist jemand, den ich kenne, und er hat mich gefragt, ob ich ihm deine Telefonnummer geben darf.« – »Meinetwegen, mach doch«, sagte ich, und ich hatte wirklich keine Ahnung, wer das sein könnte. Ich dachte sogar, ich würde verkohlt. Der Bekannte hat dann meine Dienstnummer rausgegeben, und am nächsten Tag rief ER an. »Wir kennen uns.« Natürlich habe ich mich erinnert, an das Stadtfest, an die Straßenbahn. »Kommen Sie, gehen Sie einen Kaffee trinken mit mir.« Das war schon ein schönes Gefühl: Da bemüht sich einer um dich. Andererseits dachte ich: Der macht sich lustig. Holger ist ja nicht nur viel jünger als ich, er sieht auch so aus. Manche jüngeren Männer wirken ja wenigstens älter, als sie sind, aber bei ihm ist das nicht der Fall.

Wir sind tatsächlich zusammen ausgegangen. An diesem Abend hat es mich unheimlich beschäftigt: Was denken die Leute? Ich war von unserer ersten richtigen Begegnung total fasziniert. Schon wie er ankam: Mit diesem alten Mercedes, weiß, ein Diesel. Die Tochter von meiner Freundin hat später mal zu mir gesagt: So fahren sie alle rum, die auf Bohemien machen, egal ob aus dem Westen oder aus dem Osten. Allerdings werden die Diesel jetzt ein bißchen von den Kombis abgelöst: Mit denen kann man noch besser beweisen, was man alles an tollen Projekten ausspinnt, ständig hat man was Wichtiges zu transportieren. Nun, so etwas fiel mir zu Holgers Auto natürlich gar nicht ein, nur daß er viel zu spät kam, hatte ich natürlich registriert. Da stand ich, hübsch zurechtgemacht, stand und stand, und er kam nicht an Land. Er hat sich dann vor Entschuldigungen überschlagen: »Ich war so aufgeregt, ich hatte völlig vergessen, mich zu rasieren, und das habe ich dann in letzter Minute gemacht. Gucken Sie mal hier, da habe ich mich sogar geschnitten.« Er hatte wirklich einen Schnitt am Hals. Ich fand das süß. Er war so jungenhaft und so lebendig. In seinem Auto mußte er erst Zeichenkartons, jede Menge Stadtpläne und alte Zeitungen wegräumen, bevor der Sitz für mich frei war. Ja, so fing die ganze Sache an.

Bei unserem ersten Treffen habe ich hauptsächlich beobachtet und mich sehr zurückhaltend verhalten. Er hatte bei unserer ersten gemeinsamen Autofahrt das Radio an, sang ganz viele Lieder mit, die ich gar nicht kannte. Das war kein Angeben, bei ihm kommt das alles ganz natürlich, er singt einfach gerne. Ich gebe mir jetzt viel Mühe, diese Musik auch kennenzulernen, denn sie gefällt mir richtig gut, ich bin heute entsetzt darüber, was für Schnulzen ich früher gehört habe. Im Lokal hat Holger erzählt: Er hat Schlosser gelernt, dann Abitur gemacht, Maschinenbau hätte ihn interessiert, aber irgendwie ist er auf die Jugendkulturschiene geraten. Jetzt arbeitet er für eine große Stiftung. Ein Thema war Kultur, das andere die Frauen. Einige Frauen kannte er, eigentlich etliche, meist ältere, die gefielen ihm besser als die jungen. Das mußte er ja fast sagen, um meine Bedenken zu zerstreuen. Ich genieße es, daß Holger so anders ist, wahrscheinlich, weil er jünger ist. Er ist überhaupt nicht taktierend, er ist so mitreißend in seiner Begeisterung für mich, fast unbeherrscht, und er überrumpelt mich manchmal fast. Auch bei unserm ersten Mal: Wir waren ein paarmal essen und haben uns dann bei ihm zu Hause getroffen. Holger hatte Kekse hingestellt, Sekt im Kühlschrank und überall Blumen verstreut. Ich dachte noch: Weil ich älter bin, muß ich mich ein bißchen zurückhalten und seinem Drängen nicht gleich nachgeben. Aber er hat mich einfach überwältigt, nicht mit Gewalt oder so, nein, einfach mit seiner Art. »Ich will das jetzt, und du willst doch auch.« Er ist einfach zur Sache gekommen und hat meine Einwände nicht gelten lassen. Es war einfach wunderschön.

Anfangs war ich immer völlig aufgelöst, wenn ich direkt aus Holgers Armen zu meinem Mann nach Hause kam. Das hat sich bald etwas gelegt. In unserer ersten Zeit habe ich einfach Holgers Einfälle genossen: nicht nur im Bett, nein überall, im Wald, auf seiner Arbeit, auf dem Konferenztisch, an dem am nächsten Tag alle wieder bei der Beratung sitzen würden. Einmal hat Holger mich abgeholt, als erstes uns beiden Sekt eingegossen, und dann hat er mir auf einer Anhöhe mein Sternzeichen gezeigt, es war eine klare Nacht, und er wußte, daß man es besonders gut sehen kann. Das sind alles so Sachen, die man sonst in jungen Jahren toll findet, als Älterer, besonders in einer Ehe, kommst du auf solche Ideen nicht. Holger hat mich mitgerissen mit seiner jungenhaften Art. Ich habe seine Ideen genossen, manchmal habe ich mich mit Zittern und Zagen drauf eingelassen, als er zum Beispiel meinte: »Kannst du nicht mal mit Strapsen kommen« oder »Rasier dich doch mal ein bißchen für mich, die Strubbeln können wir doch mal wegmachen.«

Mein Mann hat schon gemerkt, daß ich mich in den letzten drei Jahren, so lange geht das jetzt, verändert habe. Ich glaube nicht, daß er irgendeinen Verdacht hat, woher das kommen könnte. Es ist ja auch so, daß ich jahrelang, eigentlich jahrzehntelang, keinen Blick an einen anderen verschwendet habe. Dabei war es mit meinem Mann nie einfach, Fred ist sehr eigenbrötlerisch, und das trifft ja meist nicht auf so viel Liebe. Er stößt Leute gerne vor den Kopf. Er ist ein sehr dominanter Typ, was er sagt, ist immer richtig. So war es, so ist es, und so müßte es nach seiner Meinung immer bleiben. Das hat mich schon sehr lange sehr unglücklich gemacht und eingeengt, aber ich konnte mich nicht dagegen wehren. Es ist komisch. Auf einmal kann ich. Vier Wochen, nachdem ich Holger kennengelernt hatte, mochte ich die Musik nicht mehr hören, die bei uns zu Hause üblich war. Das Autoradio, das Radio im Wohnzimmer, das in der Küche, selbst der Transistor für die Terrasse: alles Schlagermusik. Erstaunlich, was die Liebe auslöst, ich konnte das nicht mehr hören. Jetzt habe ich überall *Fritz* auf Sendung. Neulich kam mein Mann in die Küche, hat wortlos den Sender zurückgestellt, ich gehe hin, und drehe ihn wieder rein. Er hat mich ganz komisch angesehen, so etwas war ihm noch nie passiert. Da hörte ich mich sagen: »Das hier ist meine Küche, hier arbeite ich, und hier höre ich die Musik, die ich will.« *Savage Garden* zum Beispiel, von denen ist auch das Lieblingslied von Holger und mir. Holger zuliebe war ich sogar schon mit in einem *Toto*-Konzert und bei den *Red Hot Chili Peppers*. Als ich das zweite Mal Schluß gemacht hatte, das erzähle ich nachher, tat mir mein Herz schon beim Radiohören weh: Ständig spielte da »unsere« Musik.

Holger und ich kannten uns gerade ein halbes Jahr, da stand mein 50. Geburtstag an. Auch so eine Sache: Familienfeiern, habe immer ich organisiert, ich habe mich fix und alle gemacht dafür, ob ich Lust hatte oder nicht. Diesmal nicht, dachte ich, ich wollte mit Holger wegfahren. Und das habe ich auch getan. Ich habe eine entfernte Cousine ausgegraben und habe Fred mitgeteilt: »Meinen 50. feier' ich mit Gabi auf dem Land.« Die Cousine wußte natürlich Bescheid, falls Fred angerufen hätte, aber er hat nicht angerufen, wie er überhaupt nie anruft, wenn ich weg bin. Er vertraut mir. Holger und ich waren vier, fünf Tage am Meer. Mein Mann war total von den Socken, daß ich überhaupt allein gefahren bin. Er hatte noch ein paar Anläufe gemacht: »Aber die Familie« und »Wir haben doch immer«. Ich habe nur gesagt: »Diesmal nicht. Ich wünsch' mir das, ich will das so.« Das hatte es bei uns noch nie gegeben.

Nicht nur meine Cousine, auch meinen Bruder habe ich für Holger wiederentdeckt, beide besuche ich jetzt offiziell, was ich früher nie gemacht habe. Mein Bruder weiß nichts von diesen Pseudo-Besuchen, meine Schwägerin ist die Eingeweihte. Ich weiß zwar, daß mein Bruder meinen Mann auch nicht so sonderlich leiden kann, aber irgendwie fürchte ich, daß man von Mann zu Mann vielleicht doch zusammenhält. Von meiner Schwägerin weiß ich, daß sie es mit ihrem Mann ähnlich schwer hat wie ich mit meinem.

Früher wäre ich nie einfach ein Wochenende allein weggefahren: Wer hätte da Fred das Essen machen sollen? Mir kommt natürlich entgegen, daß mein Mann viel arbeitet. Er ist auch am Wochenende und abends viel im Büro. Die brenzligste Situation war bisher, wie wir einmal direkt an Fred vorbeigefahren sind. Er stand in unserem BMW an der Ampel, Holger und ich bogen ab und fuhren an ihm vorbei. Ich wäre fast gestorben. Aber warum hätte Fred auf unser Auto aufmerksam werden sollen?

Am meisten weiß meine beste Freundin von meiner Nebenbeziehung, wir kennen uns seit Kindertagen. Sie lebt seit ihrer Scheidung vor 15 Jahren allein, bewußt allein, sie will gar keinen festen Partner. Auch sie hat mir immer gesagt: »Was findest du an Fred, das ist doch nicht der Richtige für dich, der buttert dich doch nur unter.« Damals habe ich immer abgewiegelt und ihn sogar noch verteidigt, das macht man automatisch, wenn der eigene Mann angegriffen wird, wäre ja auch komisch, wenn nicht. Und heute bin ich so stark. Aber nur, weil ich weiß: Da ist jemand. Holger ahnt gar nicht, wie mir seine bloße Existenz den Rücken stärkt. Ich trumpfe jetzt zu Hause auf, wie ich es früher nie gewagt hätte, wie ich es mir nie zugestanden hätte. Mein Mann hatte mit dieser Art des Egoismus bei sich nie Probleme. Jetzt bin ich auf einmal eiskalt, wenn es um meine Interessen geht, und ich fühle mich so gut dabei. Sonst hat mein Mann diese Kälte immer an den Tag gelegt.

Meine Erziehung im Elternhaus und auch meine Vorstellungen gingen früher ganz klar in die Richtung: Ich habe einen Mann, eine Ehe, und das bleibt so für immer und ewig. Mein Mann dachte leider nicht so, und als ich das mitbekam, war ich maßlos enttäuscht und verletzt. Mein Mann hat sich immer nach anderen Frauen umgetan. In seinem Beruf als Ingenieur war er viel auf Lehrgängen, das alleine hat mich schon eifersüchtig gemacht, weil ich argwöhnte, da ist irgendwas. Wie oft habe ich mir gesagt: Mach's dir nicht so schwer, und ich habe meine Gefühle verdrängt. Aber sie waren da, und sie waren auch berechtigt. Ich habe mir gesagt: Ich bin treu, und er soll es auch sein. Ich habe mich mit unserem zweiten Kind so gequält, ich wollte unbedingt noch eines, ich hatte schon drei Fehlgeburten gehabt. Aber mir lag so viel an einer intakten, heilen Familie, und die wollte ich auch durch Kinder zeigen. Mein Mann ist sehr ehrgeizig und zuverlässig, das hat mir immer sehr gefallen. Damit Hand in Hand geht seine Korrektheit, die man böse krümelkackig nennen würde.

Ein halbes Jahr vor meiner Begegnung mit Holger hatten Fred und ich unseren Riesenkrach gehabt. Wir waren zusammen im Winterurlaub in Tirol, da waren wir schon öfter, und es war auch in diesem Jahr schön, wir sind zusammen mit Freunden Ski gelaufen, waren zusammen aus. Es war ein wunderschöner Tag gewesen, und abends hatten wir so richtig schön miteinander geschlafen, ich war total glücklich. Und wie so oft, wenn ich das war, trieb es mich wieder, und ich fing wieder an: »Fred, wenn ich mir vorstelle, daß du das auch mit Gisela gemacht hast, dann ...« Fred kannte das ja schon von mir, aber diesmal ist er wirklich ausgerastet, hat geschrien: »Ich halte das nicht mehr aus, ich sollte dich endlich in Ruhe lassen.« Er hat mich dann vor die Wahl gestellt, für den Rest der Reise in ein anderes Zimmer zu ziehen oder wir fahren nach Hause. »Fahr doch«, habe ich gesagt, ich weiß bis heute nicht, woher ich den Mut dazu hatte. Aber er ist tatsächlich gefahren, hat den Freunden gesagt, daß er dringend in der Firma gebraucht wird, das war okay. Seitdem haben wir nie wieder miteinander geschlafen, wirklich. Er hat nie wieder den Versuch gemacht, und meine leichten Annäherungen hat er abgewiesen, freundlich, aber bestimmt, so daß ich dann auch nicht mehr wollte. Später hat er mir erzählt, daß er meine Eifersucht, die immer da war, und auch nicht unbegründet, nur schwer ertragen hat, er hat sich aber immer wieder kleinkriegen lassen, weil er ja mit mir schlafen wollte.

Es war im Winter 91, Fred war zu einer Fortbildung im Rheinland, wo er ausgerechnet eine Kollegin aus Mecklenburg getroffen hat. Eigentlich ja kein Wunder, denn in der DDR gab es ja jede Menge Frauen in sogenannten Männerberufen. Ich habe schnell mitgekriegt, daß da was läuft, daß ich mir nichts zusammenspinne, und habe mir dann vorgenommen, anders zu reagieren als sonst. Ich dachte: Mach keinen Zirkus, sonst verlierst du ihn. Ich bin ja überhaupt nicht materiell eingestellt, und ängstlich bin ich auch nicht, ich war nie arbeitslos und werde es in meinem Beruf als Beamtin in der Verwaltung wohl auch nie sein, aber nach der Wende war alles so unsicher. Da habe ich mir auch in der Ehe gesagt: Tu souverän. Ich habe allen Ernstes vorgeschlagen, daß Gisela uns mal besuchen soll, ihre Mutter wohnt nur 50 Kilometer entfernt. Ich war richtig erschrocken, wie ich so vorgeprescht bin. Sie kam dann auch. Überhaupt nicht der Typ Frau im Männerberuf, eher ein elegantes, ziemlich zickiges Modepüppchen. Und schlau fand ich sie auch nicht, wie sie da so in meinem Wohnzimmer saß und immer sagte: »Ich mein' mal« oder »ich sach mal so ...« Ich habe fast gar nichts gesagt, ich dachte nur: Und wegen der hast du stundenlang überlegt, was du anziehen sollst. Ich im Hemdblusenkleid, sie mit Dekolleté. Selbstgefällig und selbstsicher hat sie herumgeplappert und immer so getan, als wenn sie Fred schon ewig kennt, dabei konnte sie mir über ihn nun wirklich nichts Neues erzählen, aber sie hat es versucht. Sehr ulkig. Am nächsten Tag habe ich gehört, wie Fred mit ihr telefoniert hat und das gemeinsame Seminar in vier Wochen abgesagt hat. Vielleicht sollte ich es hören, vielleicht meinte er es auch ernst, es war mir relativ egal. Er hat dann gesagt: »Gut, daß es vorbei ist.«

Mir ging dieses Erlebnis noch lange Jahre nach, das Vertrauen hatte ich außerdem verloren. Fred hat sich dann sogar entschuldigt, wenn er mal wegmußte: »Ich traue mich gar nicht, es zu sagen: Ich muß auf Dienstreise nach München.« Eine Weile ging es ganz gut, dann wurde ich wieder hektisch und nervös. Einmal schlug Fred mir vor, doch einfach mitzufahren, aber das wollte ich nicht. Er hat nicht wieder nachgefragt, vielleicht war er froh, alleine zu sein, denn an der grundsätzlichen Sache, daß wir uns entfremdet hatten, hatte sich ja nichts geändert. Nach einer seiner Dienstreisen habe ich in seiner Brieftasche herumgesucht und prompt die Handynummer von Gisela gefunden. Männer sind so dumm. Ich wollte einfach nur Gewißheit, es ist sicher nicht schön nachzuspionieren, aber ich konnte an nichts anderes denken, als daß ich wissen wollte, was nun ist. Zum nächsten Geburtstag hat Fred mir ein tolles Armband geschenkt, ich habe nichts gesagt, sogar noch gute Miene gemacht, schon wegen der Kinder, aber hinterher konnte ich mir das Frotzeln nicht verkneifen: »So ein teures Armband, das habe ich doch gar nicht verdient.« Dann bin ich doch bald zur Sache gekommen: »Das machst du doch nur aus schlechtem Gewissen.«

Damals habe ich mich gefragt: Warum trennst du dich eigentlich nicht? So viele andere Frauen trennten sich damals in unserem Umfeld von ihren Männern, ich habe die bewundert, fand sie stark. Ich habe mich gefragt: Wieso bist du eigentlich so eifersüchtig, liegt dir noch was an ihm? Er war schließlich derjenige, der mit einem Federstrich entschieden hatte: Schluß, aus, unsere Beziehung läuft jetzt auf Sparflamme. Wie oft habe ich damals gedacht: Ach, wenn du jetzt jemanden hättest. Ich weiß ja, wenn man guckt, sieht man plötzlich, daß man überall von Männern umgeben ist, bei der Arbeit, überall, aber ich habe mich nie für diese Männer interessiert. Ich bin überhaupt nicht religiös oder kirchlich, aber damals habe ich fast gebetet: Lieber Gott, schick mir einen.

Heute interessiert es mich nicht mehr, was mein Mann macht, dafür bin ich Holger dankbar. Ich bin ein völlig anderer Mensch geworden. Anfangs hatte ich ja doch ein schlechtes Gewissen, ich dachte: Mensch, Fred arbeitet, und du vergnügst dich mit einem anderen. Am Wochenende oder abends eben, wenn er noch im Büro war. Schon der Gedanke an eine Nebenbeibeziehung hat bei mir früher immer ausgelöst: So was ist unfair, das macht man nicht. Was ich dann aber nicht alles gemacht habe, das ist zu komisch.

Eine Weile hatte Holger keine Waschmaschine, da habe ich seine Sachen mit bei uns gewaschen. Mit den Strümpfen bin ich immer durcheinandergekommen, welche gehörten Holger, welche Fred? Wirklich. Also habe ich alle Strümpfe mit zu Holger genommen und ihn gebeten: »Such dir deine raus.« Ganz oft flatterten Holgers T-Shirts bei uns lustig im Garten, Fred kam nach Hause, und ich hatte die Wäsche noch nicht abgenommen. Nie ist ihm etwas aufgefallen. Und was für leckere Sachen standen bei uns mittags auf dem Tisch, die Fred sehr genossen hat, provençalisches Lamm, eingelegter Sauerbraten – die Hälfte aß die Familie, die andere Hälfte habe ich abends mit zu Holger genommen, damit hatte ich überhaupt kein Problem. Außerdem habe ich mir angewöhnt, wenn ich Kuchen backe, immer eine kleine Form für Holger und mich mitzubacken, ich habe kleine Napfkuchenförmchen, sogar ein Miniatur-Blech für Prasselkuchen.

Es ist schon so: Mein Hauptmann ist Holger, mit ihm lebe ich in Gedanken viel mehr als mit meinem Mann, mit Holger bin ich glücklich, und ich will, daß das so bleibt. Wenn Holger plötzlich weg wäre, ich kann mir das gar nicht vorstellen, aber wenn: An der Situation mit meinem Mann würde das nichts ändern, ich habe mich als Person dauerhaft geändert. Ich bin jünger geworden, nicht nur bei der Musik. Ich kaufe mir jetzt andere Klamotten, nicht immer nur elegante oder praktische, sondern auch enge Hosen und Kleider, die so flott sind, daß meine Töchter sie sich leihen. Sogar meine Mutter hat neulich zu mir gesagt: »Du siehst in letzter Zeit immer so entspannt und viel jünger aus.« Seit ich Holger kenne, rauche ich wieder. Als mein Mann sich das Rauchen abgewöhnt hat, habe ich das natürlich auch getan. Das war ja auch gut, aber er hat einfach von mir erwartet, daß ich das tue. Nun, Holger raucht, und wenn ich mit ihm zusammen bin, tue ich das auch. Nicht viel, aber ich genieße jede Zigarette.

Natürlich schiebe ich den Gedanken weg: Was wäre wenn, was kommt wann? Gott sei Dank läßt mich Fred noch immer sexuell in Ruhe. Holger fragt mich oft danach: »Schläfst du wirklich nicht mehr mit ihm?« Ich beruhige ihn dann immer, aber er will es immer wieder und wieder hören, er ist eifersüchtig auf Fred. Auch das gefällt mir irgendwie, vielleicht, weil sonst immer ich die Eifersüchtige war.

Mit meinem Mann rede ich schon über unsere Lage, auch darüber, daß wir keinen Sex mehr haben. Er sagt dann: »Mir war nicht so klar, wie sich das entwickeln würde, daß wir jetzt keine Grundlage mehr haben, keinen neuen Anfang mehr machen können.« Wie soll das auch gehen? Andere würden vielleicht sagen: »Laßt euch von einem Therapeuten beraten«, doch davon halte ich nichts. Man kann es nicht herbeireden. Und ich will es ja auch gar nicht. Es stört mich nicht, daß Fred und ich nicht mehr miteinander schlafen. Im Gegenteil, es ist sogar so, daß ich gar nicht mehr mit ihm schlafen könnte. Seit ich Holger kenne, fahren mein Mann und ich auch nicht mehr zusammen in Urlaub, du kannst dir vorstellen, daß mir das natürlich sehr gelegen kommt. Mit Holger bin ich oft unterwegs, hier mal ein paar Tage, da mal ein Wochenende. Jetzt will er mit mir unbedingt quer durch die USA, vier Wochen, ein Auto mieten und so. Mal sehen, eigentlich möchte ich schon.

Drei Jahre geht das jetzt mit Holger, das ist eine lange Zeit, da ist der Reiz des Neuen nicht mehr das Wichtigste. Zweimal habe ich Schluß gemacht. Beim ersten Mal, weil ich dachte: Schluß, aus, das tue ich mir nicht an. Was war passiert? Holger ist sehr eifersüchtig, er hat eine Weile auch viel zu oft bei mir zu Hause angerufen, egal, ob mein Mann zu Hause war oder nicht. Wir hatten viel Zank und Streit. Als dann Schluß war, als ich Schluß gemacht hatte, war ich so unglücklich, das kann man sich kaum vorstellen. Ich dachte immer nur: Das kann doch nicht wahr sein, daß du das, daß du dich nicht besser im Griff hast. Holger hat den Schlußstrich nicht akzeptiert. Er hat mir wunderschöne Briefe geschrieben, angerufen. Dann stand er nach der Arbeit an der Straßenecke: mit vielen Entschuldigungen und neun Rosen, für jeden Monat eine. Er war völlig kleinlaut und zerknirscht. Da konnte ich ihm nicht mehr böse sein.

Beim zweiten Aus konnte ich wieder Holgers Verhalten nicht ertragen und akzeptieren. Er ist, wie gesagt, sehr eifersüchtig, er denkt, alle Männer starren mich an. Irgendwie ist das drollig und auch schmeichelhaft, aber an diesem einen Abend war es wirklich zu viel. Wenn Holger ein bißchen Alkohol trinkt, wird er umwerfend, originell, charmant und alles. Aber an diesem Abend hatte er einen Tick zu viel. Er fing an, mich zu beschimpfen: »Du hast einen Neuen, ich spüre das.« Er hat sogar mit der Hand ausgeholt. So hatte mich noch nie jemand behandelt. Nicht, daß er mir wehgetan hätte. Nein, aber ich sah seinen Blick, diese kalten, grünen Augen. Ich hatte Angst. Außerdem merkte ich: Der ist stärker als du. Ich dachte nur: Sei klug, sieh zu, daß du hier heil rauskommst. Wir waren in seiner Wohnung. Ich war so enttäuscht ... Ich habe meinen Mantel und meine Tasche geschnappt und bin raus.

Ich war am Boden zerstört. »Wer bist du denn, daß du dir so etwas gefallen lassen sollst«, dachte ich, und als nächstes fiel mir wieder der Altersunterschied ein. Ich bin nach Hause gefahren, habe mich an meinen Schreibtisch gesetzt und ihm einen wütenden Brief geschrieben, der eigentlich nur ein einziges »Leb dein Leben ohne mich« war. Dann kamen wieder diese Anrufe von ihm. Er schrieb Postkarten. Er schickte Blumen. Er stellte Pralinen vor die Tür. Ich konnte nichts mehr essen und nahm jeden Tag ein Pfund ab. Hübscher Nebeneffekt, aber mir ging es wirklich schlecht. Die Vernunft sagte: So läßt du dich nicht behandeln. Mein Herz schmerzte. Nach zwei Wochen hatte das Herz gesiegt, ich konnte mich überhaupt nicht mehr richtig erinnern, was an der Szene in seiner Wohnung so schlimm gewesen sein sollte. Bei einer Sache bin ich mir ganz sicher: Mein Mann traut mir mein Doppelleben nicht zu. Aber wenn er es wüßte, wäre er enttäuscht, eine Welt würde für ihn zusammenbrechen. Ich habe aber überhaupt kein schlechtes Gewissen, weil ich weiß, mir geht es gut mit dieser Situation. Anfangs, im Überschwang der Gefühle, habe ich mich schon nach einer eigenen Wohnung umgesehen. Ich war wirklich drauf und dran, alles hinzuschmeißen und ein neues Leben mit Holger zu planen. Natürlich ohne daß der das wußte.

Manchmal denke ich auch heute: Wenn ich nicht mehr mit Fred zusammen wäre, würde ich mir eine eigene Wohnung nehmen. Ich könnte mit Holger wegfahren, wann immer ich wollte. Und dann denke ich: Vielleicht ist es dann nicht mehr schön. Wenn man jünger wäre. Dann hätte ich's vielleicht gemacht. Meine Kinder sind groß, sie würden es verstehen, wenn ich ginge, es bräche keine Familie zusammen. Auch unsere Bekannten und Freunde – kein Problem. Manchmal denke ich: Was tust du hier eigentlich noch. Und ich wundere mich, wie ich das alles unter einen Hut kriege: Arbeit, Familie, das Haus – Holger.

Holger ist so ohne Hintertürchen, so direkt. Er sagt: »Ich will dich haben, ich würde dich sofort heiraten, du bist die einzige Frau, bei der ich mir das je vorstellen konnte.« Ich bremse ihn, denn mir reicht die eine Ehe, ich würde mich doch nicht gleich in die nächste stürzen. Er sieht das ein und sagt: »Ich nehme dich auch ohne Trauschein.« Und er malt mir aus, wie schön es wäre, wenn wir zusammenleben würden. Für mich kommt das schon wegen dem Altersunterschied nicht in Frage. Da ist er doch wieder, manchmal macht er mir was aus, manchmal stört er mich gar nicht.

Holger meint, daß ich die richtige Frau für ihn bin, in jeder Hinsicht. Ich sehe Probleme und habe Bedenken immer nur dann, wenn ich gerade nicht gut drauf bin, manchmal denke ich: Es geht nun schon so lange und ist schön, wie lange noch? Auch wenn sich meine Beziehung zu Holger natürlich im Laufe der Jahre geändert hat, sagt er immer noch so schöne Sachen zu mir wie: »Du bist eine tolle Frau, du bist so erotisch, dein Mann muß blöde sein.« Anfangs war mir das alles peinlich, wie gesagt, es hing für mich alles an diesem Altersunterschied. Es ist schon manchmal komisch, wenn wir in einem Lokal sitzen, Holger meine Hand zu sich herüberzieht, meinen Handrücken küßt und alle sehen können, daß er sich am liebsten den ganzen Arm raufküssen würde. Dann gucke ich mich um und sehe andere Paare, die nur miteinander schweigen. Holger paßt in kein Schema, er ist in seiner Art so, wie ich vielleicht mit 20 war, ich habe mich immer weiter angepaßt, um nicht anzuecken. Holger dagegen ist so schön rebellisch und kompromißlos. Ich möchte wieder so werden, wie ich einmal war, weil er mir so gut gefällt, nein, weil ich mir früher so gut gefallen habe ...

Eigentlich mache ich mir keinen Kopf drüber, wie es weitergeht. Alles kommt so, wie es kommen muß, daran glaube ich fest. Wenn Sachen passieren, weiß man meist gar nicht, wofür das einmal gut sein wird, das erkennt man erst später, aus der Distanz. Im Moment bin ich unheimlich froh, daß es Holger gibt. Und ich hoffe, daß dieses Gefühl bis in die Unendlichkeit anhält. Ich habe mir gerade das Buch *Fünf Lügen die Liebe betreffend* von Michael Mary gekauft, das wollte ich eigentlich meiner Freundin schenken, aber ich kann's ihr nicht schenken, ich kann's ihr höchstens leihen. Es gibt Bücher, die muß man einfach haben. Mary beschreibt das alles so gut: Wie falsch unsere Vorstellungen von langen Beziehungen sind. Keine Liebe bleibt so wie am Anfang. Es ist ganz normal, wenn beim Sex nach längerem Zusammenleben die Spannung nachläßt. Holger will das nicht glauben, aber er hatte ja bisher auch keine längere Beziehung. Vertrauen, Gewohnheit, all das wird wichtiger in Langzeitbeziehungen und Sex immer unwichtiger. Schon bevor ich Holger kennengelernt habe, habe ich viele Bücher rund um dieses Thema gelesen, und zwar, weil es in unserer Ehe nicht harmonierte. Aber was nützt es, wenn man Bücher wie »Brave Mädchen holt der Wolf« liest und erkennt, was für ein angstvolles Weibsbild man ist, aber ändern kann man es trotzdem nicht. Jetzt kann ich es.

Irgendwann wird Fred vielleicht merken, was los ist. Ich denke nicht drüber nach. Vielleicht werde ich es ihm auch eines Tages selbst sagen, das kann ich mir durchaus vorstellen, aber ich weiß es nicht.

Im Moment lebe ich zwei Leben, die mir beide gefallen. Vor einem halben Jahr war mein Mann nach einer Operation, nichts wirklich Gefährliches, vier Woche zur Reha. Das war für mich natürlich eine prima Zeit. Er hat da prompt jemanden kennengelernt. Natürlich hat er wieder nichts gesagt, er ist ja auch sehr vorsichtig geworden, aber ich hab's durch Fragen eben rausgelockt, und er hat sich sehr gewundert, als ich nur gesagt habe: »Was, die wandert gerne? Na, das ist ja toll, dann könnt ihr doch zusammen die Fahrt in die Lüneburger Heide machen, die du schon immer wolltest.«

Hanna, 35

Warte nicht auf den Traummann

Oder: Ich hatte immer noch andere

Mit 21 habe ich Robert kennengelernt, den Vater von meiner Tochter. Wir waren beide Scheidungskinder, und als wir nach sechs Jahren geheiratet haben, war das hauptsächlich wegen der Wohnung. Aber es war interessant, wie mich plötzlich alle ganz anders angesehen haben, als ich einen Ehering trug. Auch Robert tat die Ehe gut: Er wurde zum Mann. Vorher war er eher wie ein großes Kind. Auch im Bett war Robert nicht richtig erwachsen, nicht so, wie ich einen Mann gern hatte. Ich war einfach verwöhnt. Als ich dann schwanger war, passierte das Unglück: Robert hatte einen tödlichen Autounfall. Da saß ich nun mit meiner Trauer, ganz am Anfang der Schwangerschaft.

Ich habe es irgendwie geschafft, die Freundinnen haben geholfen, aber meine Familie nervte, alle wohnten in meiner Stadt. Besonders die Schwiegereltern waren anstrengend. Klar, sie hatten ihren Sohn verloren und liebten jetzt das Enkelkind um so mehr. Ich bin dann weggezogen und habe mir auch eine neue Klinik gesucht. Das war hart, ohne festen Partner, wechselnde Dienste als Ärztin, Bereitschaften. Ich habe gelernt: Es haben dich nicht alle gern, du bist auch nicht verpflichtet, alle zu mögen. Und nein sagen habe ich auch gelernt.

So habe ich jahrelang alleine gelebt, ab und zu gab es einen Mann, aber immer waren es gebundene Männer, die sich nur wenig Zeit für mich genommen haben. Einmal war ich tüchtig verliebt, in einen Kollegen, den ich bei einem Kongreß kennengelernt habe. Im Bett war es ziemlich ideal mit uns. Doch wir haben uns nur drei, vier Mal im Jahr gesehen, alles, was darüber hinausgegangen wäre, hätte nach seiner Ansicht sein Privatleben bedroht. Wir telefonieren heute noch ab und zu. Wenn er in der Gegend ist, gehen wir essen oder Kaffee trinken, und er versucht, mich noch mal rumzukriegen – aber das lehne ich kategorisch ab. Es gibt auch andere Liebhaber, die ich heute noch treffe, wir können gut reden, aber mehr ist da nicht.

Seit drei Jahren gibt es Heinz in meinem Leben. Heinz hat ein Antiquitätengeschäft, da haben wir uns auch kennengelernt. Ich war Kundin und habe immer gerne mal nachgesehen, ob er irgendwas Neues hat, zum Beispiel Porzellan oder Grafik. Heinz ist zehn Jahre älter als ich. Ich glaube, da kommt wieder mein Vaterkomplex durch. Heinz ist ein durch und durch lieber Kerl, sehr ruhig, harmonisch. Wir können wunderbar den Alltag gemeinsam bestreiten, wir haben gemeinsame Interessen. Steffen wäre mir für jeden Tag viel zu aktiv, wir müßten ständig auf Achse sein. Ich bin also in meiner ersten Beziehung sehr zufrieden. Heinz ist ein richtiger Kavalier alter Schule, er macht mir die Türen auf und rückt den Stuhl ran, er ist durch und durch Ästhet, gibt der Wohnung den letzten Schliff. Bei uns ist er es, der putzt, und ich bediene die Bohrmaschine. Auch wenn ich nicht einfach auszuhalten bin, weil ich nicht mehr alles schlucke: Heinz nimmt mich, wie ich bin.

Vor 20 Jahren wäre ich in eine Sache mit Steffen voll reingehüpft. Und wahrscheinlich hätten wir uns dann auch schnell wieder getrennt. Wir wollen irgendwann mal drei Tage wegfahren, aber er ist immer zugeschüttet mit Arbeit und Familie. Ich glaube, er will nicht richtig. Ich denke, er hat Angst, daß es so gut wie in seinen Träumen sein könnte. Er hat überhaupt Angst, die Kontrolle zu verlieren. Für ihn stünde ja auch etwas auf dem Spiel: Die Kinder sind noch ziemlich klein, seine Eltern wohnen mit im Haus, es gibt einen hohen Kredit, da geht man lieber kein Risiko ein.

Steffen und ich kennen uns schon seit 15 Jahren. Auf unserem Fachgebiet läuft man sich immer mal wieder über den Weg, und seit fünf Jahren ist er in unserer Stadt an der Uniklinik. Vor anderthalb Jahren, Steffen war in einer Ehekrise, kam er frontal auf mich zu und fragte, ob wir nicht mal einen Ausflug machen wollten. Ich war noch heiß verliebt in Heinz, da bin ich nicht offen für andere und habe ihm eine Abfuhr erteilt. Ein Vierteljahr später kam er wieder, ob wir nicht mal was trinken gehen wollten. Ich hatte gerade eine ernste Auseinandersetzung mit Heinz und dachte: Okay, warum nicht auch mal wieder andere angucken. Steffen hat den ganzen Abend von seinen Beziehungsproblemen erzählt, und ich habe zugehört. Seine Frau hatte ihm gerade gesagt, daß sie mal raus aus dem Trott muß und deswegen am Wochenende einen alten Freund an der Ostsee besuchen wird. Damit ist er nicht klargekommen. Und was machen Männer dann? Sie müssen sich beweisen, daß sie so was auch können. Ich denke, hauptsächlich darum ist er auf mich zugegangen. Bei unserer nächsten Verabredung waren wir im Wald spazieren, und da haben wir uns dann verhalten wie pubertierende Jugendliche. Nur angefaßt, mehr nicht. Aber seitdem erhielt ich täglich Anrufe, E-Mails und, wenn ich unterwegs war, SMS. Die neue Technik ist geradezu ideal für solche Beziehungen.

Nach unserem Waldspaziergang haben wir beschlossen, daß jeder seinen Zustand beschreibt und wir die Texte gegenseitig zur gleichen Zeit austauschen. Es war schon spannend, sich selbst zu outen, weil man ja nicht wußte, ob der andere genauso denkt. Er gab mir einen literarisch-erotischen Text, in dem seine Wünsche und Vorstellungen beschrieben waren. Mein Text war nüchterner: *»Zu Freundschaft, Liebe, Sex und Toleranz im Jahr 2000 – oder wie gut sitzt es sich auf neuen Stühlen?*

Nach den ersten zwei Jahrzehnten des Erwachsenendaseins, angefüllt mit stürmischen Lieben, heftigem Liebeskummer, Ehealltag, Seitensprüngen, Beziehungscrashs, Singledasein und den vielen Pausen zwischendurch, sollte bei beiden Geschlechtern zumindest ein kleiner Läuterungsprozeß erfolgt sein. Profaner ausgedrückt, den Höhen und Tiefen neu herannahender heterosexueller Beziehungen hat man gelassen gegenüberzustehen. Sicher ist auf jeden Fall, daß nicht nur der Bauch, sondern zunehmend die Kiste mit Erfahrungen mitspricht, wenn sich ein neues »Opfer« abzeichnet.

Obwohl die Suche nach der Traumfrau bzw. dem Traummann längst ad acta gelegt wurde, die gegenwärtigen LAGs sich schon seit längerer Zeit als sehr angenehm und brauchbar im Alltag erwiesen haben, sich Kindererziehung und Berufsstreß in normalen Bahnen bewegen – eine normale Mittvierzigerin hält zumindest die äußeren Augenwinkel offen. Schließlich ist man ja auch noch kein altes Eisen und weiß, daß alles endlich ist – und man gönnt sich ja sonst nichts. Die Schmetterlinge im Bauch wären schon willkommen, nur die verdammte Plackerei mit den Gefühlen, wenn es nicht so klappt – die möchte man umgehen.

Trifft es sich nun, daß alte Freunde auftauchen, oder längst bekannte Zeitgenossen einem etwas näherkommen, sei es beruflich oder auf alltäglichen Wegen – es schrillen nicht gleich die Alarmglocken oder die Schmetterlinge fliegen in Scharen herbei. Was aber, wenn sich trotzdem eine Freundschaft und ein Flirt anbahnt (wäre ja die ideale Mischung), der »mehr« verspricht (was auch immer sich jeder der beiden darunter vorstellt)? Findet sich nun doch noch das Pendant, das sowohl wesensverwandt ist als auch sexuelle Übereinstimmung verspricht? Aus Erfahrung weiß man ja, daß ersteres schnell verfliegen und zweites sich schnell abnutzen kann. Aber eigentlich genießt man es sehr, daß ein sympathischer Zeitgenosse einem Interesse entgegenbringt (oder steckt etwa etwas Eigennütziges dahinter?).

Es macht Spaß, fast täglich Post in der Mailbox zu haben – ungefährlich und ein bißchen geheimnisvoll. Ein, zwei kurze gemeinsame Spaziergänge, flüchtige Küsse und Griffe – längst in Vergessenheit geratenen Szenen und Gefühlen der Teenagerzeit gleich. Soll man lachen oder sich fallen lassen?

Schwanken zwischen nachsichtigem Lächeln und Zärtlichkeitsgefühl, Fantasien werden geweckt. Aber setzt der eine das

Signal auf Grün, scheint es, als ob der andere zurückweicht – das Spiel kann in der zweiten Runde weitergehen.

Zwischendurch lacht man wieder über sich selbst und ist doch betroffen, wenn in der Postbox beim abendlichen Computerplausch kein Brief vorliegt. Geht es nun doch los mit dem Spielen mit den Gefühlen oder dem Zeigen der Machtbeweise? Wer schreibt als zweiter, wer hat mehr Nerven? Erlahmt der Flirt schon nach so kurzer Zeit?

Dabei hat es einen doch aufgebaut, das Selbstwertgefühl gehoben. Soll man lieber diesen altbekannten Teufelskreis durchbrechen – noch haben die Hormone nicht zugeschlagen, noch hat keiner das Gesicht verloren und sich zu weit aus dem Fenster gelehnt. Die miteinander diskutierten Werte von Erinnerungen – sie werden bis jetzt ohne negative Vorzeichen sein.

Andererseits spielt man gern mit dem Gedanken an eine ungefährliche, Geist und Körper anregende Liaison, schließlich lebt man ja in einer Zeit ohne große moralische Tabus. Aber ob es funktionieren kann?

Ich werde erst mal in die Mailbox schauen ...«

Bis wir miteinander geschlafen haben, dauerte es dann nicht lange. Es war zwar kein langer Höhenflug, aber wir haben beide gemerkt, daß wir gut miteinander können. Das Thema Aids haben wir ganz elegant umschifft: Wir gehen beide regelmäßig zum Blutspenden, da gibt es den Test gratis, alles wird untersucht, da kann also nichts sein.

Nach dem ersten Mal ging es mit unseren Mails und SMS weiter, Steffen gab mir seine erotischen Texte. Ich habe mir auf meinem Computer extra einen Ordner angelegt mit der Aufschrift: Anamnese. Wir schreiben uns viele Geschichten nur für unser Selbstverständnis. Die lege ich auch da ab, da sucht sie sicher keiner. Nie würde Heinz in meinen Computer gucken, das sind für ihn böhmische Dörfer. Und die SMS lösche ich immer gleich.

Sie können sich das wahrscheinlich nicht vorstellen: Ich, die ich mich immer um Patientenberichte drücke und um private

Briefe sowieso, ich schreibe plötzlich. Nicht immer so, wie ich es eigentlich ausdrücken will, aber ich schreibe, und es macht mir Spaß. Alle Blockaden sind weg. Auch Steffen ist absolut frei in seinen E-Mails und erotischen Fantasietexten. Es vergeht wirklich fast kein Tag, an dem wir nicht mailen und telefonieren, wobei am Wochenende natürlich nicht telefoniert wird. Steffen hat mittlerweile begriffen: Sie klammert nicht, sie kann mit der Sache umgehen. Er muß also keine Angst um seine Beziehung haben. Denn da hat er schon große Sorgen: Daß es ihn emotional erwischt. Für mich ist es ja auch nicht gerade einfach, Steffen verkörpert genau das, was mir bei Heinz fehlt. Da ist es schon schwierig, seine Gefühle im Griff zu haben. Und wenn ich Heinz nicht hätte, wäre ich bei Steffen nicht so locker.

Am letzten Wochenende ist mir fast der Kopf geplatzt, ich hatte meine jährlichen Winterende-Depressionen, richtigen Frust. Am liebsten wäre ich mit Schlafsack und Rucksack einfach losgezogen. Habe ich natürlich nicht gemacht. Am Montagnachmittag habe ich mir bei Steffen alles runtergeredet, er hat sich nach meinem Hilferuf sofort Zeit für mich genommen. Er war ganz erstaunt, daß auch Frauen solche Frust-Gefühle haben. Heinz hat davon gar nichts mitgekriegt, ihm hätte das nur Angst gemacht, und er hätte sich die Schuld für meine Krise gegeben. Steffen und ich geben uns auch echte Lebenshilfe. Das nützt allen Beteiligten, und Steffen ist besonders zufrieden, daß er mir helfen kann.

Heinz ist sehr eifersüchtig, ich muß schon aufpassen. Er wittert bei vielen Kollegen und Patienten Gefahr, auch Steffen gehört zu seinen Angstgegnern. Ich liebe Heinz, mit ihm kann ich den ganzen Alltagstrott meistern. Ich werde ihm nie von Steffen erzählen. So etwas habe ich einmal gemacht, als ich 23 und mit Robert zusammen war. Da habe ich mich verliebt und bin damit rausgeplatzt. Das hat so viel kaputtgemacht, die Tatsache an sich, die Streitereien. Wir haben so lange gebraucht, bis wir das Vertrauen wieder aufgebaut hatten. Ich will auch Steffens

Frau nicht näher kennenlernen. Ich wüßte nicht, wie ich mit ihr umgehen würde, wahrscheinlich wäre sie mir ja sogar sympathisch, den Warnschuß mit diesem Treffen an der Ostsee finde ich eigentlich gut. Steffens Eheknatsch möchte ich aber nicht ständig anhören, dafür bin ich nicht da. Ich grenze gerne ab, wie weit unsere Beziehung gehen soll, und ich ergreife auch die Initiative für Dinge, die wir miteinander tun. Manche würden das als männliches Verhalten einordnen, aber das stört mich nicht. Ich sehe da meinen Vater vor mir und habe wenig Scheu.

Mein Vater ist ein toller Mann, mit ihm kann ich bis heute über alles reden, auch über meine und seine Liebschaften. Mein Vater hatte jede Menge Affären, als er noch mit meiner Mutter verheiratet war, er ist regelrecht ausgebüxt aus seiner Ehe. Meine Mutter hatte am Sex einfach keinen Spaß, im Gegensatz zu meinem Vater. Wir, er und ich, haben uns sogar zeitweise die Wohnungen überlassen für unsere Geschichten, wenn es sich gerade anbot. Nach der Scheidung hat mein Vater bald wieder neu geheiratet. Eine nette Frau, ohne Kinder, und da ich schon selbständig war, gab es keine Probleme zwischen uns. Dieser Frau ist er erstaunlicherweise absolut treu. Ich habe immer, auch als ich das erste Mal verheiratet war, nebenbei noch andere gehabt, um mir meine sexuellen Wünsche zu erfüllen. Und jetzt eben auch wieder.

Als ich 18 war, hatte ich meinen ersten Liebhaber, Eckehard. Er war Mitte 40, und ich habe immer wieder Männer gehabt, die ihm ähnlich waren. Nicht äußerlich, aber von der Stimme her oder der Gestik. Eckehard war wunderbar, er hat soviel Sorgfalt, Liebe und Mühe für mich aufgewendet, mir alles Mögliche gezeigt – da kamen die Jungs meines Alters nicht mit. Ich hatte also fast immer deutlich ältere Männer, wobei ich heute allmählich bei Männern meines Alters angekommen bin. Man merkt sehr schnell, ob ein Mann Fantasie hat oder ob es mit ihm im Bett nix wird. Und wenn es nichts ist, habe ich immer sehr schnell die Beziehung beendet. Man kann auch nicht ewig warten, bis der Traummann kommt oder ein verheirateter Mann endlich mal ein Wochenende für dich Zeit hat. Und eine Beziehung nebenbei, das geht nur, wenn man sich mit den Gefühlen nicht zu sehr reinsteigert. Eine sehr schwierige Angelegenheit.

Für mich gilt bei meinen Liebhabern eine Regel: Der Betrieb bleibt sauber. Da habe ich einmal hartes Lehrgeld bezahlt, es ist einfach nicht gut, nach dem Ende einer Beziehung sich jeden Tag im Dienst zu sehen. Steffen ist ja in einem anderen Krankenhaus. Wir treffen uns auch manchmal in der Klinik, entweder bei mir im Büro, wenn garantiert keiner kommen kann, oder auch bei ihm in einem abgelegenen Besprechungszimmer, von dem er weiß, daß es nie benutzt wird. Das hätte ich früher nicht gedacht, daß mir ein Quickie richtig Spaß machen kann, und etwas anderes geht im Büro ja nicht. Ansonsten ist es so, wenn wir uns treffen: Er drängelt nicht. Aber ich brauche nur zehn Minuten seine Stimme zu hören und ich werde feucht. Und reden ist eine seiner Lieblingsbeschäftigungen. Warum soll ich seine Berührung und den Sex nicht genießen – zu Hause bin ich dann viel ausgeglichener.

Schlimm war es, als Steffen letztes Jahr 14 Tage mit seiner Familie in Frankreich war: Ich hatte absolute Ruhe, ich habe nichts von ihm gehört, konnte ihn nicht anrufen, und er hat mir gefehlt. Die Montage sind schön, andere finden sie gräßlich, weil die Arbeit wieder anfängt, aber ich weiß: Morgens, je nach Dienstbeginn, klingelt das Telefon, und er wünscht mir eine schöne Woche.

Steffen ist kein großer Mann. Ich habe die Erfahrung gemacht, daß kleinere Männer aktiver und interessierter sind. Vielleicht weil sie das Gefühl haben, etwas ausgleichen zu müssen. Ich habe das bei vielen beobachtet. Wir machen beide Yoga, unabhängig voneinander hatten wir beide diesen Sport. Und es macht einfach Spaß, mit einem durchtrainierten und beweglichen Mann seine Fantasien umzusetzen. Ich habe jetzt angefangen, mich mit Tantra zu beschäftigen, er versucht das schon länger. Im Moment arbeitet er daran, seinen Samenerguß zu unterdrücken. Ich bin gespannt, er soll's vorführen, wenn es geht, ich glaube es aber erst, wenn es funktioniert. Das mit dem Tantra ist auch eine von den gemeinsamen Ideen, von denen nur wir wissen. Mit unseren Partnern funktioniert das nicht.

Es ist oft schwer, das alles unter einen Hut zu kriegen, unsere eigenen Terminkalender und die der Familie, dazu die Freunde. Mit meinen Freundinnen ist das unterschiedlich. Die eine sagt mir: »Sei froh, daß du jetzt den Heinz hast.« Die findet es gefährlich, daß ich Steffen treffe. Bei der anderen habe ich das Gefühl, sie ist sogar eifersüchtig. Nicht auf Heinz oder Steffen, aber auf die Zeit, die ich mit ihnen verbringe. Früher habe ich mit ihr viel mehr unternommen, wir waren gemeinsam im Urlaub, haben mit den Kindern die Wochenenden verbracht.

Von meinen Freunden sind viele jung gestorben, eine Freundin, die gerade 50 geworden ist, hat Nierenkrebs. Sie ist ganz verzweifelt, weil sie immer dachte: Das Leben ist noch lang, da kommt noch was. Jetzt weiß sie: Das Beste war schon. Ich möchte nicht zu den Leuten gehören, die, wenn sie alt sind, sagen: »Hätt' ich man.« Ich tue keinem weh mit dem, was ich mache. Wegen mir ist noch keine Ehe geschieden worden, und ich habe keinen Mann gedrängt, sich zu entscheiden. Aber mein Selbstwertgefühl ist durch Heinz und Steffen enorm gewachsen. Ich bin im Alltag ausgeglichener, das habe ich in der Form noch nicht erlebt.

Meine Oma, die bei uns im Haus unterm Dach wohnte, hat mir immer gesagt, wenn ich Angst vor irgendeiner Situation hatte, besonders im Beruf: »Stell dir den Chefarzt einfach in Unterhosen vor.« Meine Oma ist überhaupt toll, heute ist sie 87, wenn ich sie besuche, holt sie für mich immer den Römer raus, den früher ihr Hausfreund bekam. Meine Oma, im Krieg verwitwet wie so viele, hatte einen Liebhaber. Der war verheiratet und kam immer freitags nach der Arbeit. Meine Oma hat dann für sich und ihn die Römer hingestellt und eine Flasche Wein entkorkt, er hat dann eine Zigarre geraucht. Ich habe das oft miterlebt, denn gemeinerweise haben mich meine Eltern immer rauf gelassen, wenn Ferdi da war. Sicher haben sie das mit Absicht gemacht, und ich hatte keine Ahnung. Aber daß ich immer aufkreuzte, war wohl nicht ganz so schlimm, denn Ferdi kam außerdem noch Montagabend, wenn seine Frau Nachtschicht hatte und ich garantiert schlief. Meine Oma hat uns Enkel mit großgezogen, sie war immer für uns da und hätte den letzten Pfennig für uns geopfert. Sie hat mir den Optimismus fürs Leben mitgegeben und auch das Selbstvertrauen, von ihr habe ich gelernt, mit meinem Schicksal zufrieden zu sein, es aber auch selber mitzubestimmen.

Bei Heinz habe ich zu früh den Schlüssel aus der Hand gegeben, er ist vielleicht zu schnell bei mir eingezogen. Ich hatte lange gebaggert, bis wir endlich mal zusammen ins Theater gefahren sind, und bei der üblichen Frage »zu mir oder zu dir« hat er dann tapfer »zu mir« gesagt. Den nächsten Tag sind wir doch in meine Wohnung übergewechselt, die entschieden mehr Platz und eine Küche bot. Und im Bett war er sehr einfühlsam und zärtlich. Verliebt wie ich war, habe ich meine guten Vorsätze und Erfahrungen vergessen – hatte ich doch allen Freundinnen gepredigt, daß der Alltag der Tod jeder Beziehung sei. Mit dem Koffer stand Heinz auch nicht vor der Tür, dafür hat Steffen mir schon mal seinen Rucksack angedroht. Heinz hat sich in kleinen Schritten festgesetzt. Mit meiner Tochter gab es wenig Probleme. Die war zwar immer gewöhnt, daß die Männer spätestens nach dem Frühstück und einem Geschenk wieder fortfuhren. Aber sie kannte ja Heinz von den täglichen Heimwegen, sein Geschäft läßt sich nicht umgehen. Sie hat schnell gemerkt, daß ein Mann im Haus auch Vorteile hat.

Es ist auch interessant, wie anders mich unser Bekannten- und Freundeskreis jetzt ansieht. Für die war ich wohl, weil ich so lange keinen festen Partner hatte, auf der Emanzenschiene, vielleicht haben sie auch gedacht, ich sei lesbisch, weil ich ja fast jedes Wochenende und jeden Urlaub mit meiner Freundin und ihrem Sohn verbracht habe – wir waren wie eine richtige Familie.

Auch wenn Steffen jetzt da ist, schlafe ich noch gern mit Heinz, aber das ist ganz anders als mit einem Liebhaber. Heinz und ich schlafen in einem großen Bett mit einer riesigen gemeinsamen Bettdecke. Die habe ich angeschafft, weil ich dachte, da kann man sich auch bei Beziehungsstreß nicht einfach unter seiner eigenen Decke einigeln, irgendwie berührt man sich immer mal, und das ist dann ja oft der Anfang der Versöhnung oder einer schönen Nacht. Aber meistens muß ich anfangen. Steffen hat das gleiche Problem bei sich zu Hause, er fand es gut, daß auch ich aktiv war und nicht nur abgewartet habe. Wir haben erst mal eine Selbsthilfegruppe *Sexuell vernachlässigter Partner* gegründet und damit schon viel Spaß beim Mailen gehabt, wir können uns auf die Hilfe des anderen ja auch verlassen.

Trotzdem ist bei Steffen und mir der erste Lack ab, ich bin ein bißchen enttäuscht, daß er sich so wenig traut. Ich drängele immer noch, daß wir mal eine Nacht oder mehrere miteinander verbringen, aber er hat Angst. Seine defensive, vorsichtige Herangehensweise an das Leben ist wohl wirklich der große Unterschied zu meiner offensiven Grundeinstellung. Er ist gefangen in seiner männlichen Wertewelt, der lange Eheallltag hat ihn geprägt. Steffen köchelt seine Gefühle auf kleiner Flamme, er kann sich nicht fallen lassen, er hat Angst vor einer Welle der Gefühle.

In einem Gedicht habe ich das, was ich über ihn denke, in den letzten Zeilen so zusammengefaßt:

verhindernd
den ausbruch in freiheit
des eigenen ich

Ich habe ihm gesagt, was ich über uns denke, was er natürlich total verdrängt. Ich habe ihm auch gesagt, daß ich mir deswegen vielleicht am besten noch einen Dritten suchen sollte.

Ute, 39

Und jetzt ein Kurschatten?

Oder: Du bist meine heimliche Liebe

Bevor ich zur Kur abgefahren bin, haben alle Witze gemacht: »Na, lach dir bloß keinen Kurschatten an.« Ich habe mitgelacht, so was kam für mich natürlich überhaupt nicht in Betracht. Als ich dann später meiner Freundin Marion erzählt habe, was mir passiert ist, hat sie gesagt: »Ausgerechnet du. Weißt du noch, was du immer über Gitte und Christian gesagt hast?«

Gitte und Christian, das sind zwei aus dem weiteren Freundeskreis von Marion. Die tauchten oft bei größeren Feiern auf und bei Grillpartys, und ich dachte immer: Was für ein tolles Paar, die passen so prima zusammen. Bis Marion mich irgendwann aufgeklärt hat: Gitte ist seit 20 Jahren verheiratet, aber nicht mit Christian. Der ist ihr Liebhaber. Wie kann sie nur, so in aller Öffentlichkeit, das ist ja unmöglich, was denken die anderen? Und was sagt ihr Mann dazu? So habe ich gedacht. »Ihr Mann schweigt das einfach tot«, hat Marion gesagt, und »das ist vielleicht das Beste, was er machen kann.«

Mir ging das nicht in den Kopf. Dieses Pärchen sah immer so glücklich und vergnügt aus, wie hat Christian Gitte immer hofiert, ihr neuen Wein geholt, sie angelacht – was ja alles kein Wunder ist, wenn sie nicht fest zusammen sind. Mich hatten die beiden immer ein bißchen neidisch gemacht, gerade wenn ich mit Uwe da war, und Uwe ist zu mir eben nicht sonderlich aufmerksam oder irgendwie lieb und bemüht. Bei uns ist alles so, wie es bei alten, also bei langjährigen Paaren so ist: vertraut, gemütlich, zuverlässig, aber ohne Prickeln und Schwung. Na, dieses Prickeln habe ich ja nun wieder entdeckt, durch meine Kur.

Als ich im Kurbad ankam, dachte ich: Auwei, und hier sollst du vier Wochen bleiben. Außer mir nur alte Omis und Opis, das war mein erster Eindruck beim Abendessen. In meinem Bett habe ich mir vorgenommen: Du wirst einfach die ganze Zeit ganz viel wandern. Das war eine vernünftige Idee, schließlich sollte ich hier entspannen und mit den Anwendungen etwas für meinen Rücken tun. Der ganze Streß der letzten Jahre, die Arbeit im Altenheim, dazu der Hausbau, die Familie, das war alles zu viel für mich, das ging auf meinen Rücken, das meiste war sicher psychosomatisch.

Am Montag bin ich nach den ersten Untersuchungen und dem Mittagessen los in den Wald. Nach drei Stunden sah ich den Weg vor lauter Bäumen nicht mehr, ich hatte mich verlaufen und war schon ziemlich panisch. Hier bist du nun mutterseelenallein, keiner vermißt dich, und hier sollst du noch vier Wochen bleiben. Solche Gedanken gingen mir durch den Kopf. Da kam ein Spaziergänger mit Hund und zeigte mir den Weg zurück. Nein, nein, denken Sie nicht, der wäre jetzt mein Kurschatten geworden.

Beim Abendbrot habe ich den Omis und Opis dann von meinem Irrlauf erzählt. Da sagte plötzlich ein Mann, der noch kein Opi war, sondern eher so alt wie ich, also Ende 30: »Warum gehen Sie nicht morgen mit mir?« Ja, warum eigentlich nicht, dachte ich. Aber dann: Warum denn? Mit einem Wildfremden? Die Omis redeten mir zu: »Machen Sie mal, der ist schon drei Wochen hier, der kennt sich gut aus.« Wenigstens bleibt er nicht mehr so lange, dachte ich, da kann man sich notfalls ein paar Tage aus dem Weg gehen. Beim Mittagessen am nächsten Tag fragte er wieder: »Na, gehen wir nachher zusammen los?« Ich wollte ihn nicht vor den Kopf stoßen und habe also zugesagt.

Reinhold wartete schon vor dem Hotel auf mich, die Wanderkarte in der Hand. Er ist wirklich nicht Wunder was von einem Mann, er ist etwas größer als ich, da, wo noch Haare sind, sind sie hell – mein Mann ist durchaus der attraktivere, aber das stand hier ja gar nicht zur Debatte, wir wollten ja einfach nur laufen.

Reinhold fing gleich an zu erzählen, von seiner Arbeit, seinen Töchtern, der Frau, dem ganzen Streß auf der Arbeit, seinem Infarkt. Deswegen war er ja auch hier. Plötzlich machte ich mir Sorgen: Wir waren im Wald, es ging bergan, in flottem Tempo, was, wenn der mir hier jetzt kollabiert, dachte ich. Aber Reinhold war gut in Form und gut trainiert, das war schon in Ordnung so. Mit jedem Schritt, den wir gingen, wurde er mir sympathischer. Er hat so schön erzählt, und die Zeit verging im Nu. Was haben wir gelacht über das Kurschattenwesen, darüber haben wir nämlich auch gesprochen. Diese Leute, die wie die Teenager Telefonnummern und Adressen tauschen, und plötzlich hat einer den anderen auf dem Hals. Wenn wir geahnt hätten.

Am nächsten Morgen hing an meiner Tür eine Wanderkarte mit einem kleinen Zettel: Such dir eine schöne Tour aus. Wir waren schon zum Du übergegangen, das ist bei Kuren so, alle sagen du. Die nächsten Tage sind wir also vormittags schön zu unseren Anwendungen gegangen, nachmittags wurde gewandert. Und für den Sonnabend, wo keine Therapie stattfindet, hat er dann vorgeschlagen: »Komm, wir mieten ein Auto, wir fahren zum Altstadtfest.« Warum nicht, dachte ich, ich hatte keine Bedenken, ich kannte Reinhold ja nun schon, und es war wirklich schön mit ihm. Freitagabend stand ich vorm Kleiderschrank: Was ziehe ich an? Plötzlich war ich doch ein bißchen aufgeregt. Ich hatte Freizeitklamotten mit, weite Pullis und Hosen. Aber eben auch ein luftiges, kurzes Sommerkleid. Warum also nicht das, dachte ich, denn wir hatten schöne, warme erste Sommertage.

Am nächsten Tag fuhren wir nach R., die ganze Stadt war auf den Beinen. Überall in der Innenstadt gab es kleine Stände mit Wein und Handwerkskunst, überall spielte Musik, alle schienen gute Laune zu haben. Wir saßen mittags über der Stadt auf der

Burg bei Kaffee und Kuchen, nachmittags waren wir in einer Bilderausstellung mit herrlichen Landschaften, und zwischendurch ging's durch die engen Gassen. Immer wieder hat Reinhold das ausgesprochen, was ich gerade dachte, das war mir richtig unheimlich. Und überhaupt: Es lag plötzlich so ein Prickeln in der Luft, das hat mich richtig nervös gemacht. Ich war richtig erschrocken. Beruhige dich mal, dachte ich, das geht doch nicht, so etwas fängst du erst gar nicht an. Zurück in unserem Kurort, hat Reinhold mich noch zum Essen eingeladen. Wir haben gegenseitig von unseren Tellern probiert, viel gelacht, und ich hatte schon nach einem Glas Wein einen Schwips.

Als wir an der Rezeption unsere Schlüssel holten, habe ich mitgekriegt, daß er das Zimmer neben meinem hat, das wußte ich bis dahin nicht. Vor meiner Zimmertür haben wir uns mit einem Küßchen auf die Wange verabschiedet, er hat gesagt: »Wir können ja vielleicht noch ein bißchen auf dem Balkon sitzen.« Es war nämlich so, daß alle Zimmer mit einem umlaufenden Balkon verbunden waren. Mir war sofort klar, daß ich das auf keinen Fall machen würde, weil ich wußte, dabei würde es nicht bleiben. Ich bin also schnell in mein Zimmer und habe die Vorhänge vorgezogen.

Was mache ich da nur, dachte ich so in meinem Bett. Du bist 20 Jahre verheiratet, du warst immer treu. Und jetzt ein Kurschatten? Das darf doch nicht wahr sein. Natürlich war mir klar, daß das hier eine besondere Situation war: Wann hatte ich mal so viel Zeit für mich selbst? Sonst nie, zu Hause waren die Familie, mein Mann, die Tochter, die Arbeit im Altenheim, immer volles Programm. Du bist hier, um dich zu erholen und auf andere Gedanken zu kommen, habe ich mir dann gesagt, es ist schon gut, daß du endlich mal raus bist aus dem ganzen Trott, der dich ja schließlich auch erst krank gemacht hat. Der ständige Streß, das schwere Heben beim Umbetten, das war auf meinen Rücken gegangen, der mir von Jahr zu Jahr mehr zu schaffen machte.

Am nächsten Tag war Sonntag, wieder keine Anwendungen also, und beim Frühstück beschlossen Reinhold und ich: Heute wird das Tal erkundet. Ich habe ihm dann gleich als erstes ein Geständnis gemacht, nämlich, daß ich nicht auf den Balkon gekommen bin, weil ich dann bestimmt schwach geworden wäre. Wir liefen so nebeneinander her, jede zufällige Berührung war wie elektrisch, und bald gingen wir Hand in Hand. Im Wald sind wir uns dann nähergekommen, ich habe erst ein bißchen abgewehrt, aber er war so sanft und lieb. Er hatte mir noch ein paar Tage vorher erzählt, daß ihm seine Potenz seit dem Infarkt Probleme mache, aber davon war jetzt nichts zu spüren, und verboten hatte der Arzt es ja schließlich nicht. Am Dienstagabend gab er mir Telefonnummer und Adresse von sich zu Hause und fuhr ab.

Ich saß alleine auf dem Balkon und war richtig traurig, daß er nun weg war. Er war auch traurig, wie er mir am nächsten Abend gesagt hat. Da rief er nämlich an, in der Kurklinik. Von nun an haben wir jeden Abend telefoniert, er war richtig lieb irgendwie. Ich habe so mehr im Spaß gesagt: Vielleicht wird es wie im Film, wir sehen uns immer einmal im Jahr ... An meinem letzten Kurtag kam Reinhold dann mit der Idee, im August zusammen ein paar Tage nach Amrum zu fahren, da wollten wir beide schon immer mal hin. Seine Frau sollte zu dieser Zeit auf Sprachreise in England sein. Und ich mußte nur ein paar Tage frei beantragen und meinem Mann von einer Fortbildung erzählen. Gesagt, getan, als Reinhold mich in Hamburg vom Zug abgeholt hat, schlug mein Herz wie wild. Die drei Tage, die wir zusammen verbrachten, sind für mich völlig losgelöst vom Alltag, die gehörten wirklich nur mir. Am Ende unserer Zeit war ich traurig. Auf dem Bahnsteig drückte mir Reinhold ein kleines Päckchen in die Hand. Im Zug habe ich es ausgewickelt: Liebesgedichte. Ich habe richtig geheult in meinem Abteil.

Die nächste Gelegenheit für eine gemeinsame Nacht ergab sich komischerweise sehr schnell. Uwe war ein Wochenende mit dem

Sportverein weg, ich hatte zugesagt, beim Schulfest meiner Freundin zu helfen. Da ist Reinhold einfach angereist, hat mich abgeholt, und statt bei meiner Freundin, das war die offizielle Version für die Kinder, waren wir in einem kleinen Hotel, 50 Kilometer weiter weg. Ich war also eine Nacht nicht zu Hause, und mein Mann kann sich gar nicht vorstellen, daß da was gewesen sein könnte, also fragt er auch nicht. Aber ich gebe zu, die Sache war gewagt, weil es so dicht an zu Hause war.

Von Potenzproblemen nach dem Infarkt ist nun natürlich überhaupt nicht mehr die Rede. Wir genießen uns, und ich genieße besonders, daß er so zärtlich ist. Alles ist ganz anders als mit meinem Mann, der Sex eigentlich am liebsten im Liegen hat, der überhaupt nicht gerne spontan ist. Mit Reinhold kann ich mich richtig fallen lassen, kann einfach passiv sein, das genieße ich. Mit Uwe war immer ich die Starke, in jeder Beziehung. Wenn ich nicht sage: »Im Juli fahren wir in Urlaub, ich melde drei Wochen Spanien an«, passiert gar nichts. So war das immer. Manchmal kam ich mir schon vor wie Uwes Therapeutin. Uwe hat noch nie etwas an mir gestört, das wiederum stört mich.

Für Reinhold sind einige Sachen an mir überraschend, zum Beispiel meine schwarze Wäsche. Ich glaube, er hat vorher noch nie einen schwarzen BH an einer Frau gesehen, das macht ihn wahnsinnig an. Mein Mann hat mir sogar schon solche Sachen geschenkt. Reinhold sagt oft zu mir: »Du bist so anders.« Es ist komisch, er genießt die Beziehung zu mir, auf der anderen Seite verhält er sich merkwürdig. Er hat mir von einem Pärchen erzählt, das sich in seinem Betrieb gefunden hat, beide verheiratet, aber natürlich nicht miteinander. Stellen Sie sich vor: Er hat die Frau versetzt. Das kann er als Vorgesetzter, das muß er sicher auch, wenn der Betriebsfrieden gestört wird, aber das war nicht der Fall, er hat also nur prophylaktisch gehandelt, und ein bißchen sicher auch, weil es sich nicht gehört, was die beiden tun. Was Reinhold ja aber auch selber tut. Gut, außerhalb seines Betriebes und völlig geheim, aus seinem Bekannten- und

Freundeskreis weiß keiner was, und seine Frau schon gar nicht. Ich möchte nicht, daß er Probleme kriegt, er möchte nicht, daß ich welche kriege, und darum sind wir beide sehr vorsichtig. Als letztes haben wir eine richtig schöne Badekur zusammen gemacht. Die haben wir uns beide selbst verordnet und zusammen geplant. Jeder hatte ein Einzelzimmer gebucht, die wir dann an Ort und Stelle zum Doppelzimmer umgebucht haben.

Früher hätte ich so was nie gemacht, außer Flirts hat sich bei mir auch nie etwas ergeben. Wenn mein Mann es unbedingt wissen wollte und mich richtig ausfragen würde: Ich würde ihm die Wahrheit schon sagen. Warum auch nicht, er steht ja auch nicht zu dem, was früher war. Ganz am Anfang unserer Ehe, wirklich noch im ersten Jahr, habe ich ihm mal auf den Kopf zugesagt, daß er etwas mit einer anderen hat. Ich habe es dieser Andrea angesehen. Aber Uwe hat hartnäckig geleugnet. Irgendwann habe ich dann einen Liebesbrief von ihr entdeckt, aber da hatte ich das Gefühl: Es ist vorbei, laß es ruhen. Daß er mich belogen hat, hat mich trotzdem gewurmt. Und vor zwei Jahren fand ich einen alten Taschenkalender von ihm von 1982, da steht ihr Name drin, auch mal für ein Wochenende, und es gibt so komische Kringel, mal einer, mal zwei, mal drei ... Da gehört nicht viel Fantasie dazu, sich zu überlegen, was so ein Punkt heißt, wenn dann noch »Auto« daneben steht. Aber egal, das ist ewig her. Das heißt: So ganz egal ist es eben nicht, denn als ich ihm den Kalender unter die Nase gehalten habe, hat er nur gelacht und gesagt: »Ute, glaub mir, da war nichts, nur einmal an diesem Wochenende, und sonst war wirklich nichts.«

Uwe und ich sind in unserem Bekanntenkreis das Paar, das am längsten zusammen ist, und das soll auch so bleiben. Ich erzähle niemandem, daß es Reinhold gibt, meine Freundinnen und meine Schwester würden es nicht verstehen, ich hätte es früher auch nicht verstanden. Manchmal kichere ich in mich hinein und denke so: Wenn ihr wüßtet. Mir geht es gut, und die Frage, die man sich ja doch stellt, je älter man wird: Was kommt noch, was hast du verpaßt? Die kann ich für mich ruhig beantworten mit: Ich verpasse nichts, ich bin zufrieden.

Meine ursprüngliche Idee von der Kur, vielleicht sieht man sich ein-, zweimal im Jahr, ist nun tatsächlich wahr geworden. Damit hatte ich nicht gerechnet, und ich hatte es ja auch nicht darauf angelegt. Reinhold und ich treffen uns ja nicht oft, aber wir telefonieren etwa alle 14 Tage. Früher habe ich immer gedacht, Telefonsex sei doof, heute weiß ich es besser. Aber es geht nicht nur darum, wenn wir telefonieren. Reinhold erzählt mir auch von den Problemen mit seiner Tochter, die ist 14 und schwer in der Pubertät. Da möchte ich dann immer gerne helfen können.

Ich weiß mittlerweile, daß man zwei Menschen lieben kann, und ich sage Reinhold auch: »Du bist meine heimliche Liebe.« Ich habe kein schlechtes Gewissen, denn wir nehmen niemandem etwas weg, wir müssen uns für nichts schämen. Meinetwegen kann es noch lange so weitergehen. Warum soll ich mich von meinem Mann trennen? Ich kann mir keinen besseren wünschen, er sieht gut aus, er läßt mir alle Freiheiten. Bei meiner Kur habe ich begriffen: Ich muß mehr an mich denken, ich war jahrelang zu viel für andere da. Das war also eine Vitalkur im besten Wortsinne. Ich wollte meine durchaus eingefahrenen Gleise verlassen, plötzlich nahm ich die Welt anders wahr. Bei Anaïs Nin las ich:

»Man lebt so dahin, geborgen in einer Welt der Empfindsamkeit, und man glaubt zu leben. Dann liest man ein Buch (»Lady Chatterley« zum Beispiel), oder man macht eine Reise, oder man spricht mit Richard, und man entdeckt, daß man nicht lebt, sondern in einem Winterschlaf versunken ist (...) Monotonie, Langeweile, Tod. Millionen leben so (oder sterben so), ohne es zu wissen. Sie arbeiten in Büros. Sie chauffieren einen Wagen. Sie picknicken mit ihren Familien. Sie ziehen Kinder auf. Und dann trifft sie ein Schock, ein Mensch, ein Buch, ein Lied, und weckt sie auf und rettet sie vor dem Tod.«

Das ging mir nahe, ich habe mittlerweile viele Bücher von Anaïs Nin gelesen, auch Autobiographisches von anderen Schriftstellerinnen. Das hat mir in dieser Zeit der Turbulenzen viel gegeben. Natürlich habe ich mich auch schon gefragt: Wieso mache ich das eigentlich? Aber ich mache das, weil es mir gefällt, und der Gedanke, der auch schon manchmal gekommen ist, daß es ja das letzte Mal sein könnte, daß Reinhold und ich uns treffen, dieser Gedanke behagt mir gar nicht.

Annie, 28

Ein Kind von beiden

Oder: Ich möchte nichts verpassen

Ich habe vielleicht einen Hang zu Personen, an die man eigentlich nicht rankommt oder nicht rankommen sollte. Mit Jens, meinem Mann, war das auch so: Er war Dozent an meiner Fachhochschule, Lehrbeauftragter zwar nur, aber attraktiv, jung, dynamisch und kompetent. Als ich ihn kennengelernt habe, war ich 20, sehr aktiv in jeder Hinsicht, in Aufbruchstimmung sozusagen, ich habe alles nicht so eng gesehen. Fast zur gleichen Zeit habe ich auch meinen Liebhaber kennengelernt, Matthias. Die beiden Männer sind seit acht Jahren die wichtigsten in meinem Leben.

Mit Matthias war es besonders kraß, ich konnte ihn anfangs gar nicht leiden, er war unzugänglich, ich fand ihn unmöglich. Ich habe ihn fast gehaßt. Er war der neue Chef von dem Reiseveranstalter, für den ich damals oft Reiseleitung gemacht habe, und doppelt so alt wie ich. Ausgerechnet mit ihm zusammen mußte ich so eine tolle Tour durch die Provence begleiten. Das hätte alles so schön sein können, die Parfümfabriken in Grasse, die Lavendelfelder, das Essen. Naja, bei dieser ersten Fahrt war gar nichts. Er hat dann eine zweite Fahrt angesetzt, wieder zusammen, ganz ohne Hintergedanken, wie er mir später gesagt hat. Da habe ich mir gedacht: Mal sehen, ob du den knacken kannst. Mich interessiert, was hinter den Kulissen von Leuten steckt, die unerreichbar und unzugänglich scheinen.

Ich habe mich gleich am ersten Tag der nächsten Reise aktiv an Matthias ranbegeben, wir hatten getrennte Zimmer, die aber über einen gemeinsamen Balkon verbunden waren. Wir haben zwei Wochen jede Nacht in einem der beiden Doppelbetten verbracht. Als wir zurückfuhren, dachte ich: Das war ja nett, Ziel erreicht. Ich dachte nicht unbedingt daran, daß es jetzt weitergehen würde. Zu Hause saß Jens, mit dem ich schon ein Jahr zusammenlebte, und dieses eine Jahr über war überhaupt nichts nebenbei. Für mich stand fest, daß ich diesen Mann, Jens, heiraten will.

Daß es mit Matthias weiterging, lag an ihm: Er war so verliebt in mich. Ein verheirateter Mann, 40, mit Frau und zwei Töchtern, die fast so alt sind wie ich. Ich sah das eher als Spiel, ich wollte eigentlich nur meinen Spaß haben. Es dauerte nicht lange, und Matthias kam mit dem Vorschlag: »Ich muß in der Toskana Touren zusammenstellen, kommst du mit?« Für ihn war es richtig doll die große Liebe, er hat mir dann auch gesagt: »Ich könnte es nicht verkraften, wenn du fremdgehst.« Fremdgehen hieß in dem Fall, noch einen Mann außer Jens. Denn daß es Jens gab, wußte Matthias, er fand auch, daß wir zusammenpassen, obwohl er damals meinte, Jens sei zu alt für mich. Zu alt mit zehn Jahren Altersunterschied! Uns, also Matthias und mich, trennen immerhin 20 Jahre. Das ist schon komisch, mit einem so viel älteren Mann unterwegs zu sein. Die Leute gucken. Sie gucken noch mehr, wenn wir knutschen. Ein Mann in dem Alter.

Matthias' Äußerung »Ich will nicht, daß du fremdgehst« ging mir richtig ans Herz, das hat mich verstört und gerührt und mich irgendwie enger an ihn gebunden. Er hat es geschafft, daß ich ihm und auch Jens treu bin. Als ich Jens nach drei Jahren geheiratet habe, lief das mit Matthias schon so lange. Und es ging weiter: Wir sehen uns nach wie vor, wie es die Zeit erlaubt bis zu zwei-, dreimal die Woche, es gibt noch immer gemeinsame Touren, und wenn Jens Seminare in Hamburg oder Düsseldorf gibt, haben Matthias und ich richtig viel Zeit füreinander.

Wenn es auch nie Thema war, so habe ich doch schon anfangs gespürt, daß Matthias in seiner Ehe nicht sehr glücklich ist. Er schien sich nicht gerade wohlzufühlen in seinem Leben. Wohl das Typische: seit Urzeiten verheiratet, die Liebe zwischen seiner Frau und ihm irgendwann auf der Strecke geblieben, alles festgefahren. Das hat mich wohl auch gereizt, diesen Mann aus der Reserve zu locken. Auf eine Beziehung hatte ich es nicht abgesehen. Er schien nicht der Typ, der sich von seiner Frau trennen würde, dafür ist er viel zu konservativ. Er spürt so etwas wie eine Verpflichtung durchzuhalten, da sind die Kinder und natürlich seine Eltern, für die eine Welt zusammenbrechen würde, wenn ihr Sohn sich scheiden lassen würde.

Und ich hatte Jens. Bei ihm war ich mir sicher: Mit diesem Mann kannst du alt werden, mit dem willst du Kinder haben. Darum habe ich ihn ja auch geheiratet. Jens und ich waren wirklich verliebt. Bei Matthias war es eher körperlich und vor allem die Herausforderung: Kriege ich den? Daß ich mich auch in ihn wirklich verlieben würde, war nicht geplant. Wenn Matthias am Anfang irgendwann gesagt hätte: »Komm, laß uns gehen«, ich glaube, ich hätte es gemacht. Es gab bei jedem von uns Phasen, wo wir mehr voneinander wollten, einfach zusammen abhauen und neu anfangen. Doch diese Phasen waren immer zeitversetzt.

Mein Leben hat sich total verändert, als ich von zu Hause ausgezogen bin. Ich kam vom Dorf in die große Stadt, vom Elternhaus ins Studentenwohnheim. Da ging die Post ab. Plötzlich konnte ich so sein, wie ich wirklich bin. Ich habe mich in keiner Beziehung gebremst, nicht bei Jungs, nicht beim Alkohol. Das war einfach eine klasse Zeit. Ich fühlte mich als Spätzünder, der richtig etwas nachzuholen hatte. Ich erlebte meine erste große Liebe mit Peter, meinem Jugendfreund. Dann kam Jens und ich wußte: Der ist es. Kurz vor der Ehe hat mich doch die Ungewißheit gepackt: Muß das sein, Anfang 20? Dann habe ich mir gedacht, sieh das ganz rational. Guck es dir an, wie es geht, wenn es nichts wird, kannst du dich wieder scheiden lassen, deinen Spaß haben wirst du nach wie vor.

Ich kann keinem erzählen, wer der zweite Mann an meiner Seite ist, aber daß es außer Jens noch jemanden gibt, wissen manche Freundinnen. Es ist bei vielen Frauen in meinem Freundeskreis so, daß da außer dem festen Partner noch andere sind. Das ist weiter verbreitet, als man denkt, aber keine hängt es an die große Glocke. Verständlich.

Mit Matthias kann ich ganz viel reden, wir gehen zusammen rudern und joggen, er hat auch Spaß daran, mal neue Sportarten auszuprobieren, so wie ich. Letzten Herbst waren wir zusammen auf Klettertour in den Italienischen Alpen. Ich habe mir manchmal doll gewünscht, daß ich Jens von Matthias erzählen kann, natürlich um mein schlechtes Gewissen zu beruhigen. Das wäre schön: Du erzählst alles, der andere kann das akzeptieren, du brauchst dich nicht mehr zu verstecken, immer drüber nachdenken, wenn ich mit Matthias in unserer Wohnung bin: Was, wenn Jens jetzt nach Hause kommt? Natürlich kommt er nicht, und ich bin auch ziemlich cool. Wenn er um sechs das Haus verläßt, kann Matthias doch bequem um halb acht zum Frühstück da sein. Klar, man muß auf die Nachbarn achten, aber der unmittelbare ist schon so alt und tatterig, der kriegt morgens gar nichts mit. Nur einmal, da hatten wir vergessen, die Wohnungstür richtig zuzumachen, und der alte Herr sah sie offen stehen. Er kam tatsächlich rein, rief vom Flur aus nach mir, und wir waren gerade bei offener Wohnzimmertür dabei. Das war mir dann schon sehr unangenehm, und ich weiß auch nicht, was er gedacht hat. Er ist schnell wieder gegangen, darauf angesprochen hat er mich nie.

Im Zweifelsfalle könnte ich immer erklären, warum Matthias mich besucht: Wir hätten eben die nächste Tour zu besprechen. Auch von den Busfahrern, anderen Begleitern oder Mitarbeitern wissen viele, daß wir befreundet sind, daß wir zusammen Sport machen. Schon wegen dem Altersunterschied glaubt keiner, daß der Chef was mit mir hat. Einmal war sogar eine seiner Töchter mit auf Reisen, ich weiß noch, wie wir sie nach Matthias rufen hörten. Das war in einer Ferienanlage mit kleinen Häuschen, wo wir in einem unvermieteten im Bett lagen. Auf dieses Haus steuerte Bettina zu, und Matthias rief auch noch:

»Hier!« Mir blieb nichts anderes übrig, als unter dem Bett zu verschwinden, tatsächlich, das war wie in einem schlechten Film. Gott sei Dank war es in dem Haus sehr dunkel, und die beiden sind sofort rausgegangen. Seine Tochter hat mich mal in ein längeres Gespräch verwickelt, wo es auch darum ging, daß sie nicht das Leben ihrer Eltern möchte, die würden ja nur fernsehen, seien fast scheintot, wenn die wüßte, oje oje. Das ist schon bitter, daß sie so ein Bild von ihrem Vater hat, aber auf der anderen Seite wohl normal, und es ist ja nun wirklich nicht meine Aufgabe, das geradezurücken. Daß ich seine Töchter kenne und auch seine Frau, macht die Sache nicht leichter. Ich finde seine Frau sogar nett.

Unser Altersabstand schützt vor heiklen Nachfragen der Kollegen. Die meisten können sich einfach nicht vorstellen, daß da was ist. Ob seine Frau eifersüchtig ist auf mich, weiß ich nicht, aber auf alle Fälle ist sie sehr aufmerksam. Als ich mal alleine in Italien eine Studienfahrt begleitet habe, hat mich Matthias jeden Abend angerufen. Auf dem Handy, das schlug sich natürlich in der Telefonrechnung nieder, und Heidi hat sich die Nummern angeguckt, die einzeln aufgelistet waren. Matthias konnte das Gott sei dank erklären: Er hat erzählt, daß ich mit einer unangenehmen Reisegruppe unterwegs wäre, hoffnungslos überfordert und jeden Abend drauf und dran hinzuschmeißen, weil er mir eine Anfängerin mit auf die Tour gegeben hatte. Er machte also rein geschäftlich Seelenmassage. Das war okay so.

Matthias kennt Jens auch, früher hat er uns sogar öfter besucht. Doch Matthias will diese Zusammentreffen eigentlich nicht, er fühlt sich Jens gegenüber schlecht. Ich bin sicher, daß Jens nichts ahnt. Ich weiß nicht, wie er reagieren würde, wenn er es herausbekäme, und ich möchte mir es auch nicht vorstellen. Das schlimmste wäre sicher die Erkenntnis, wie lange das schon geht und von all dem nichts mitbekommen zu haben. Er würde sich hintergangen fühlen, jeder würde sich hintergangen fühlen, ich mich natürlich auch, wenn Jens so etwas täte. Aber wie das so ist, bei ihm kann ich es mir überhaupt nicht vorstellen. Er hat auch seine Freiräume und Freundinnen, mit denen ich nichts zu tun habe. Die erzählen ihm manchmal von ihren Problemen mit Männern, auch vom Fremdgehen. Er erzählt davon sehr verständnisvoll und ist unheimlich tolerant, bei diesen fremden Frauen kann er sehr rational an die Sache rangehen. Zu Jens habe ich schon gesagt: »Du, wenn dir so was mal passiert, das wäre okay«, so nach dem Motto: »Ich gönne es dir.« Er sagt dann: »Sag so was nicht«, und ich rede nicht mehr drüber, sondern spüre, daß es besser ist, in diesem Punkt zu schweigen. Ich werde es Jens nie erzählen, und ich kann nur hoffen, daß es nie rauskommt. Es gibt eben einen Bereich in mir, den Jens nicht kennt. Ich glaube generell nicht, daß man jemanden überhaupt hundertprozentig kennen kann. Es gibt mit Sicherheit noch so vieles, was ich an mir selbst nicht kenne. Ich nehme Jens nichts weg, er büßt nichts ein. Ich habe eben zwei Männer, die unterschiedlicher nicht sein können, die sich ergänzen. Erst beide zusammen machen mein Leben rund.

Das Leben mit Jens funktioniert, auch wenn sich das negativ anhört, aber so meine ich es nicht. Ich kann mit ihm einfach wunderbar zusammenleben. Jens ist Ruhe und Besinnlichkeit in Person. Er bietet diese Urbasis von Ruhe und einer Grundharmonie, die ich brauche, um mich wohlzufühlen. Wir haben in vielen Dingen den gleichen Geschmack und ähnliche Ansichten. Wir mögen die gleichen Filme, die gleichen Sachen, die gleichen Landschaften, unser Denken und Fühlen ist in den wichtigen Fragen des Lebens im Gleichklang.

Dann gibt es aber eben noch den anderen Bereich neben der Ruhe und Geborgenheit. Die Sehnsucht nach Tempo, Action, Abwechslung, Unterhaltung, Bewegung – den Geschwindigkeitsrausch. Vieles davon kann ich mit Matthias erleben. Manchmal, wenn ich lange unterwegs bin, sei es bis tief in die Nacht oder auch auf Reisen, fragt mich Jens: »Denkst du auch mal, daß ich mir Sorgen machen könnte?« Dann sage ich ihm: »Ich komme doch immer wieder zurück, das weißt du doch«, und so meine ich es auch.

Im Sommer war ich mit einer Freundin zusammen im Surfurlaub: kein Problem für Jens. Matthias hat gesagt, ich solle dran denken: keine anderen Männer. Diese Haltung, daß er will, daß ich nicht fremdgehe, natürlich außer Jens, zieht sich seit Jahren durch. Ehrlich gesagt: Wo soll ich noch die Zeit oder die Kraft für einen dritten Mann hernehmen? Einmal hatte ich eine kleine Affäre, vielleicht eine Woche. Ein Kommilitone, nichts Wichtiges, es hat sich einfach ergeben. Und es war schön. Doch gegenüber Matthias hatte ich tatsächlich ein schlechtes Gewissen.

Wie gesagt, hätte Matthias gleich am Anfang versucht, mich von Jens loszueisen: Es hätte klappen können. Heute weiß ich: Es ginge nicht mit ihm. Er könnte mir nie die Freiheit lassen, die mir Jens gibt und die ich brauche. Unsere Lebensstile und unsere Geschmäcker sind so verschieden. Wenn ich alleine an seine Wohnung denke, finde ich nichts, was mir gefällt.

Und trotzdem kribbelt es mit ihm – noch immer. Im Gegensatz zu meiner Ehe. Mit Jens hat das Kribbeln aufgehört, anfangs hatten wir sehr guten Sex, vielleicht zwei, drei Jahre lang, dann wurde es weniger und weniger aufregend. Jens scheint vor mir nicht viele Frauen gehabt zu haben, wir haben nie drüber gesprochen, ich habe nie gefragt. Wenn er irgendwann den Supersex gehabt hätte, hätte er es mir wohl erzählt. Vielleicht träumt er manchmal von anderen Frauen, aber ich bin sicher, es bleibt beim Träumen. Mit Matthias ist es zwar auch im Laufe der Jahre anders geworden, irgendwann hat man eben alle Stellungen und Varianten durch, aber ich begehre ihn noch immer. Dabei ist es so, daß Jens objektiv der attraktivere von beiden ist: Er ist groß, kräftig, hat volle dunkle Haare. Matthias ist so groß wie ich, man kann nicht sagen, daß er gut aussieht, und seine Haare sind nicht nur licht, sondern auch grau.

Ich lass' mich überraschen, was kommt, wie das Leben weitergehen wird. Ich schließe mein Zweitstudium ab und bekomme mein Kind. Ich möchte gerne mein seriöses Wirtschaftsstudium verbinden mit meinen Erfahrungen von den Reisen, und dazu muß noch etwas gesellschaftlich Sinnvolles kommen, seit Jahren arbeite ich in Umweltschutzgruppen mit, und es muß möglich sein, diese Interessen unter einen Hut zu kriegen.

Jens und ich wollen ein Kind. Dieser Wunsch und das Daran -Basteln belebt und bringt eine andere Farbe rein. Ich kann mir supergut vorstellen, wie das sein wird, wir als Familie, gerade dann, wenn der kleine Sohn von meiner Schwester mal bei uns ist, weil sie ausgeht. Stundenlang kann Jens mit ihm die Playmobilmännchen aufstellen, ihnen die Haare abmachen, festmachen und immer neue Hüte aufsetzen. Da sehe ich schon, wie er als Vater sein wird, und ich liebe ihn dafür. Matthias findet es völlig in Ordnung, daß ich ein Kind von Jens will, obwohl das natürlich Probleme für uns bringt mit der Verhütung. Wir müssen jetzt Kondome nehmen und uns generell etwas bremsen, damit meine Lust für Jens bleibt.

Manchmal denke ich darüber nach, was wäre, wenn Matthias plötzlich Schluß machen würde. Eine Schwangerschaft wäre Anlaß genug. Ich glaube es nicht, doch wenn es so wäre, könnte ich es nicht ändern. Aber er würde mir sehr fehlen. Was bliebe, wäre jedoch eine superschöne gemeinsame Zeit.

Ich wünsche mir, daß es weitergeht, daß wir mit dem Kind spazieren gehen, daß wir uns treffen und sehen. Eigentlich hätte ich gerne mit beiden ein Kind. Natürlich ist das nur ein Traum Aber ich bin sicher, auch Matthias wäre ein klasse Vater.

Ganz schlimm wäre es für mich, wenn Jens sagt: »Ich lasse mich scheiden« oder ich solle mich entscheiden. Wenn er mir die Pistole auf die Brust setzen würde. Jens steht ganz oben in meinem Leben, unsere Beziehung wird nicht angetastet, egal was kommt. Ich glaube, ich würde mich im Zweifelsfalle offiziell trennen, und doch heimlich weitermachen wie bisher. Ich will diese beiden Männer. Ich möchte nie sagen oder fühlen müssen: Ich hab's nicht versucht oder ich habe was verpaßt.

Ines, 30

Ich lebe hier, du da

Oder: Als wäre ich seine Frau

Ich habe seit zehn Jahren einen französischen Freund, Liebhaber, wenn du so willst. Und mit meinem Mann bin ich erst seit vier Jahren verheiratet. Meinen Eltern kann ich davon nichts erzählen, sonst auch niemandem, eigentlich wissen das nur meine Freundin und meine Schwester, und die ist auch nicht so richtig begeistert. Mein Mann ist nicht dumm, ich habe ihm gleich am Anfang, als wir uns kennengelernt haben, erzählt, daß ich einen Bekannten in Frankreich habe, Ralf wollte gar nicht so sehr ins Detail gehen. Er akzeptiert, daß ich einmal im Jahr runterfahre, und ich habe ihm auch schon mal angeboten, daß er und Jules sich kennenlernen, obwohl ich das eigentlich gar nicht will. Mein Mann hat das Gott sei Dank abgelehnt. Er fragt auch nicht, er ist da irgendwie ein ganz anderer Typ als ich, und das ist gut so. Es gibt eben ein paar unausgesprochene Dinge, aber ich würde Ralf alles erzählen, wenn er mich fragen würde.

Ein paar Tage vor der Abreise bin ich immer richtig depressiv, aber wenn ich dann auf halber Strecke bin, mit dem Auto oder mit dem Flugzeug, dann freue ich mich bärisch. Die ersten Jahre haben Jules und ich uns immer in Nizza getroffen. Er hat eine Wohnung auf Korsika, da waren wir auch. Vor zwei Jahren waren wir in St. Tropez, und ich war schon im vierten Monat schwanger. Gerade das, ich schwanger und bei einem Freund, einem Liebhaber, das kannst du keinem erzählen.

In meinem Bekanntenkreis sind jetzt alle verheiratet, da fährt keiner alleine in Urlaub, das ist absolut ungewöhnlich. Wenn ich aufbreche, beneiden mich immer alle. Nur um den Urlaub an sich. Dabei wissen die anderen ja gar nicht, was da noch passiert. Wenn ich zurückkomme, bin ich auch immer ziemlich stolz, daß ich das ganz alleine durchgezogen habe, besonders, wenn ich die ganze Strecke mit dem Auto gefahren bin. Das ist sehr wichtig für mein Ego. Diesmal wird es wohl wieder Nizza.

Frankreich ist so schön, wie die Menschen da leben, was sie essen, wie sie sich anziehen. Die Parks sind so schön, die alten Häuser sind nicht so modern wiederhergerichtet, sondern haben Charme, es ist nicht alles so steril wie bei uns. 14 Tage bevor's losgeht, frische ich mein Französisch auf. Ich kann mich verständigen und auch ein bißchen reden, aber Jules und ich sprechen sowieso meistens Englisch. Dabei: Er gibt sich große Mühe, mir etwas beizubringen.

1991 haben wir uns kennengelernt. Ich hatte gerade eine OP hinter mir. Als ich aus dem Krankenhaus kam, habe ich mein Leben auf den Kopf gestellt. Ich habe Schluß gemacht mit meinem damaligen Freund und eine Reise nach Südfrankreich gebucht. Erst nach Bonn, von da mit dem Bus ans Mittelmeer. Campen, Badeurlaub und Ausflug nach Avignon. Schon im Bus habe ich mich mit einer Frau angefreundet, wir waren eigentlich immer in Cliquen unterwegs. Da haben wir am Strand die Franzosen getroffen, drei Männer, vier Frauen. Sie haben Gitarre gespielt und gesungen. Jules kam, sah und siegte. Der gefiel mir sofort. Ich bin kein Draufgänger, ich hol' mir zwar, was ich möchte, aber nicht gleich.

Obwohl es in dem kleinen Ort mordsmäßig voll war, sind wir uns immer wieder über den Weg gelaufen, am Strand sowieso. Eines Abends trafen wir uns da beide ganz allein, zufällig. Ich habe ihn einfach angesprochen. Als wir zur Gruppe zurückgingen, liefen wir schon Hand in Hand. Er hat mich spät zu meinem Zelt gebracht, aber da war nichts. Erst in den nächsten Tagen. Ich hatte Angst vor der eigenen Courage. Bei der Abfahrt hat er mir seine Adresse gegeben. Im September habe ich von ihm eine Postkarte bekommen, Silvester war ich in Paris. Von da habe ich ihn auch angerufen, in Nizza. Aber wir haben es nicht hingekriegt, uns zu treffen. Im nächsten Jahr fuhr ich dann mit einer Freundin an die italienische Riviera. Das war alles besser geplant, da haben wir uns getroffen. Natürlich waren wir nicht die ganze Zeit im Bett, wir haben viel besichtigt, sind auch zusammen nach Nizza gefahren, zum Feiern bei seinen Freunden. 1993 war ich wieder da, in einem kleinen Ort in den Bergen, in Nizza, auch bei ihm zu Hause. Ich wurde richtig in die Familie aufgenommen, ich war la petite allemande, die kleine Deutsche. Tagsüber sind wir durch die Museen und Galerien gelaufen, und nachts haben wir auch nicht geschlafen. So etwas wie Jules habe ich noch nie erlebt: Wir verstehen uns ohne Worte. Er spürt genau, was ich mag, wir konnten in diesen Tagen überhaupt nicht voneinander lassen. Dabei hatte ich damals in Deutschland wieder jemanden.

In den nächsten Jahren haben wir uns immer ein-, zweimal im Jahr gesehen. Vor jeder Begegnung war ich aufgeregt, kurz vorher hatte ich immer das Gefühl, ich will gar nicht fahren. Das ist wohl die Aufregung, so geht es mir heute noch. Auf jeden Fall ist es jedesmal total unkompliziert und ungezwungen, wir können immer genau da weitermachen, wieder anknüpfen, wo wir aufgehört haben.

Als wir uns kennengelernt haben, hat Jules noch studiert, aber schon nicht mehr bei seinen Eltern gewohnt. Mittlerweile ist er Anwalt. Jules weckt Seiten in mir, von denen ich gar nicht weiß, daß ich sie habe. Das ist eben sein südländisches Temperament, sein Vater ist Italiener. Dieses Temperament, das hat er auch im Bett. Es ist unglaublich, wie er sich beim Sex auf mich einstellt. Wenn Außenstehende uns sehen, denken sie, wir sind ein Paar. Dieser Mann wird mir nie lästig, wir reden viel und über alles, es gibt keine Tabus.

1994 habe ich Schluß gemacht mit dem Mann, mit dem ich damals zusammen war. Er war verheiratet und konnte und konnte sich nicht trennen, das war 'ne richtige Null. 1994 hat mir Jules einen Heiratsantrag gemacht. Ich habe gelacht und wollte das nicht richtig ernst nehmen. Natürlich habe ich nein gesagt. Wie sollte das gehen? Sollte ich nach Frankreich ziehen? Das konnte ich mir nicht vorstellen. Und er nach Deutschland? Unvorstellbar. So blieb alles, wie es war. Unsere Zeit miteinander war wieder toll, wir haben bis mittags im Bett gelegen, trotzdem sind wir noch viel rumgefahren, waren ein paar Tage auf Korsika. Diesmal fiel mir der Abschied gar nicht leicht.

Dann habe ich Ralf kennengelernt. Wir sind bei einem Konzert ineinandergestolpert. Seine unkomplizierte, natürliche Art hat mir gefallen. Und er war mir sofort auf irgend eine Art seltsam vertraut. Er ist Jules ziemlich ähnlich, hat auch Jura studiert, ist aber in einer Unternehmensberatung. Es ist fast erschreckend, wie viele Gemeinsamkeiten die beiden haben: dieselbe Musik, dasselbe Konfekt, dasselbe Essen, Kleidung, Formel 1.

Ralf habe ich anfangs nur einmal die Woche gesehen, dann immer öfter. Er hat mich richtig aus einem tiefen Loch rausgeholt, in dem ich damals gerade war. Ich hatte früher schlechte Erfahrungen mit eifersüchtigen Freunden gemacht, das habe ich Ralf erklärt. Er wollte nie Details wissen von dem, was ich tue, das ist bis heute so. Das gilt nicht nur für Frankreich, auch sonst. Mit Ralf fühle ich mich nicht angebunden, ich habe alle Freiheiten und großes Vertrauen. Ich wünsche mir geradezu, daß er seine Freiheiten auch mehr nutzt, ich sage ihm zum Beispiel ständig, er soll mal wieder mit den Kumpels wegfahren.

Als ich Ralf damals kennenlernte, habe ich ihm von meiner Freundin in der Schweiz erzählt und auch von dem Bekannten in Frankreich – ich habe auch gleich gesagt, daß ich beide weiter treffen will und daß er sie kennenlernen kann. Mariette kennt er mittlerweile, an Jules wollte er nicht so recht ran. Nur einmal, da wären sie sich beinahe begegnet. Das war das einzige Mal, daß Jules und ich uns in Deutschland getroffen haben.

Jules rief an einem Sonnabend an: »Hallo, wir sind in München.« Ich habe von Dienstag bis Donnerstag Urlaub genommen und bin losgefahren. Abends waren wir bei Freunden. Als Jules gerade weg war, kam Ralf, im Arm einen Riesen-Teddy. Nie hat er mir Plüschtiere geschenkt, nur an diesem Tag. Das war irgendwie merkwürdig.

Jules hat an dem Tag geheiratet, als er und ich uns kennengelernt haben. Mit der Hochzeit hat seine Frau ihn so ein bißchen in die Enge getrieben, so richtig glücklich ist er nicht, aber eben auch nicht unglücklich. Letztes Mal war es so, daß ich mittags um eins auf dem Flughafen angekommen bin, und Lucienne ist um eins nach Paris geflogen. Er mußte also nur von Gate zu Gate gehen.

Jules ist in seinen Moralvorstellungen ziemlich nüchtern, und so etwas wie mit mir ist ihm noch nie passiert. Er hat sonst auch nichts mit anderen Frauen, sagt er. Jules liebt seine Frau schon irgendwie, aber sie ist sehr eifersüchtig, wir müssen also sehr vorsichtig sein. Das letzte Mal hat er für mich gekocht, in seiner Wohnung, Ratatouille, diesen berühmten französischen Gemüseeintopf, zum Nachtisch gab es Eis. Ich denke schon, daß er nie eine Frau von der Bettkante geschubst hat. Als ich ihn kennengelernt habe, himmelten ihn alle Mädchen in der Gruppe an. Er hat meine Hand genommen, wir waren zusammen schwimmen, nachts im Meer. Es ist heute noch so, ich werde feucht, wenn er nur meine Hand nimmt, das reicht. Wir haben beide Fantasien, in denen wir jeweils eine Rolle spielen. Einmal hat Jules mir nach einer Zugfahrt zu einem Treffen erzählt, er habe im Zug gesessen und sich vorgestellt, daß ich ins Abteil käme, wir ganz allein wären, und was wir dann miteinander machen würden. Dabei hat er einen Steifen bekommen. Er fand die Vorstellung im nachhinein noch aufregend und hat über sich geschmunzelt, weil das eigentlich gar nicht seine Art ist.

Jules und ich übertreiben es auch nicht mit dem Telefonieren, höchstens alle paar Wochen, und ich rufe ihn immer auf dem Handy an, damit seine Frau nichts merkt. Er hat für mich sogar eine Extra-E-Mail-Adresse eingerichtet, jetzt kriege ich auch noch eine eigene Callbox.

Auch wenn ich nicht das ganze Jahr über nur an diese Tage denke: Das Wissen darum, wir werden uns wieder treffen, es wird wieder aufregend sein, das ist immer da. Wenn ich das Ticket dann in der Tasche habe, frage ich mich schon: Warum machst du das? Und jedesmal sage ich mir auch: Es ist vielleicht das letzte Mal. Diese Fragen kommen immer ein paar Tage vor der Reise, aber wenn es dann losgeht, dann kribbelt es. Ich weiß nicht, wie das kommt mit den Bedenken, vielleicht ist das doch ein bißchen schlechtes Gewissen. Wenn ich dann an der Côte d'azur bin, dann bin ich seine Frau. Was ja nicht heißt, daß ich meinen Mann völlig vergesse, ich telefoniere sogar mit ihm, wenn ich in Frankreich bin. Ich fühle mich in diesem Land nicht als Tourist. Ich freue mich richtig, wenn wir keine Deutschen treffen, wenn wir zusammen unterwegs sind, ich fühle mich dann richtig heimisch. Wir hocken nicht nur im Zimmer oder gehen nur zum Essen raus. Wir fahren die Küste entlang, und als ich einmal nachts noch durch eine für Autos gesperrte Straße in Nizza wollte, hat er einfach seinen Dienstausweis an die Windschutzscheibe gelegt, und wir sind ganz langsam durchgefahren. Auf der Rückfahrt nach Deutschland habe ich einmal durchgehend unser Lied gehört: *Romeo and Juliet* von den Dire Straits. Einmal habe ich ganz traurig gesagt: »Jetzt muß ich wieder nach Deutschland, in dieses kalte, unfreundliche Land.« Da hat Jules gesagt: »Du lebst da, ich hier.«

Ralf und Jules – das hat nichts miteinander zu tun, ich kompensiere nichts, das sind einfach zwei völlig getrennte Sachen. Ich habe auch überhaupt nicht das Bedürfnis, mir hier jemanden, einen Liebhaber, zu halten, möglichst noch in der Nähe, das könnte ich gar nicht, das wäre mir viel zu kompliziert. Ich bin mit Ralf glücklich, ich vermisse bei ihm nichts, absolut nichts, das ist alles optimal. Für mich war es deswegen auch keine Frage, daß ich Ralf heiraten und Kinder mit ihm wollte. Kurz nachdem wir beschlossen hatten zu heiraten, kam die Nachricht von Jules, er heiratet Lucienne. So haben wir alle im Juli geheiratet, das war sozusagen eine Doppelhochzeit. So komisch es sich anhört: Ich bin beiden Männern treu, ich liebe beide, auf verschiedene Weise. Beide sind meine Männer.

Ralf und ich überlegen seit Jahren, ob wir nicht nach Kanada auswandern sollen. Wir waren schon da, haben eine Tour quer durchs Land gemacht. Uns gefällt es da, die Weite, das Freie. Ralf würde ohne Probleme Arbeit finden, ich könnte vielleicht für meine Firma oder die Konkurrenz das Kanada-Geschäft aufbauen. Noch haben wir uns nicht durchgerungen, denn wir wissen: Unsere Familien wären entsetzt. Für mich ist aber klar, daß wir es in den nächsten Jahren machen werden. Daß ich dann trotzdem einmal im Jahr nach Frankreich fliege, ist aber auch klar.

Christine, 48

Wie ein Amboß im Flug

Oder: Die große Liebe gibt es doch

Ich habe Rainer wohl schon 20 Abschiedsbriefe geschrieben, aber ich höre jetzt damit auf. Lange habe ich mich gegen unsere Beziehung gewehrt, aber das tue ich jetzt nicht mehr. Niemals hätte ich ihn nach so einem Abschiedsbrief angerufen – das macht immer er. Im Zweifelsfalle steht er eben wieder bei meiner Arbeitsstelle auf dem Parkplatz und droht zu hupen, dann sage ich schnell »Okay, ich gebe nach, ich komme runter.« Noch nie habe ich für einen Mann solche Gefühle empfunden.

Ob ich Werner, den Mann, mit dem ich jetzt verheiratet bin, wirklich je geliebt habe, naja. Meinen ersten Ehemann, Uwe, habe ich durchaus sehr geliebt, aber die Wende hat uns in Turbulenzen gestürzt und letztlich auseinandergebracht. Er war bei der Armee, und sag mal einem Armisten: »Das geht hier alles den Bach runter, ich sehe es doch jeden Tag im Ministerium.« Ich war nämlich im Wirtschaftsministerium und hatte da Einblick in bestimmte Außenhandelszahlen. Im Sommer 89 haben wir viel gestritten. Dann kam die Wende, mein Mann hat freiwillig den Dienst quittiert, denn das konnte er nicht: jetzt in der Armee dienen, die er noch vor ein paar Monaten hätte bekämpfen müssen. Viele in der NVA haben das anders gesehen. Jedenfalls war er unzufrieden, saß zu Hause, irgendwann hat er unsere Tochter total zusammengeschrien, und da habe ich gedacht: Es reicht. Meine Tochter sagt zwar heute: »Mutti, das war gar nicht richtig schlimm«, aber ich hatte die Scheidung ganz schnell eingereicht. In der DDR ging das schnell: Antrag stellen im Januar, im Februar geschieden.

Ich hatte mir bei der Hochzeit vorgenommen, es Uwe richtig schön zu machen. Ich wollte alles anders machen als meine Mutter. Meine Eltern haben sich scheiden lassen. Ich dachte: Bei dir kommt das nicht so. Ich habe uns eine schöne Wohnung eingerichtet, habe ihm immer das Essen bereitet. Ich habe Uwe verwöhnt, ihn richtig auf einen Sockel gestellt. Hätte ich ihn da nicht raufgestellt, hätte er auch nicht so furchtbar runterstürzen können.

1997 habe ich wieder geheiratet. Letztes Jahr war Klassentreffen, und da fragt mich eine Schulfreundin: »Wie bekommt dir denn die Ehe?« Ich weiß noch, wie ich geantwortet habe: »Ich weiß nicht, ob es richtig war zu heiraten.« Ich wußte es wirklich nicht. Mein neuer Mann war ein Kollege aus der Krankenkasse. Werner hatte richtig um mich geworben, er hat mir richtig den Hof gemacht. Das gefiel mir, ich fühlte mich doch irgendwie allein nach der Scheidung. Werner hat mir damals Frühstück zubereitet und alles. Das war, als er mich noch nicht eingefangen hatte. Als wir dann verheiratet waren, ließ er sehr schnell die Maske fallen und wurde ein richtiger Latschenheld, der am liebsten zu Hause sitzt und außerdem noch pingelig und knauserig ist.

Bei diesem Klassentreffen jedenfalls saßen wir alle an langen Tischen, als Rainer reinkam. Eigentlich war alles wie früher, er kam zu spät, viel zu spät, so war das schon in der Schule. Er hat da immer ein bißchen den Intellektuellen gegeben, der sich alles erlauben kann. Ich kam dagegen aus einer richtig spießigen Familie. Na, wir waren an diesem Abend sehr ausgelassen, neben mir der Stuhl war frei, und also rief ich Rainer zu: »Mein linker, linker Platz ist leer, da wünsch' ich mir den Rainer her.« Der kam auch prompt. Wir haben geredet, und bald kam er mit der Nase ganz dicht ran und sagte: »Mensch, du riechst aber gut.« Irgendwann hat einer die Musikbox angestellt, und alle haben getanzt. Ich hatte schon so ein komisches Gefühl, als ich mit Rainer getanzt habe.

Meine Mutter wohnt zwar immer noch im Nachbarort von unserer alten Schule, aber ich hatte mir trotzdem ein Pensionszimmer genommen, weil ich dachte: »Du mußt die Mutti mit ihrem neuen Freund nicht unbedingt mitten in der Nacht rausklingeln.« Rainer kam also mit zur Pension und wollte mich unbedingt an meiner Zimmertür abliefern. Ich habe gesagt: »Hast du 'ne Macke?« Aber er wollte es unbedingt, und ich mußte ihm erst versprechen, ihn gleich Montag anzurufen, da ging er. Ich fand das alles irgendwie komisch, wir hatten uns schließlich 30 Jahre nicht gesehen, das war mir alles nischt.

Am Montag um vier klingelt auf meiner Dienststelle das Telefon: »Hallo, guck mal raus aus dem Fenster, ich stehe unten auf dem Parkplatz.« Da hatte er sich durch sämtliche Krankenkassen in der Gegend durchtelefoniert, bis er mich gefunden hatte, er wußte nur, ich kümmere mich um die Bewilligung von Zahnersatz. Ich wollte eigentlich gar nicht runtergehen, aber er hat gesagt: »Ich hupe deine ganzen Kollegen ans Fenster.« Na, ich bin runter, und wir sind zu einem Café gefahren. Da waren sie dann schon da, diese Verliebtseingefühle.

Ab Juni 2000 sind wir öfter weggegangen und haben uns immer mit Küßchen verabschiedet. Mir imponieren Männer, die um eine Frau kämpfen. Irgendwann hat er mich richtig geküßt, er war sehr erregt – ich war sehr verwirrt. Bis dahin hatte ich geglaubt, meinen neuen Mann, also Werner, zu lieben.

Rainer ist ein breitschultriger Bär, der seine Gefühle nicht zeigen will, aber natürlich zeigt er sie doch irgendwie. Vor dem ersten Mal hatten wir uns immer nur gestreichelt, mich hat das allmählich wahnsinnig gemacht. Er hatte sogar etwas gesagt wie: »Koitus will ich gar nicht.« Irgendwann habe ich ganz direkt gesagt: »Willst du gar nicht mit mir schlafen?« Das hat ihn ziemlich amüsiert.

Wir hatten uns schon so oft nur so getroffen, und nun sollte es endlich passieren. Da wohnte ich noch mit Werner zusammen. Ich hatte mir für eine Woche einen Bungalow auf Rügen reserviert und schon zwei Tage total relaxt, da kam Rainer hinterher. Ich stand gerade im Jogginganzug auf der Terrasse. Wir haben uns nur angeguckt, uns geküßt und sind dann gleich ins Schlafzimmer. Aber es ging nicht mit seiner Potenz. Ich war ganz lieb zu ihm, und er konnte sich das auch nicht erklären, weil er mich so sehr wollte. In den nächsten Wochen haben wir das in den Griff gekriegt. Ich habe mir extra ein Aufklärungsbuch besorgt, es stand noch bei den Schulsachen von meinem Sohn. Ich wußte doch nicht, daß Geschlechtsteile verkümmern, wenn man sie nicht benutzt. Eigentlich ja logisch. Ich wußte überhaupt so wenig mit meinen 47 Jahren. Als ich Mitte 20 war, habe ich ein Buch über Sex gelesen, in dem alles sehr wissenschaftlich erklärt wurde. Da war mir vieles fremd. Da stand zwar alles drin, daß Alleinstehende sich Befriedigung verschaffen, indem sie masturbieren, auch Homosexualität kam vor, aber damit habe ich in meinem Umfeld gar keine Berührung, das ist mir heute noch sehr fremd.

Was ich mit Rainer im Bett erlebe, das ist alles himmlisch, wir arbeiten uns sozusagen von Kapitel zu Kapitel dieses Buches von meinem Sohn vor. Wir haben anfangs zu wenig gewußt vom Sex und lernen jetzt miteinander. Ich wußte nicht, daß es so erregend ist, wenn mir jemand die Füße küßt und die Zehen leckt. Rainer fragt mich manchmal: »Na, hast du wieder eine neue Idee?« Es ist immer wie eine richtige Explosion, wenn wir uns das erste Mal bei einem Treffen berühren.

Natürlich habe ich mich mit Rainer auch nach unserem ersten Mal nicht nur für Sex getroffen. Wir waren auch einfach Kaffee trinken und reden. Einmal hatte ich Theaterkarten von meiner Schwester, Werner wollte nicht mitkommen, Theater interessiert ihn nicht. Ich habe gesagt: »Okay, ich gehe alleine und sehe zu, daß ich deine Karte zurückgeben oder verkaufen kann.« Dann habe ich Rainer angerufen. Er ist natürlich mitgekommen, und er war unglaublich charmant an diesem Abend. Meinem Mann habe ich gesagt, ich hätte die Karte an eine alte Dame verkauft. So ein Verhalten war völlig neu für mich, ich habe mich kaum wiedererkannt. Überhaupt war vieles neu. Fürs Telefonieren mit Rainer zum Beispiel brauchte ich ein Handy, damit Werner nichts merkt. Als das Handy neu war, gehörte für mich unglaublich viel Mut dazu, meine Mailbox mit den Nachrichten von Rainer abzuhören. Später war ich dabei ganz unverfroren, da konnte mein Mann sogar im Nachbarzimmer sein.

Mein Mann ist im Vergleich zu Rainer furchtbar brav und angepaßt, es wird immer schlimmer. In letzter Zeit fragt er mich sogar: »Warum mußt du eine Lederjacke anhaben, kannst du nicht mal wie die anderen Frauen in Windjacke gehen und zu den Festen dunklen Rock und weiße Bluse anziehen statt Hosen?« Ich ziehe gerne Hosen an, und ich gehe auch nicht gerne in mausgrau oder schwarzweiß. Rainer weiß ganz oft, welches Kleid ich wo und wann angehabt habe. Zu meinem Geburtstag hat er mir einen großen Blumenstrauß ins Büro geschickt, alles in Gelb-Orange-Rot, dabei lag ein kleines Briefchen: »Diese Farben sind die Farben von dem Kleid, in dem Du so süß aussiehst. Erinnerst Du Dich, du hattest es auf Rügen an ...« Es stimmte, ich habe dieses Kleid mit den Flatterärmeln, in genau den Farben. Daß er sich an so etwas erinnert, ausgerechnet so ein raubolziger Mann. Meinem Ehemann würde so etwas nie auffallen, geschweige denn wirklich gefallen. Mein erster Mann konnte diese Art Komplimente auch überhaupt nicht.

Mit Rainer und mir kann das nichts Ernsthaftes werden, das sagt Rainer auch immer. Er hat 'ne Macke, Motorräder und Autos. Wenn kein Motorrad da ist, dann muß er einen Zweisitzer fahren. Er macht alle möglichen Jobs, vom Gärtner über den Hausmeister bis hin zum Fleischer, was er ursprünglich gelernt hat. Er kocht auch sehr, sehr gut. Einmal, ganz am Anfang, hatte ich ihn zum Essen zu mir nach Hause eingeladen. Ich war furchtbar aufgeregt und nervös. Er hat alles brav gegessen, ich habe gefragt: »Na, hat's geschmeckt?« Er hat gelächelt und gesagt: »Frag mich das doch in drei Monaten noch mal.« In der Zwischenzeit waren wir in Polen, da habe ich ihn ganz hingebungsvoll eine Bratwurst kauen sehen, er genoß das richtig. Einmal hat er frisches Brot aus der Bäckerei noch warm angenagt. Ich habe das anfangs nicht begriffen, wie man Kleinigkeiten, solche simplen Sachen, so genießen kann. Ich hab's verstanden, als er für mich gekocht hat, er zaubert, schneidet mit wenigen Handgriffen, würzt mit frischen Kräutern, und die Saucen sind perfekt und gar nicht mehlig. Nie wieder habe ich ihn gefragt, wie ihm meine aus der Tüte geschmeckt hat.

Ich bin auch schon bei ihm in der Wohnung gewesen, da war seine Frau auf Kur. Ich hatte nur ein bißchen ein schlechtes Gewissen, wir waren ja nicht in ihrem Schafzimmer. Rainer, der anfangs vor Aufregung gar nicht mit mir schlafen konnte, hat mich fünfmal in einer Nacht geliebt. Das fand ich unglaublich. Ich versuche, nicht zu klammern, nur wenn wir uns trennen müssen, gerade nach so einer Liebesnacht, fällt mir das immer unglaublich schwer. Rainer sagt oft zu mir: »Du steigerst dich da so rein.« Und dann schenkt er mir total romantische CDs oder nimmt mir Kassetten auf. Einmal hat er mir eine bespielt, lauter Poprhythmen, die wollte ich auch für Aufwärmgymnastik von der Sportgruppe benutzen. Ich sitze also mit Werner auf unserer Terrasse, Kopfhörer auf, um die Musik für die Sportstunde abzuhören, da ist auf einmal mittendrin *Für mich soll's rote Rosen regnen* von Hildegard Knef. Ich war so gerührt, mir liefen die Tränen übers Gesicht. Mein Mann hat nichts gesehen, er kroch geradezu in sein Kreuzworträtsel rein.

Mit Rainer habe ich immer so unglaubliche Glücksgefühle. Da will ich gar nicht, daß die Vernunft einsetzt. Manchmal ruft er morgens früh um acht an: »Ich sitze unten im Café.« Einmal war er auf der Mailbox: »Ich könnte in fünf Minuten bei dir sein, wenn du sofort zurückrufst.« Ich habe es zu spät gehört und geheult vor Ärger. Rainer ist für mich ein Seewolf, er hat einen wilden Bart und so rauhe Hände. In meinem Tagebuch habe ich mal über ihn geschrieben: Er ist, als bremse ein Amboß im Flug.

Das trifft es gut. Ich frage mich immer: Wann hört dieses Gefühl auf? Ich habe noch nie so geliebt. Ich weiß aber auch, ich kann auf Dauer nicht so leben, wie ich es jetzt tue, mit zwei Männern. Meine Ehejahre kommen mir so unwirklich vor. Die Ehe ist doch eine völlig veraltete Einrichtung, heute brauchen die Frauen diese Art der Versorgung doch wirklich nicht mehr, der Staat könnte doch anders sicherstellen, daß alle Menschen versorgt sind. Wenn ich meine Chefin am Montag früh sehe, weiß ich Bescheid: Sie hat auch so eine frustrierende Ehe wie die meisten. Ich glaube, ich habe nicht anders ausgesehen, bevor ich Rainer traf. Natürlich darf hier am Ort niemand etwas merken. Ich muß Vorbild sein, jedenfalls empfinde ich das so. Ich bin im Vorstand vom Sportverein, viele Leute kennen mich. Eigentlich genieße ich, daß mich alle kennen, aber in diesem Fall ist es lästig, weil ich immer denke: Was, wenn jemand mich und Rainer sieht, beziehungsweise mich oder meinen Mann drauf anspricht?

Rainer hat nächstes Jahr Silberhochzeit, er hat nicht vor, sich von seiner Frau zu trennen. Ich glaube, er liebt sie nicht mehr, aber sie haben Kinder und nach der Wende ihr Haus gekauft und einen Kredit aufgenommen. Über die Zukunft sprechen wir nicht. Wenn Rainers Sohn mitkriegen würde, daß sein Vater 'ne Freundin hat, er würde ihn total unter Druck setzen, er ist ein Mamakind. Neulich hat Rainer das zweite Mal ein Ticket für Falschparken hier in meinem Ort gekriegt, der Bußgeldbescheid geht an seinen Sohn, auf den der Wagen zugelassen ist. Wie Rainer das wohl erklären wird?

Meine Schwester weiß Bescheid über Rainer und mich. Sie sagt zwar: »Leben und leben lassen«, aber sie sagt auch: »Laß dich bloß nicht scheiden, denk an deine Versorgung.« Was ja Quatsch ist: Ich verdiene so gut wie Werner, wir haben keine Kinder, wir haben kein Haus gekauft, es gibt keinen Grund, bei ihm zu bleiben.

Ich kannte Rainer schon eine ganze Weile, da zog mein Mann aus. Das hatte nichts mit Rainer zu tun. Nein, mein lieber Mann wechselte zu einem anderen Arbeitgeber, auch einer Krankenkasse, weil das für ihn ein beruflicher Aufstieg war, wahrscheinlich der letzte vor der Rente. Und da wollte er wieder auf dem Lande wohnen. Er hätte locker von hier zu seiner neuen Arbeitsstelle pendeln können. Ich bin froh über diese Wendung, denn wie gesagt: Unsere Ehe ist nicht so glücklich. Wenn mein Mann das mit Rainer rauskriegen würde, wäre für ihn sofort alles klar. Dabei war wirklich vorher der Wurm drin in unserer Ehe. Immer meckert er, wenn ich mal 'ne neue Hose oder ein Kleid kaufe, aber er gibt sein Geld für Modelleisenbahnen aus oder schenkt es seinen Kindern. Er hatte mir richtig was vorgemacht vor der Hochzeit.

Mein Mann würde sich nie scheiden lassen, er holt sich auch körperlich bei mir, was er braucht. Ich mache das, aber ich empfinde nichts dabei. Eigentlich blöd von mir, oder? Na, mal sehen. C'est la vie, so ist das Leben. Rainer weiß, daß ich noch mit meinem Mann schlafe, und er spricht es auch indirekt an: »Na, hast du wieder mit Werner geschmust?« Ich rede mit ihm nicht darüber. Ich weiß nicht, warum ich noch mit meinem Mann schlafe, ich will das eigentlich nicht, aber er braucht den Sex, und also mache ich das. Rainer schläft wohl nur noch ein-, zweimal im Jahr mit seiner Frau, das hat er mir mal bei einer unserer ersten Begegnungen erzählt.

Mit meinem ersten Mann war ich fünfzehn Jahre verheiratet, und wir hatten bis zum letzten Tag Lust aufeinander. Rainer macht sich immer wieder lustig, die große Liebe habe sich in unsrem Alter sowieso erübrigt. Dabei legt er mit mir immer so viel Leidenschaft an den Tag, auch bei ganz banalen Dingen. Einmal sagte er: »Du, wir müssen noch mal in den Baumarkt.« Zwischen Schläuchen und Wasserhähnen in hohen Regalen hat er mich dann wüst geküßt. Und einmal waren wir in einem Möbelkaufhaus, in der Schlafzimmerabteilung. Er hat sich einfach aufs Bett geworfen und hat gerufen: »Komm, Probeliegen.« Als ich nicht kam, ist er aufgesprungen und hat mich auch wieder geküßt. Mir schoß das Blut in den Kopf. Rainer lacht sich bei solchen Gelegenheiten halbtot, die Verkäuferin hat finster gekuckt, und ich fühle mich als Hasenfuß.

Eine Kollegin hat mitgekriegt, daß da etwas läuft, sie hat mich irgendwann angesprochen: »Sag mal, wer ist das eigentlich, der da immer anruft? Du telefonierst ganz anders, wenn du mit ihm sprichst.« Da habe ich es ihr erzählt, wir sind auch befreundet. Sie ist seit 25 Jahren verheiratet und versucht mich zu verstehen, aber ich glaube, sie versteht es nicht wirklich. Wenn ich versuche, ihr klarzumachen, wie schön die Liebe mit Rainer für mich ist, sagt sie nur: »Im Alter läßt das alles nach.« Das stimmt nicht, das heißt: Es muß nicht stimmen, wie ich ja sehe. Ja, so hat sich das entwickelt, und dabei habe ich mich anfangs gegen Rainers Annäherung gesträubt wie die Zicke am Strick.

Als ich jung war, habe ich die Liebe ganz anders erlebt als heute. Mein erster Mann war ja meine große Liebe. Er war furchtbar eifersüchtig. Ich bin ein fröhlicher Typ, trinke mit, wenn es gesellig ist, aber er trank nie Alkohol. Da saß er dann immer und hat auf mich aufgepaßt. Einmal waren wir in einer großen Camper-Runde, saßen nachts auf Luftmatratzen ums offene Feuer, wir haben gesungen, herumgeflachst, Knoblauchwürste gegessen und Wein getrunken. Irgendwann reichte es ihm, er hat mich an der Hand weggezogen, ab ging's in unser Zelt. Ich war ihm mal wieder zu lustig, da mußte er mich immer dämpfen. Ich fand das aber normal.

Mein erster Mann ist mittlerweile wieder verheiratet, er hat die geschiedene Frau eines Freundes übernommen. Er mußte einfach wieder versorgt werden, und ich habe auch das Gefühl, er ist glücklich mit dieser Frau. Heute, es ist ja mittlerweile gut zehn Jahre her, können wir über alles Mögliche reden, und Uwe ist es auch, der mit mir jetzt manchmal herumfährt und Wohnungen anguckt, denn ich will eigentlich nicht in der zu großen Wohnung bleiben.

Meine Freundschaft mit Rainer hat mein Leben verändert. Ihm kann ich Sachen sagen wie: »Ich liebe dich, weil du stark bist und liebenswürdig, und weil ich mich mit dir gut unterhalten kann.« Ich habe Rainer einen olivfarbenen Filzmantel genäht, gefüttert und mit Fellbesatz. Er braucht etwas Warmes für die Arbeit, und er mag diese Naturfarbe. Er hat sich richtig gefreut, als er den Mantel ausgepackt hat, aber ich habe noch nie gesehen, daß er ihn anhatte. Ich weiß, daß er bei ihm zu Hause im Schrank hängt. Seiner Frau hat er erzählt, daß er das Stück auf einem Markt an einem Stand mit schwedischen Handarbeiten gekauft hat.

Rainer überrascht mich immer wieder. Einmal kam er mit einem Kanarienvogel, weil ich doch jetzt immer alleine in der großen Wohnung bin. Wir haben ihn Jürgen Trittin genannt, weil er grün ist und ein bißchen gerupft aussieht wie der Umweltminister. Typisch Rainer war, daß er mit dem Vogel in einem großen Käfig kam, dem Ministerium. Aber es fehlte Futter, Wasserspender, was ein Tier so braucht. Das habe ich dann ganz schnell im Zoobedarf geholt und mich auch erkundigt, wie man so einen Vogel pflegt.

Schon oft kam ich mir vor wie in einem Film, aber in einem wunderschönen. In der Schule fand ich Rainer immer irgendwie komisch, auch ein bißchen angeschmuddelt, für mich nicht interessant – wahrscheinlich war mir seine Art einfach zu fremd. Und jetzt ist er mir so nah. Einmal habe ich am Wochenende mein Handy abgeschaltet. Das war mir Leere und Lehre zugleich, so habe ich's ins Tagebuch geschrieben. Wie Falschgeld bin ich an diesen zwei Tagen bei meiner Mutter rumgelaufen, so etwas mache ich nicht wieder.

Gabi, 44

Mein Liebhaber ist der Himmel

Oder: Ich nehme meinem Mann nichts weg

Vielleicht ist mein Mann auch ein Liebhaber, und ich weiß es gar nicht? Nein, das kann ich mir nicht vorstellen. Frauen merken so was. Männer dagegen verdrängen. Männer sehen im Liebhaber auch keinen Konkurrenten, jedenfalls ist das bei uns so. Männer sind eher in ihrer Eitelkeit gestört, wenn ihre Frau einen Liebhaber hat. Mein Mann Frank ist riesig froh, daß ihm mein Liebhaber bestimmte Situationen und Dinge abnimmt, die er selbst nicht mag: Feste, Ausstellungen, kleine Reisen. Oft sagt er, wenn er genau weiß, er würde sich nur wieder über den Abend quälen: »Geh doch lieber mit Uli.« Naja, was noch ist zwischen Uli und mir, will er gar nicht wissen.

Die beiden Männer kennen sich, sie können gut miteinander, aber sie stören ihre Kreise nicht. Die einzige Überschneidung bin ich. Uli ist Fotograf, Frank Beamter. Ich wußte schon, als wir geheiratet haben, vor 15 Jahren, daß wir verschieden sind: Mein erster Mann, ich bin einmal geschieden und habe meine beiden Töchter aus der ersten Ehe, war auch so wie Frank. Meine Mutter hat noch gesagt: »Warte doch erst mal, du mußt doch nicht gleich wieder heiraten.« Zwischen den beiden Ehen hatte ich einen Mann wie jetzt Uli, aktiv, lustig. Aber ich hatte Angst, mich so richtig fallenzulassen, das war mir unheimlich. Ich bin extra in eine andere Stadt gegangen und habe nicht meinen Scheidungsgrund geheiratet, sondern Frank.

Ich habe einen Hang zu den ruhigen Männern. Auch meine Liebhaber vor Uli waren eher so. Was habe ich Ihnen geschrieben? Hier steht's: »Bis vor drei Jahren warf ich mein Schleppnetz nach Liebhabern aus, alles was ich fing, waren welche mit zähen Eheneurosen. Männer, die sich an mich drückten wie in die Kissen Freudscher Sofas. Ihre Komplexe wurden schon fast meine.« Das waren also Männer, die irgendwie depressiv waren, mich richtig brauchten. Das kenne ich nur zu gut aus meiner Kindheit: Als ich zwölf war, bekam meine Mutter schlimme Depressionen, und ich war ihre Stütze.

Meine Liebhaber, eigentlich möchte ich sie gar nicht so nennen, denn eigentlich war ich mehr ihre Geliebte. Diese Männer jedenfalls traf ich so einmal die Woche für zwei, drei Stunden, immer, wenn sie wollten. Ich hatte nie die Möglichkeit, sie anzurufen, wenn ich Lust hatte, alles mußte nach ihnen gehen. Sie wollten Sex und sich ausheulen, sie waren in Situationen, in denen sie einfach jemanden brauchten, der außerdem noch ihre Ehen stabilisiert. Sobald von den Ehefrauen bohrende Fragen kamen, wurden Treffen einfach abgesagt. Es ging nicht um mich, es ging um sie. So wie mit Uli, so frei und sinnlich und rundum schön, daß wir eben auch viel zusammen unternehmen, über alles reden, so war es nie.

Ulis Frau ist richtig bedient, obwohl sie mich sehr mag. Sie ist sehr eifersüchtig, und sie hat auch früher schon Grund dazu gehabt. Uli und sie schlafen schon lange nicht mehr miteinander, sie sind seit mehr als 20 Jahren verheiratet. Anne hat mich mehrfach zur Rede gestellt: »Immer steckt ihr zusammen und lacht, es sieht so aus, als wenn ihr ein Paar wäret und nicht Uli und ich.« Natürlich ist das blöde für sie. Es ist auch so, daß Uli Anne von bestimmten Sachen geradezu ausschließt: Er erzählt ihr nichts von Bildideen, kommenden Ausstellungen oder so. Ich merke manchmal, daß sie ihn ganz anders sieht, als er ist, einfach weil bestimmte Dinge an ihr vorbeigehen.

Uli hat ihr gesagt, daß wir über alles reden, auch, daß er mich liebt, aber ich denke gar nicht daran, genauer zu werden oder intime Details zuzugeben. Ich denke, daß Anne sich ohnehin irgendwann von Uli trennen wird. Nicht wegen mir oder wegen uns, nein, sie wird merken, daß sie selbständiger sein muß. Sie könnte auch Fotografin sein, sie arbeitet aber lieber für ihn im Labor oder entwickelt die Sachen von anderen. Sie ist ziemlich phlegmatisch, sie zieht ihr Leben eigentlich aus Uli und seiner Beweglichkeit. Auch unsere Kinder verstehen sich: Meine Tochter Anja geht mit Ulis Sohn aus. Ulis Tochter gibt meinem Sohn Nachhilfe in Physik. Und meine Kinder freuen sich, wenn Uli uns besucht, weil er immer etwas zu erzählen hat.

Ich habe Uli das erste Mal bei einer seiner Ausstellungseröffnungen gesehen. Ein Kollege hatte mich mitgenommen, er hat zu Hause ein paar von Ulis Fotos hängen, so experimentelle Landschaften. Uli hat mir vom Typ her gleich gefallen. Anschließend waren wir noch zusammen in der Kneipe, aber ich habe gar nicht mit an Ulis Tisch gesessen. Ich hatte ohnehin gerade von Männern die Nase voll. Mein letzter Liebhaber war nur belastend gewesen. Er hatte Eheprobleme, war bei seiner Frau impotent und bei mir auch fast, und ich fühlte mich irgendwie dafür verantwortlich, daß es doch klappt. Schrecklich.

Jedenfalls hatte Uli ein Foto von einer Baumgruppe, ein Riesenformat, und davon wollte er mir einen kleineren Abzug machen. Den hat er mir dann ein paar Tage später in einem Café übergeben. Wir saßen und saßen und redeten und redeten, die Chemie stimmte eben. Mir war klar, daß ich diesen Mann richtig haben will, ich war richtig begierig auf ihn, aber er sollte ein Bonbon sein, ich wollte ihn mir aufsparen und nicht irgendwann so husch husch in irgendeinem Auto mit ihm ... Uli war irgendwie richtig konsterniert, daß es nicht so schnell ging, und das hat die Stimmung noch weiter angeheizt. Seine Frau fing schon an zu fragen: »Wer ist denn die, mit der du immer rumstehst und lachst?« Wir sind uns natürlich bei verschiedensten Anlässen über den Weg gelaufen.

Seine Frau fährt sehr regelmäßig zu Auftritten mit ihrer Tanzgruppe und bleibt auch übers Wochenende weg, da konnten wir unser erstes Mal gut planen. Es war in Ulis Atelier, er hatte Kerzen aufgestellt, ein schöner Paravent schirmte unsere Ecke ab, und es war einfach der Himmel. Mit Uli ist alles nie Streit und Krampf, sondern eine offene Sache, wo sich jeder treiben lassen kann. Ich hab das noch nicht erlebt, daß es mit einem Mann so paßt. Auch beim Sex können wir wortlos alles mögliche tun und machen, was mit meinem Mann nie drin wäre. Es ginge auch nicht, wenn man erst kompliziert drüber sprechen müßte, das nimmt die Lust.

Anne hat schon manchmal angerufen, während wir im Atelier waren. Aber Uli geht dann einfach nicht ran. Uli ist ein richtiger Macho. Er taucht einfach bei uns zu Hause auf, wenn er Lust dazu hat. Auch wenn Frank da ist: Uli sitzt plötzlich in unserer Küche. Wenn wir uns nicht sehen, schickt er mir SMSe aufs Handy, oder er ruft an. Gestern abend zum Beispiel, das war mein Saunaabend. Fünf SMSe, drei Anrufe. So etwas würde ich nie tun. Das hat gestern richtig gestört, aber er sagt: »Eigentlich freuste dich doch.« Naja, er ist irgendwie ein sehr großes Kind. Und er hat ja auch recht: Ich genieße es, daß ich gesucht werde. Uli geht es eben nicht wie anderen darum, ab und zu im Gras zwei Stunden zu vögeln. Uli hatte immer Verhältnisse, aber nie hatte er eine Frau so lange wie mich, nie eine, wo so die Seele mitschwingt. Seine Ehe funktionierte immer, er hatte seine Freiheiten. Es tauchen auch heute noch Frauen aus seiner Vergangenheit auf. Er sagt dann: »Ach Gabi, die gehören zum Club. Aber du bist die Königin.«

Bei mir und Frank war lange Jahre alles in Ordnung. Als die Kinder noch klein waren, hat man es nicht so gespürt, daß wir emotional nicht so übereinstimmen. Da transportiert sich viel Liebe und Geborgenheit über die Kinder. Vor ein paar Jahren haben wir uns eine Katze zugelegt, die ersetzt jetzt quasi die kleinen Kinder, und Franks Bedürfnis nach Zärtlichkeit ist mit der Katze voll und ganz gedeckt. Für Frank ist es ein Zeichen von Liebe, wenn im Haus alles gerichtet ist.

Daß ich mit Frank körperlich nicht so viel anfangen kann, habe ich leider auch erst gemerkt, als wir schon eine Weile verheiratet waren. Hätten wir kein gemeinsames Kind bekommen, hätten wir uns vielleicht nach drei, vier Jahren wieder getrennt. Unsere Bedürfnisse sind ziemlich unterschiedlich. Mein Mann hat es wirklich am liebsten im Dunkeln, in all unseren Ehejahren hat er mir noch nie zwischen die Beine gesehen, ich habe jahrelang gedacht, daß das eine Stelle ist, die abstoßend ist, da kannst du wirklich anfangen zu glauben, du hättest da ein ekliges Geschwür. Wie soll ich's meinem Mann sagen, wie ich's gerne hätte, das kriegt dann so etwas von einer Gebrauchsanweisung und wird unerotisch. Frank und ich sind zwar durchaus zusammen im Badezimmer, aber die Toilettentür schließe ich immer ab, irgendwie wäre das für mich komisch, wenn er aus Versehen hereinkäme.

Mit Uli ist sowieso alles anders. Wir haben es noch nie in einem Bett gemacht, aber dafür auf allen möglichen Tischen, unter der Dusche, vorm Fernseher, auf dem Teppich, im Auto. Auch auf einem Waldweg, wo dann plötzlich der BGS auftauchte und ins Auto guckte. Als ich einmal im Bad zu ihm sagte: »Ich muß pinkeln«, hat er gesagt: »Dann gehe ich schon mal in die Badewanne.« Es war einfach ganz klar, was dann passiert. Uli regt es an, einer Frau beim Pinkeln zuzusehen. Mit Frank ist das undenkbar. Man muß einfach zusammen spüren, was man will. Mit Uli geht das. Ich fühle mich mit ihm unheimlich frei und in meiner Fraulichkeit gekitzelt. Wir können über viele Stunden eine erschreckende Sinnlichkeit genießen. Das Wort Wollust war mir früher völlig fremd, jetzt kann ich damit etwas anfangen! Uli sagt: »Ich habe dich gerade noch errettet, bevor du völlig zugewachsen bist.«

Manche Leute sagen: »Du hast dich aber in den letzten zwei Jahren verändert.« Man sieht, daß es mir gutgeht. Das kommt, weil ich mich begehrt fühle. Das wirkt auch irgendwie auf den Hormonhaushalt: Meine Haare, die zwar lang sind, aber immer irgendwie schlapp waren, fangen plötzlich an, sich wieder zu kringeln, die haben einfach mehr Kraft. Und das Schönste ist:

Diese Gier, diese Sucht nach Uli hört nicht auf, auch nach drei, vier Jahren ist es wie am Anfang, das macht mir schon manchmal Angst. Ich würde ja nie sagen, daß Uli der letzte war.

Mit Anfang 20 hätte ich so eine Situation nicht hingekriegt, aber jetzt, mit Mitte 40, weißt du einfach, du hast nicht mehr 100 Jahre Zeit. Die fehlenden Hormone lassen allmählich die Schwerkraft an dir wirken. Wenn ich an meine Mutter denke, wie spät die die Lust für sich entdeckt hat. Sie war immer ein sehr asexuelles Wesen und hat nie einen schweinischen Witz erzählt. Wie habe ich mich gefreut, als sie, mit der ich nie über Sex gesprochen habe, mir irgendwann gesagt hat, daß sie ihren ersten Orgasmus hatte. Da war sie 47 und hatte einen neuen Freund, zehn Jahre nach der Scheidung von meinem Vater. Mit 47!

In den durchschnittlichen Beziehungen übernehmen die Frauen den ganzen alltäglichen Kram, egal, ob sie selbst berufstätig sind oder nicht. Die Frauen kümmern sich um die Familie, den Einkauf, den Garten. Bei uns ist das auch so, und es wäre das einzige, was Frank wirklich stören würde, wenn das nicht mehr funktionieren würde, wenn sein Zuhause sich verändern würde. Mir ist das auch sehr wichtig: meine Familie, außer den beiden Töchtern haben wir noch einen gemeinsamen Sohn, mein Haus, mein Garten. Natürlich habe ich manchmal den Kanal voll, daß immer ich mich in Haus und Garten um alles kümmern muß. Aber da ist in 15 Jahren etwas entstanden, was ich nicht missen möchte. Ich meine keine materiellen Werte, aber es ist eben mein Apfelbaum vor dem Schlafzimmerfenster, und Frank und ich haben gemeinsam die alten Balken freigelegt und die Dielen abgezogen.

In den 48 Jahren seines Lebens hat bei meinem Mann Spontaneität nie stattgefunden. Frank und Anne sind sich ähnlich, Uli und ich sind uns ähnlich. Meinem Mann sind die Freunde, die wir haben, genug, er will gar keine neuen Leute kennenlernen. Ich bin da ganz anders. Auch unsere Vorstellungen von

Urlaub sind grundverschieden: Frank möchte mit einer großen Truppe wandern. Ich möchte gerne in Städte, mir Museen angucken und abends irgendwo schön mit einem Rotwein sitzen. Mit Uli kann ich irgendwo alleine in einer Hütte sein, und wir sind uns genug. Schade, daß das mit meinem Mann nicht geht. Aber es ist etwas anderes, sich ab und zu zu haben oder jeden Tag. Uli und ich im Alltag wären zu anstrengend füreinander, ich will nicht mit ihm um jeden Quark streiten, wer den Mülleimer wegbringt und so.

Frank ist froh, daß ich in Uli jemanden habe, mit dem ich so viel unternehmen kann, und er federt auch manchmal Annes Eifersucht ab: Wenn sie anruft und ich mit Uli weg bin, erzählt er, ich sei gerade bei meiner Mutter, nur um sich Annes Generve nicht anhören zu müssen. Das ist schon praktisch. Als ich mal mit Uli zu einer Ausstellungseröffnung nach Hannover gefahren bin, hat Frank Anne gesagt: »Die Gabi ist schon seit zwei Tagen auf Lehrgang in Worms.« Verrückt, meine ganze Familie hält es eigentlich vor ihr geheim, auch die Kinder. Ich habe außerdem noch eine Freundin, die auch hin und wieder Alibis liefert.

Ich bin froh über die Situation, wie sie ist: Ich habe alles, was ich mir wünsche. Wenn ich mit Uli zusammen bin, nehmen wir uns nur Zeit für uns. Für mich ist das so schön, daß sich jemand einen Kopf darüber macht, was mir gefällt, was ich gut finden könnte. Uli hat noch nie im Leben einen Freund gehabt, dem er ganz intime Dinge sagen konnte, wahrscheinlich hat er das jetzt mit mir. Selbst seine Frau weiß so vieles nicht von ihm, weil er ihr eben auch immer ein ganz anderes Bild von sich geliefert hat. Wir beide, Uli und ich, haben mittlerweile sogar gemeinsame Freunde, die nichts mit Frank und Anne zu tun haben. Die kennen uns nur als Paar, laden uns auch als Paar ein. Eine Freundin ist dabei, die sich selbst von ihrem Mann vor einiger Zeit getrennt hat, die kennt meine Situation, versteht sie gut und sagt: »Was du da machst, ist völlig okay.« Und ich habe auch überhaupt nicht das Gefühl, meinem Mann etwas wegzunehmen oder mir durch meinen Liebhaber die Ehe erträglich zu machen, die muß ich mir gar nicht erträglich machen.

Uli ist etwas ganz anderes, mit ihm ist das Leben so übervoll – das könnte ich mir in einem Alltag gar nicht vorstellen, wahrscheinlich wäre es unerträglich. Wenn ich mit ihm leben würde, könnte ich gar nicht mehr arbeiten, wir hätten nur mit uns zu tun. Von Uli kommen schon manchmal so Anläufe, er sieht das Leben, das er eigentlich leben könnte. Ich sehe da eher Probleme. Und wenn ich weiterdenke: Wenn wir etwas ändern würden, hätte ich möglicherweise alles verloren: die Familie, das Zuhause, den Liebhaber.

Manchmal denke ich, Anne wird ihn irgendwann verlassen, ganz egal ob sie jetzt jobmäßig von ihm abhängig ist oder nicht. Uli könnte dann mit gepacktem Koffer bei uns vor der Tür stehen und sagen: »Kann ich mal ein halbes Jahr bei euch wohnen?« Mein Mann würde bei einer Patchworkfamilie wahrscheinlich sogar mitspielen, aber ich kann mir nicht vorstellen, wie die aussehen sollte. Ich lebe zur Zeit zwei Leben, das mit der Familie und das mit Uli. Mein Mann ist für mich die Erde, mein Liebhaber der Himmel. Früher war es anders mit meinen Liebhabern, da bin ich für zwei, drei Stunden aus meinem Leben ausgestiegen. Das jetzt ist anstrengender, aber eben auch viel erregender und aufregender.

Gabriele, 38

Ich will Abenteuer

Oder: Mein Mann liebt seinen Garten

Irgendwann saß ich da und habe nachgedacht: Dein Sex-Leben ist unerfüllt, du möchtest mit einem Partner auch Abenteuer erleben, und du willst auch wieder mit jemandem reden. Ich habe immer gesagt: Meine Ehe ist ein gut funktionierender Kleinbetrieb. Wir sind beide beruflich ziemlich engagiert, das Haus ist gebaut, die Kinder sind Teenager, und die letzten Jahre waren sehr ausgefüllt. Sie waren so ausgefüllt, daß mein Mann Clemens und ich gar nicht gemerkt haben, wie sehr wir uns auseinandergelebt haben.

Wir haben nichts mehr miteinander unternommen, er hatte seinen Garten und das Fernsehen, und sexuell hatten wir uns auch voneinander entfernt. Er hat diesen Abstand bis heute nicht richtig gemerkt, er leidet wohl auch nicht darunter. Aber ich habe gelitten. Mein erster Schritt war: Ich habe zu Hause ein eigenes kleines Zimmer bezogen, hatte mein eigenes Bett, mußte niemanden mehr schnarchen hören, und in einem Glasschrank konnte ich meine Puppensammlung hübsch unterbringen, die fand Clemens nämlich immer doof.

Die Kinder sind größer und gehen mehr und mehr ihre eigenen Wege, mein Mann hat sich maßlos in den Garten verliebt. Jede freie Minute verbringt er dort, dabei gibt es auf 700 Quadratmetern doch gar nicht so viel anzulegen und zu bepflanzen. An schönen Sommerabenden habe ich mir oft Mühe gegeben, habe einen besonderen Wein gekauft, etwas Besonderes gekocht, den Tisch unter dem Apfelbaum besonders hübsch gedeckt – Clemens kam, hat schnell gegessen und ging dann eben wieder weg, noch mal das Gemüse wässern. Ich hätte so gerne noch mit ihm dagesessen und erzählt, aber das ging einfach nicht.

Ich bin dann aufs Internet gekommen, den Computer nutze ich im Büro im Arbeitsamt ja auch, das war mir also vertraut. Ich habe mich im Netz umgesehen und habe Anzeigen gefunden. Mit dem einen oder anderen Mann habe ich gemailt, einen habe ich auch mal getroffen, aber da hatte ich nicht aufgepaßt: Der hatte zwei Kinder und suchte eine neue Frau – mir ging es ja gar nicht darum, einen neuen festen Partner zu finden. Auch Jürgen, meinen Liebhaber, habe ich übers Internet kennengelernt. Er hatte eine Anzeige aufgegeben: »Er, 37, verheiratet, sucht Sie für gemeinsame Unternehmungen und alles, was zu zweit mehr Spaß macht.« Das fand ich nett, und ich habe ihm sehr ausführlich geschrieben, in was für einer Lage ich bin, was mich unglücklich macht, was ich mir erhoffe und wünsche. Er ging gleich darauf ein – es ist ja nicht jedem gegeben, sich zu öffnen und mitzuteilen, aber wir haben beide diese Gabe.

Bald wußten wir fast alles voneinander. Ich wußte, daß er in seiner Ehe nicht glücklich ist, sie haben zwar ein Kind, aber sie lieben sich einfach nicht. Sie haben nur wegen dem Kind geheiratet. Und jetzt fühlt er sich nicht mehr zu seiner Frau hingezogen. Ein Vierteljahr ging das so mit dem Schreiben. Ich war ganz aufgeregt, und ich habe auch meiner Mutti erzählt von diesem Schriftwechsel. Sie war es dann, die mich beruhigt hat: »Das ist ganz in Ordnung, was du tust.« Sie hatte schon lange gesehen, daß ich in meiner Ehe unglücklich war, daß Clemens der falsche Partner für mich ist. Wobei man Clemens keinen Vorwurf machen kann, er ist, wie er ist. Er ist ein guter Vater, fürsorglich, zuverlässig, er vermittelt Sicherheit. Er hat mir den Wunsch erfüllt, den ich mit Anfang 20 hatte, eine intakte Familie zu erzeugen. Aber ich habe eben keine Schulter zum Anlehnen, wo du Wärme spürst, Geborgenheit. Wenn ich richtig drüber nachdenke, wundert mich das nicht, Clemens kommt aus einer großen Familie, zehn Geschwister, sechs Jungs, vier Mädchen, die sind alle eher kühl. Das merkst du bei Familienfeiern, es ist alles korrekt, achtungsvoll, aber nie innig. Wenn ich in diesem Kreis etwas Unbequemes sage wie »Du tust dir doch keinen Gefallen damit, wenn das und das machst«, ecke ich richtig an. Man redet nicht offen miteinander. Ich finde das selbstquälerisch.

Jedenfalls hat Rosi, meine Mutti, mir ein bißchen meine Bedenken genommen, denn ich habe mich schon gefragt: Ist das richtig, was du hier tust, ist das erlaubt? Ich habe mich gefragt: Was könnte ich vielleicht zerstören durch mein Verhalten? Andererseits: Was gab's denn zu zerstören? Heute weiß ich: Ich habe ein Recht darauf, ich habe ein Recht auf mein eigenes Leben, es ist mein Leben, und im Zweifelsfalle ist es kurz.

Nun also, Jürgen und ich kannten uns also per E-Mail schon sehr gut, es ging ja schon ein Vierteljahr. Er wußte: Was mag sie, was stört sie, welche Ziele hat sie. Das war ja aber mehr so ein virtuelles Kennenlernen, wir hatten vereinbart: Wir tauschen keine Fotos, wir telefonieren nicht, Jürgen telefoniert sowieso sehr ungern. Aber wir fingen an zu überlegen, ob wir uns nicht mal treffen sollten. Wir wohnen zweihundert Kilometer voneinander entfernt, und wir haben uns dann für eine Stadt in der Mitte zwischen beiden entschieden, für mittags in einem Restaurant haben wir uns verabredet.

Die Tage vorher war ich furchtbar aufgeregt, er sagt immer, er war überhaupt nicht aufgeregt. Da standen wir uns dann bei diesem Italiener gegenüber und haben uns sofort verliebt. Seine Ausstrahlung, sein Charme, seine Gesten – das paßte alles zu dem Mann, den ich aus den E-Mails kannte. Wir haben gegessen und über alles mögliche geredet, danach noch einen langen Spaziergang gemacht. Beim Abschied haben wir vereinbart: Beim nächsten Mal machen wir uns einen schönen Tag in der Natur. Es war ja Frühling, es war warm, und wir haben uns den Sommer über immer in der Natur getroffen. Wir waren in Feldern, auf Wiesen, in Wäldern, wir haben uns immer ein verschwiegenes Eckchen gesucht. Das ist schon ulkig: Du gehst an einem Donnerstagvormittag mit Picknick-Korb und Decke durch den Wald – da gucken die Leute, die dir begegnen. Uns hat das sehr amüsiert. Ich hatte vorher nie Sex im Freien, aber es war wunderschön. Bei der Liebe vergißt du alles, daß jemand kommen könnte, Forstarbeiter, der Förster, du siehst auch die nähere Umgebung nicht mehr, dafür aber das grüne Laub vor dem blauen Himmel. Gemeinsam trauen wir uns, Dinge auszuprobieren, Fantasien zuzulassen, wir wollen beide dasselbe. Es ist auch so schön, wenn du endlich wieder Komplimente bekommst wie: »Du hast so schöne grüne Augen.« Oder »Dein Haar duftet so gut.« Ich hatte das jahrelang nicht gehört, meinem Mann wäre so was nicht mehr über die Lippen gekommen.

Als dann der Herbst kam, haben wir uns ein Hotel gesucht. Ich habe da angerufen, ein Doppelzimmer auf meinen Namen reserviert, das dann schon ab zehn Uhr frei sein mußte. Und da haben wir uns alle zwei, drei Wochen getroffen. Für mich ist das kein Problem: Ich bin nicht in der Beratung, ich kann Überstunden abbummeln, wann ich will. Und Jürgen ist mit einem kleinen Softwarebetrieb selbständig, da hat er ständig Außentermine. Ich bin richtig aufgelebt, und ich hatte nicht die Spur von einem schlechten Gewissen, schließlich haben Jürgen und ich ja niemandem etwas weggenommen.

Oft habe ich meinen Mann damals heimlich angeguckt und so bei mir gedacht: Ich kenne dich gar nicht, nach all den Jahren, ich weiß nicht, was in dir vorgeht, was du denkst, was du fühlst. Das ist eigentlich schrecklich traurig. Anfangs waren wir verliebt, da war auch der Sex in Ordnung, aber später hat Sex eigentlich nur seiner Befriedigung gedient. Es hat ihn nicht interessiert, was mir guttut, was mir gefällt, und wir konnten auch nicht drüber reden. Wenn ich mal einen Anlauf gemacht habe, hat er gesagt: »Du wieder ...«

Ende des Jahres habe ich mich dann gefragt: Wie lebst du eigentlich? Bist du glücklich? Kann das so weitergehen? Ich empfand das, was ich zu Hause lebte, plötzlich als großen Selbstbetrug. Ich war nicht glücklich, ich wußte plötzlich: Du mußt hier raus. Dann habe ich es meinem Mann gesagt: »Ich ziehe aus, ich muß über mein Leben nachdenken.« Es kamen keine Fragen nach dem Warum, kein entsetztes Schimpfen. Er hat es einfach so hingenommen. Ich glaube schon, daß er ein bißchen erschrocken war, daß es so weit gekommen ist, aber das war auch alles. Wie es in ihm aussieht, werde ich nie erfahren.

Jürgen sagt zu mir: »Das ist toll, ich bewundere dich dafür, daß du machst, was du willst, obwohl es unbequem ist.« Ich hatte mir überlegt, daß mein Mann natürlich das Haus und den geliebten Garten behalten muß, die Kinder sollten in ihrem gewohnten Umfeld bleiben. Ich hatte doch kein Recht, alles auf den Kopf zu stellen. Ich habe mir also eine kleine Wohnung genommen. Und dann habe ich mir noch einen Wunsch erfüllt: Mein Traum war immer ein kleines, zweisitziges Cabrio, das habe ich jetzt, gebraucht gekauft, und es macht mir Spaß, wenn die Nachbarn gucken, wenn ich meine Tochter abhole und wir zu einem Ausflug starten. Ich sehe die Kinder ganz oft, ich bin immer für sie da, wenn sie mich brauchen Und so habe ich auch kein schlechtes Gewissen, gar nicht. Ich wollte auch nicht, daß mein Mann den Haushalt ganz allein am Hals hat, also helfe ich ihm oft abends oder am Wochenende. Ich wollte Clemens nicht ganz im Stich lassen, das hätte mir wirklich ein schlechtes Gewissen gemacht. Nur so kann ich das Leben führen, wie ich es tue. Manchmal schlafe ich auch da in meinem alten Zuhause, mein Zimmer habe ich noch. Mein Mann und ich gehen nett miteinander um, aber er bemüht sich nicht, irgendwie wieder mit mir anzuknüpfen. Ich könnte auch gar nicht mehr mit ihm schlafen.

Ein Wochenende zu Hause finde ich durchaus schön, unser letzter Urlaub dagegen war einfach anstrengend: Vier Menschen, darunter zwei fast erwachsene, hocken drei Wochen bei Regenwetter an der Nordsee aufeinander, die Kinder wollen lieber ausgehen, die Großen haben nichts zu erzählen. Ich war innerlich völlig vergnatzt und hatte mich dabei so darauf gefreut, daß wir alle nur ein bißchen die Seele baumeln lassen. Auch die Kontakte zur Verwandtschaft pflegen wir wie bisher ganz korrekt: Geburtstage, Weihnachten, Kaffeetrinken, was man so macht. Aber ich habe zunehmend das Gefühl: Ich muß mir furchtbar viel Mühe geben. Ich bin ganz sicher: Ich gehe nicht wieder zurück. Viele unserer Freunde sehen das immer noch als vorübergehende Krise und denken, ich brauche einfach nur ein bißchen Zeit für mich.

Jürgen und ich sind uns einig: Wir wollen, daß es leidenschaftlich und prickelnd bleibt, daß unsere Beziehung zueinander kein Alltag wird. Wir haben auch nie ernsthaft über Trennung von unseren Partnern gesprochen. Ich habe für mich, ganz allein für mich, eine Entscheidung getroffen. Ich hatte auch nie das Bedürfnis, mit Jürgen aufzuwachen, mit ihm wegzufahren. Mir reicht es so, wie es ist. Ich ertappe mich sogar manchmal dabei, daß ich abends in meiner Wohnung sitze und denke: Wenn jetzt jemand da wäre, würde er mich stören. Jürgen besucht mich jetzt natürlich in meiner Wohnung. Wir sehen uns immer noch vor, gehen nicht zusammen in die Stadt oder so. Ich möchte nicht, daß unser Verhältnis bekannt wird, es hat mit der Trennung von meinem Mann nichts zu tun. Diese Trennung wäre ohnehin früher oder später gekommen. Ich kann mir richtig vorstellen, wie manche Leute sagen würden: »Aha, da ist jemand, also ...« Quatsch, es ist einfach nur »also«, »wegen einem Mann ist sie ausgezogen«, das stimmt eben nicht. Ich bin richtig glücklich, allein zu sein. Ich glaube, auch wenn es sich mal ergäbe: Von einer neuen Beziehung, vom Zusammenleben würde ich Abstand nehmen. Mir würde himmelangst werden, wenn Jürgen sich von seiner Frau trennen würde. Er und alleine leben – das packt er nie.

Ich habe also überhaupt nicht das Bedürfnis, mich von meinem Mann scheiden zu lassen. Ich würde dem sicher zustimmen, wenn er zum Beispiel eine neue Frau kennenlernt. Das wünsche ich ihm ja eigentlich: Daß er jemanden findet, mit dem er glücklich ist. Denn es ist mir nach wie vor wichtig, daß es ihm gutgeht. Es ist einfach so, daß mein Mann die Veränderungen nicht akzeptiert, die ich in den letzten zehn Jahren erfahren habe. Wir reden ja nicht drüber, aber ich merke es. Er hat sich kaum verändert, die Entwicklungen gingen einfach auseinander.

Für Jürgen ist sicherlich die Sexualität das Wichtigste, und ich habe auch gemerkt: Sie spielt für mich eine viel größere Rolle als früher, ich habe mehr Mut. Ich beneide die Jugend von heute darum, daß sie über alles offener sprechen kann. Wobei ich auch froh bin, daß sich die Rolle der Frau schon so sehr geändert hat, daß wir heute unabhängig sind und selbst entscheiden können, wie wir leben wollen. Es geht so viel, wenn wir uns trauen.

Viele von meinen Kolleginnen haben auch einen Liebhaber. Man kriegt das ja nach und nach mit, daß einer immer anruft, daß die Stimme beim Telefonieren plötzlich anders klingt. Es ist erstaunlich, wie die Frauen ihre Liebhaber in ihrem Terminkalender unterbringen, bei einer sehe ich immer, wie sie sich abhetzt, um mittwochs um drei einen bestimmten Zug zu kriegen – wenn sie ihn verpaßt, wird es nichts, die beiden haben sowieso immer nur zwei Stunden.

Ich habe doch nichts Schlechtes getan, ich lebe einfach nur. Ich bin jetzt fast 39, das ist so ein gutes Alter, die zweite Hälfte 30. Du hast alle Erfahrung, du bist noch nicht in den Wechseljahren. Ich verstehe Frauen nicht, die lieber zehn Jahre jünger wären. Jürgen findet, ich hätte mich in letzter Zeit verändert, »du bist offener, zufriedener geworden«. Eigentlich müßte er sagen: »noch offener und noch zufriedener«, denn wenn wir uns sehen, erlebt er mich ja immer von meiner besten Seite. Ich mache mich zurecht, gehe manchmal extra vorher zum Friseur, ziehe etwas Besonderes an, und es geht mir gut.

Man muß seine Gefühle und die Liebe steuern, viele Frauen werden kopflos, wenn sie verliebt sind. Meine Kollegin Anke hat sich in einen Kollegen verliebt, die beiden Ehepartner sind auch noch ausgerechnet mit im Kegelclub. Da sieht jeder an den Blicken, was läuft, und es hat auch schon ordentlich gekracht. Wie kann man so dumm sein und alles zerstören, die Ehefrau von dem Kollegen hat Anke bei der Weihnachtsfeier, als alle schon viel getrunken haben, angeblafft: »Mein Mann ist für euer Fickverhältnis viel zu schade, such dir doch einen anderen.« Am Ende wird es eine der Frauen sein, die sich trennt, Männer bleiben immer aus Bequemlichkeit. Mir ist es immer noch wichtig, daß die Familie nichts mitkriegt. Wenn ich einen Tag mit Jürgen frei mache, bin ich eben für meine Familie an diesem Tag nicht im Büro erreichbar, das ist normal, denn ich gebe sehr oft Schulung für unsere Azubis. Klar, daß an solchen Tagen das Handy auch aus ist, und es hat auch noch nie jemand versucht, mich dann anzurufen.

Das Geheimnisvolle hat wirklich seinen Reiz. Und wenn es warm wird, wollen Jürgen und ich uns auch wieder im Wald treffen, obwohl das gar nicht mehr nötig ist. Ich mag es, daß Jürgen meine verrückten Ideen teilt. Meinen Mann konnte ich zu gar nichts Spontanem oder Besonderem bewegen. Wie oft habe ich Prospekte mit nach Hause gebracht für Kurzreisen, mein Mann hat dann auch immer pflichtschuldig geblättert und gesagt: »Machen wir, machen wir«, aber es ist nie was draus geworden. Nur den Familienurlaub hat er immer brav mitgemacht, das war auch schon immer anstrengend, und der letzte, immerhin noch gemeinsame, war der anstrengendste. Meinem Mann bin ich bestimmt wahnsinnig auf den Senkel gegangen. Wenn ich von der Arbeit nach Hause komme, habe ich das Bedürfnis zu erzählen. Das habe ich dann auch getan, und er hat bestimmt oft gedacht: »Hoffentlich hört die bald auf.« Er hat nie erzählt, was in seinem Betrieb so vorkommt, nicht von den Sorgen, auch nichts Lustiges.

Alle merken, daß ich aufgelebt bin, seit ich nicht mehr mit Clemens lebe. Mit meiner einen Schwester verstehe ich mich prima, die sagt auch: »Richtig, was du machst.« Sie weiß aber nichts von Jürgen. Meine andere Schwester ist ein bißchen fassungslos. Sanne arbeitet voll mit in der Landwirtschaft, hat drei Kinder, das vierte ist unterwegs, und ihr Mann ist katholisch und Großbauer aus Leidenschaft. Meine Schwester hat Küchengeräte, von denen ich gar nicht wußte, daß es sie gibt. Es interessiert mich auch nicht. Und dann zeigt sie mir immer ihre neuesten Tuppertöpfe: »Guck mal, was du damit alles machen kannst.« Und sie will mir immer Rezepte mitgeben, wenn mir etwas gut geschmeckt hat: »Kannst du doch auch kochen.« Ich koche aber nicht gern. Neulich habe ich mit einem Trick versucht, sie endlich an den Computer zu kriegen, indem ich sie gebeten habe, mir doch ihr Rezept für Stachelbeer-Baiser-Torte zu mailen. Aber sie sagt, ihr Mann läßt sie nicht an seinen Computer, und sie will auch gar nicht. Man stelle sich mal vor: Er läßt sie nicht. Und als es darum ging, die älteste Tochter aufs Gymnasium zu schicken, da hieß es tatsächlich: »Realschule reicht, die heiratet ja sowieso.« Man stelle sich vor, im Jahr 2001! Was soll's, ich glaube, Sanne ist die meiste Zeit sogar glücklich, so wie sie lebt.

Meine Mutter sagt manchmal. »Die Sanne, die muß im Krankenhaus verwechselt worden sein. Die kann nicht meine Tochter sein.« Das ist natürlich nur ein Scherz, aber tatsächlich ist es so, daß meine Mutter es viel besser findet, was ich aus meinem Leben mache. Sie war immer eine sehr offene und aktive Frau. Ich bewundere sie, wie sie noch mit ihren 71 Jahren Politik macht und organisiert, sie ist sogar im Gemeinderat. Sie hat mir immer vermittelt: »Du bist etwas wert, mach was aus deinem Leben.«

Rosi, 71

Mein Mann war mein Leben

Oder: Ich dachte, ich wäre glücklich

Mit 16 hatte ich eine Beziehung, die beim Küssen endete – der Mann war 24 und ging mit seiner ganzen Familie nach dem Westen. Für mich brach eine Welt zusammen. Dann kam Paul, mein Mann. Der war ruhig, besonnen, der hat mir imponiert. Den habe ich geheiratet, und wir haben vier Kinder gekriegt. Mein Mann war das Leben für mich. Viele Jahre habe ich geglaubt, wir führen eine glückliche Ehe. Heute bin ich 71, und daß ich nicht glücklich war, weiß ich schon lange.

Vor drei Jahren wurde es richtig schlimm. Ich spürte eine solche Leere in mir und dachte: Du wirst immer älter und immer unzufriedener. Meine Töchter sagten ganz direkt zu mir: »Such dir einen, Mutti.« So etwas hatte ich auch schon im Hinterkopf, aber ich wußte: Das geht nicht, das kannst du nicht. Dann passierte es, ich begegnete Walter. Er gefiel mir schon optisch, ich habe ihn gesehen und wußte sofort: Der ist es. Manchmal ist es ja anders, man kennt jemanden schon lange und entdeckt nach und nach seine Werte. Schön, daß ich das mit Walter noch erlebe. Andererseits ist es bittersüß, wir sind beide gebunden und könnten uns von den Partnern nicht trennen, selbst wenn wir wollten.

Ich habe mich immer sehr angepaßt, mein Mann war sehr dominant. Mit 19 kam unser jüngster Sohn, als ich 39 war, der älteste, dazwischen die Mädchen. Es gab ja keine Pille. In dieser ganzen Zeit habe ich gearbeitet, anfangs in der Bezirksverwaltung, nur sechs Jahre war ich zu Hause, als der Jüngste geboren war. Im Laufe der Jahre wuchs bei mir das, was man gesellschaftliches Engagement nennt. Ich habe das sehr ernst genommen, daß in der DDR der Mensch gefordert war, sich als Persönlichkeit zu entwickeln und zu bilden. Das habe ich getan. Mein Mann konnte nicht ertragen, daß ich immer selbstbewußter wurde. Überhaupt war er sehr strikt: Mit einem anderen zu tanzen hätte ich nie gewagt. Als er dann anfing, mir solche Sachen nachzureden, da war ich immerhin schon 40 Jahre alt, war's bei mir vorbei. Eine Ehe ist wie ein Mosaik: Wenn erst mal ein Steinchen herausgebrochen ist, wird die Lücke immer größer.

Als ich mir nach der langen Pause wieder eine Arbeit suchte, wollte ich in die Stadt, mein Mann wollte mich auf dem Dorf behalten, sozusagen in Sichtweite. Wir hatten uns sehr voneinander entfernt, er hatte sich total in sich zurückgezogen, auch Alkohol wurde immer wichtiger für ihn. Dabei war er über die Jahre ein guter Vater gewesen, ich habe ihm nichts vorzuwerfen. Jahrelang haben wir nur nebeneinander her gelebt, wie oft habe ich gedacht: Du mußt dich trennen. Aber ich habe mich nicht getraut. Meine Töchter haben mir zugeredet: »Mutti, es ist dein Leben, du bist nicht verpflichtet zu bleiben.« Aber ich konnte das nicht, gehen. Ich fühlte mich auch irgendwie immer gebraucht, erst waren es die Kinder, dann das Studium der Kinder, dann kamen die ersten Enkel, die mich brauchten. Dieses Gebrauchtwerden hat immer die Lücke gefüllt, die mein Mann hinterließ.

1990 bekam mein Mann dann einen Schlaganfall, und ich mußte ihn pflegen. Er sitzt seitdem im Rollstuhl, und nicht nur die erste Zeit war hart. Mir wurde auch blitzartig klar: Jetzt kannst du erst recht nicht mehr weg, ich fühlte mich so verpflichtet, ich konnte ihn doch nicht im Stich lassen. Ich wurde immer unzufriedener, und meine älteste Tochter sagte dann: »Mutti, du mußt mal rauskommen, du fährst mit uns in den Urlaub.« Wir haben einen Pflegeplatz für diese Zeit organisiert, und so sind wir dann zu viert, sie, ihr Mann, die Enkeltochter, im Sommer 1991 mit dem Auto nach Südtirol gefahren, zelten.

Es war wunderbar, manchmal habe ich meine Sorgen vergessen, aber es ging ja wieder zurück. Ich hatte mir vorgenommen, fortan alle 14 Tage einen Abend für mich zu haben, oft bin ich mit einer Freundin ins Konzert gegangen oder einfach nur essen und reden. Es tut gut, jemanden zu haben, mit dem man offen sprechen kann, meine Kinder habe ich auch so erzogen, und meine Töchter wissen alles von mir. Mit den Jungs ist es etwas schwieriger, sie sind so ruhig wie ihr Vater. Als meine eine Schwiegertochter die Scheidung beantragt hat, saß mein Sohn fassungslos in meiner Küche und sagte: »Mutti, warum – sie hat doch alles. Unseren Sohn, gute Arbeit, das neue Haus, Reisen. Warum will sie weg?« Rolf ist mein Sohn, aber ich bin eben auch Frau – ich konnte meine Schwiegertochter verstehen, wir haben heute noch ein gutes Verhältnis, wir telefonieren oft. Ich mochte sie doch als Menschen, nicht als Anhängsel von meinem Sohn. Und ich sah, daß Rolf meinem Mann leider doch sehr ähnlich war.

Wenn mit meiner Ehe alles in Ordnung gewesen wäre, hätte ich nicht so auf Walter reagiert. Nach der letzten Wahl saß er plötzlich mit im Gemeinderat, und ich merkte, wie ich anfing, mich auf jede Sitzung zu freuen. Weil er da war. Was machte es, daß er einer anderen Partei angehörte als ich, das war sozusagen parteiübergreifende Verständigung. Natürlich habe ich mir nichts anmerken lassen, ich bin sehr beherrscht. Aber ich freute mich jedesmal, wenn ich ihn sah. Wir fingen dann an, uns zu treffen. Viel Gelegenheit gab es nicht, er macht eigentlich immer alles zu zweit mit seiner Frau, und außer der Gemeindesitzung hat er nur das wöchentliche Schwimmen für sich, das mochte sie nie. Aber ich, und so gehen wir zusammen und danach noch auf ein Glas Wein. Nie hätte ich gedacht, daß ich so etwas noch einmal erleben würde. Gefühle sind an kein Alter gebunden, mir rieselt es den Rücken herunter, wenn ich nur an ihn denke.

Irgendwann habe ich mich den Töchtern anvertraut, ich hatte auch ein bißchen ein schlechtes Gewissen. Gabriele hat gesagt:

»Mutti, du siehst das zu eng. Du willst ihn doch nicht heiraten.« Obwohl ich anfangs durchaus den Wunsch hatte, für immer mit ihm zu leben, wußte ich: Das geht nicht. Das könnte ich ja auch gar nicht, ich muß doch bei meinem Mann bleiben. Walter hatte anfangs ein bißchen Angst, ich könnte mich in seine Ehe mischen, denn seine Frau hat auch viele Beschwerden, und er will sie nicht allein lassen. Ich habe ihm deutlich gesagt: »Ich akzeptiere das, und ich achte dein Verantwortungsgefühl.«

Drei Mal habe ich Anstalten gemacht, die Sache zu beenden. Ich habe ihm gesagt: »Ich will nicht mehr.« Jedes Mal war er es, der wieder anrief: »Na, wie geht's.« – »Wie soll's gehen?« sagte ich, und ganz schnell war ich damit einverstanden, ihn wieder zu treffen, irgendwie bin ich völlig verleiert. Aber jetzt habe ich beschlossen zu genießen, was ich haben kann. Immer habe ich mich für die anderen aufgeopfert, ich habe auch ein Recht, gefühlsmäßig etwas zu erleben, was mir guttut. Walter ist wirklich sehr klug, intelligent und sehr belesen in vielen Bereichen, aber in den Gefühlen bin ich ihm überlegen, er kann sie nicht so äußern.

Walters Frau ist sehr eifersüchtig, wir müssen vorsichtig sein. Das Thema Liebe hatte Walter für sich offenbar schon abgehakt. Er sagt das nicht so direkt, aber es ist zu merken, daß ihn die Gefühle auch überwältigen, und er wollte auch nicht, daß es so intensiv wird. Das dachte ich bei mir ja auch nicht. Aber es tut so gut, dieses gewisse Prickeln. Walter braucht das auch. Anfangs konnte ich ihm nur entlocken, seine Frau sei sehr abweisend. Manche würden sagen: Warum tut ihr euch nicht zusammen? Meine eine Tochter hat mal gesagt: »Du kannst das doch forcieren.« Das könnte ich, er würde überlaufen, wenn ich ihn drängen würde. Aber ich tue es nicht. Wir würden zwei Menschen sofort unglücklich machen, und ob uns der Alltag bekommen würde, ist auch fraglich. Das Sexuelle steht in unserem Alter nicht im Vordergrund, aber es ist schön und wichtig. Einmal saßen wir in einer Konferenz nebeneinander, ich in einer Jacke, er nur im Hemd, unsere Arme berührten sich, und durch den Stoff hindurch traf es mich wie ein Blitz.

Irgendwann fragte er: »Hast du ein schlechtes Gewissen meiner Frau gegenüber?« Da konnte ich nur nein sagen, »ich nehme ihr doch nichts weg.« Ich habe aber zurückgefragt: »Und du, warum liegst du hier?« 20 Jahre ist er verheiratet, und obwohl er schon mal flüchtige Begegnungen mit anderen hatte, ist ihm so etwas wie mit mir nie passiert. Daß ich nur einen geküßt habe, den, als ich 16 war, und dann nur meinen Mann hatte, mag er gar nicht glauben. Es ist eigenartig, jetzt habe ich also einen Mann nebenher, aber es ist ja kein Nebenher, weil da ja nichts ist, wo's nebenher sein könnte.

Meine Mutter hatte einen Liebhaber, das habe ich als Kind als Katastrophe erlebt. Er war Tischler und dienstverpflichtet, er arbeitete auch für unser Geschäft. Als mein Vater auf Fronturlaub nach Hause kam, kriegte er die Sache mit, es gab jede Menge Streit, nach außen durfte doch nichts ruchbar werden. Ich war ein richtiges Papakind und litt mit ihm. Meine Mutter schickte mich immer mit Briefen zu ihrem Liebhaber. Mir war das unangenehm. Einmal, als ich zu seinem Haus kam, war er nicht unten in der Werkstatt, und ich rief: »Herr Soundso!« Er kam nicht, sondern rief zurück: »Komm doch rauf.« Ich also die Treppe rauf, und da fängt er oben an, mich zu betatschen! Ich habe mich losgerissen und bin weggerannt. Meiner Mutter habe ich das nicht erzählt – ich weiß nicht, ob sie mir geglaubt hätte. Ich war zehn Jahre alt, ich wußte nicht, was das sollte, ich wußte nur: Es ist mir eklig. Später habe ich das einer Tante erzählt, die hat gesagt: »Dieses Schwein, bei mir hat er es auch versucht.« Nie wieder bin ich in dieses Haus gegangen. Meine Mutter hat mich weiter mit Briefen geschickt. In einem war was drin. Den habe ich aufgemacht und dann in aller Ruhe die Schokolade gegessen, die drinnen lag. Den Umschlag habe ich ihm in die Werkstatt geworfen. Mit viel Tränen und Ärger ging die Beziehung dann irgendwann zu Ende. Ich erinnere mich gut: Meine Mutter hat im hohen Alter mal zu mir gesagt: »Ich habe dich immer beneidet, du bist so standfest und so moralisch, du hast eben deinen Paul.«

Vor einem Jahr passierte das mit meinem Mann. Eigentlich sitzt er nur und liegt und redet den ganzen Tag nicht mehr als Guten Morgen und Guten Abend. Doch plötzlich hatte er Bedürfnisse als Mann, griff nach mir, als ich mich über ihn beugte. Ich habe ihn abgeschüttelt und gesagt, daß das ja überhaupt nicht in Frage kommt. Da sagt er: »Dann hole ich mir eine ins Haus, das Recht habe ich, wenn du nicht willst, die zieht dann hier mit ein.« Ich war so perplex, habe die Sache dann aber einer Juristin aus der Ortsgruppe erzählt, die nur gelacht hat und gesagt hat: »Mach dir keine Sorgen, das darf er nicht. Und wenn er es doch tut, dann mahnen wir ihn ab.« Sexuelle Handlungen mit meinem Mann kommen gar nicht in Frage, und wenn er meint, so etwas noch mal versuchen zu müssen, dann lasse ich mich scheiden. Ich hasse ihn nicht, ich empfinde für ihn wie für ein kleines Kind, für das man sorgen muß. Es ist zwar gut, an die anderen zu denken, aber man muß auch einen gesunden Egoismus leben, schließlich ist jeder für sich. Und bei allen Gefühlen muß man auch den Geist walten lassen. Meine Lage ist wirklich bittersüß, ich leide einerseits, und ich bin glücklich andererseits.

Neulich rief mich meine Ärztin ganz aufgeregt an einem Samstag an: »Sie müssen sofort ins Krankenhaus, ihre Blutwerte sind nicht in Ordnung.« Ich habe gesagt, daß ich mich nicht krank fühle, das sei gewiß eine Verwechslung. Sie schloß das aber aus, und so bin ich ins Krankenhaus zum erneuten Blutabnehmen. Es war dann doch alles in Ordnung, aber ich habe beim Warten gedacht: Was, wenn du etwas Schlimmes hast, wie hast du das Leben verbracht? Was hast du draus gemacht? Ich denke oft über so was nach, auch, wie es den anderen geht. Was meinen Sie, wie viele von 100 Ehen sind glücklich? Zwei, höchstens, meine ich.

Ich würde mir wieder Kinder anschaffen, das Leben mit Kindern ist eine ganz beglückende Welt für mich. Du kannst sie in deinem Sinne erziehen, versuchen, ihnen etwas fürs Leben mitzugeben. Es tut so gut, wenn sie als Erwachsene zu dir kommen und dir vertrauen. Meine ältere Tochter hatte in erster Ehe einen Mann aus ganz ungünstigen Verhältnissen, ein Heimkind. Er log, wenn er den Mund aufmachte. Ich wußte, das geht nicht gut, und es ging auch nicht gut. Bei dem neuen Mann sind die Rollen klar verteilt, aber es scheint ihr gut damit zu gehen. Meiner anderen Tochter, Gabriele, hat das Gefühl in ihrer Ehe gefehlt, darum hat sie sich getrennt. Sie konnte den Schritt gehen, den ich früher nicht geschafft habe.

Abends sitze ich meist in meinem Arbeitszimmer und gucke arte oder 3sat, ich mag anspruchsvolle Filme. Mein Mann hockt im Wohnzimmer. Als er einmal eine gehässige Bemerkung gemacht hat, habe ich gesagt: »Wir leben nicht in Indien, wo die Witwen mit verbrannt werden.«

Kerstin, 38

Ich liebe dich nicht mehr

Oder: Meine Liebe in Afrika

Im Herbst hatten wir unsere große Krise. Da habe ich Gunnar gesagt, daß ich ihn nicht mehr liebe. Das war furchtbar. Er hat dann auch gleich gesagt: »Ich ziehe aus«, aber er ist immer noch da. Daß ich ihn nicht mehr liebe, hat nichts mit einem anderen Mann zu tun. Jedenfalls nicht mit einem, der statt dessen da ist. Eher mit einem, der da war und vielleicht mal wieder da sein wird, wenn ich Rentnerin bin und dann den Mut habe, zu ihm nach Afrika zu fahren.

Heute lebe ich aber hier in Deutschland, mit Gunnar und unseren beiden Mädchen. Die erste Tochter kam, als wir schon zwei Jahre verheiratet waren, und als Anne sich vor drei Jahren ankündigte, war ich schon nicht mehr sicher, ob das mit Gunnar überhaupt weitergeht. Gunnar habe ich vor zehn Jahren kennengelernt. Da war ich 28, und es war gerade mit zwei Männern Schluß: mit meiner Jugendliebe Christian, den ich über Jahre mitgeschleppt und ständig betrogen hatte, und mit Noël. Der war schwarz und kam aus Afrika, er war zwei Jahre mein Liebhaber, aber eigentlich ist er bis heute meine große Liebe.

Ich wollte mich lange von Christian trennen, aber das ging irgendwie nicht: Ich war erst Mitte 20, studierte noch, Christian gehörte schon richtig zur Familie, er wohnte sogar in meinem alten Kinderzimmer bei den Eltern, während ich woanders studierte. Für ihn wäre es so leicht gewesen, mich jedes Wochenende zu besuchen, ich hatte eine eigene kleine Wohnung, aber er hat immer nur gesagt, er liebt mich, das reichte ihm, sehen mußte er mich nicht. Das wäre ihm auch zu unbequem gewesen: Meine Wohnung hatte Außenklo und keine Dusche.

Ich habe damals keine Gelegenheit ausgelassen, wenn ich in eine erotische Situation geriet, habe ich die ausgelebt. Ich habe mir die Männer damals ziemlich wahllos genommen, aber es war jedesmal irgendwie gut, und jeder hatte was, das ich mochte.

Von Noël wollte ich eigentlich gar nichts, im Gegenteil, ich habe seine Anbaggerversuche anfangs sogar ignoriert. So allmählich kamen wir uns näher, aber über Küssen und Streicheln ging es nicht hinaus. Bei irgend einer Party hatte er dann die letzte Bahn verpaßt und ich habe ihm angeboten, bei mir zu übernachten. Wir lagen in meinem Bett, ich wollte nicht mit ihm schlafen, er hat mich dann halbwegs vergewaltigt. Am nächsten Morgen wollte ich ihn rausschmeißen, aber da ist es dann noch mal passiert, ich kann das eigentlich gar nicht richtig erklären, jedenfalls hat es bei mir Klick gemacht, und er war dann wirklich meine große Liebe.

Bei uns gab es beides. Große Liebe wechselte mit großem Haß, es war einfach wirklich große Leidenschaft. Was hat er mir für Briefe geschrieben, die romantischsten, die poetischsten Formulierungen, die einem Deutschen nie einfallen würden, richtige literarische Ergüsse. Ich wußte damals immerhin schon, daß ich nicht Tag für Tag so leben könnte. Trotzdem haben wir geheiratet, nicht richtig natürlich, sondern nur ganz heimlich für uns, in einer kleinen Dorfkirche. Wir kamen da vorbei, hörten drinnen jemand Orgel spielen, da sind wir reingegangen und haben Hochzeit gespielt. Das war schon verrückt. Und ich hatte ja immer noch Christian, den ich ab und zu am Wochenende traf. Als das anfing mit Noël, haben Christian und ich sogar noch miteinander geschlafen, gegen Ende ging es dann nicht mehr.

Mit Noël habe ich Fantasien gelebt wie mit anderen vorher nicht und nachher nicht. Vielleicht ging das, weil ich wußte, daß unsere Geschichte endlich ist, nur so waren diese großen Gefühle möglich. Nie war ich so gesund wie zu dieser Zeit, früher und auch später hatte ich immer mit Blasenentzündungen oder Pilzen zu kämpfen, zu Noëls Zeit war nichts. Ich habe mir das immer mit der überstarken Durchblutung erklärt, die ich zu der Zeit zweifelsohne andauernd hatte. Er war einfach gut für mein Immunsystem, ich glaube, ich hatte sogar fast keine Erkältungen.

Körperlich gab es diese absolute Harmonie, dieses absolute Vertrauen. Das war die eine Seite, die andere waren die riesigen kulturellen Unterschiede: Noël konnte in den Tag hinein leben, immer stand er spät auf. Wie oft habe ich ihm vorgeworfen, er sei faul. Das war typisch deutsch und irgendwie dumm, finde ich heute. Aber mit Mitte 20 war ich nicht so schlau, Noëls Gelassenheit zu akzeptieren oder sogar gut zu finden. Auch seine Niedergeschlagenheit, die bestimmt daher rührte, daß er hier permanent überfordert war, habe ich zu leicht genommen. Ich war das erste Mal überhaupt mit Depressionen konfrontiert.

Natürlich wußte ich, daß Noël irgendwann zurück muß, aber wir haben nie drüber gesprochen. Eines Tages fragte er so hartnäckig, ob ich diesen Ferienjob in Bayern denn unbedingt machen müßte, und ich sagte ja, ich bräuchte das Geld. Da rückte er damit raus, daß er in drei Wochen zurück müsse. Wir haben uns dann in diesen drei Wochen so oft wie möglich getroffen. Er hatte mich gefragt, ob ich ihn heiraten würde, aber nie unter dem Aspekt, daß er dann bleiben könnte, und ich habe also auch wahrheitsgemäß gesagt, daß ich mir eine Heirat nicht vorstellen könnte. Ich konnte mir nämlich überhaupt nicht vorstellen, mit irgend jemandem verheiratet zu sein. Ich habe ihn am Abreisetag zum Flughafen gebracht, und er ist geflogen. Ich hatte versprochen, ihn bald zu besuchen, aber ich hatte dann immer Gründe, warum ich nicht fahren sollte. Vor allem: Wie sollte es nach so einem Besuch weitergehen?

Als er nach Hause gefahren war, habe ich mit Christian Schluß gemacht, ich habe ihn nicht mehr begehrt, und alt werden wollte ich mit ihm auch nicht. Danach fiel ich in ein großes Loch. Nun waren also beide Männer weg. Ausgerechnet bei einer Party, wo Christian auch mit war, außerdem noch zwei Männer, die sich irgendwie für mich interessierten, lernte ich Gunnar kennen. Es hat dann noch drei Monate gedauert, bis wir offiziell zusammen waren, aber er hat sich wirklich sehr um mich bemüht. Bei einer Party, einer Studentenparty, blieben wir beide irgendwie übrig, wieder mal spielte eine verpaßte Bahn eine Rolle, und er hat sein Bett in seiner Wohnung für mich geräumt. Am nächsten Tag beim Frühstück habe ich ihm dann von meiner verflossenen Liebe vorgeheult, und dieses Gejammer hat er sich dann noch wochenlang mit angehört.

Noël schrieb anfangs Liebesbriefe, wunderschöne Liebesbriefe, wie ich sie nur von ihm bekommen habe und wie sie wohl auch nur ein Philosoph schreiben kann. Erst habe ich nicht reagiert, da hat er meine Adresse weggeworfen und sich nicht mehr gemeldet. Dann habe ich wieder angerufen, und das Schreiben ging wieder los, dann schmiß er meine Adresse wieder weg. Ich hatte schon geahnt, daß er zu Depressionen neigt und irgendwie lebensfremd ist. Er hat zu Hause auch sein Studium nicht abgeschlossen, er hatte die besten Voraussetzungen, als er aus Deutschland zurückkam, aber er hat sich einfach im Dorf bei seinen Eltern verkrochen.

Gunnar hat mir Ruhe gegeben. Wir haben uns getroffen, ganz oft hatte er Konzertkarten organisiert, und es war schön, mit ihm zusammen zu sein. Er war absolut nicht mein Typ, alle anderen Männer waren eher dunkle Typen, braune oder schwarze Haare, braune Augen, und Gunnar hatte nicht nur einen schwedischen Namen, er sah auch schwedisch aus. Anfangs dachte ich, er ist schwul, weil er so gar nichts von mir zu wollen schien. Einmal brachte er einen Kollegen mit, der mit ihm im Verlag arbeitete, die beiden waren so nett miteinander, das bestärkte mich noch in meinem Urteil. Damals war ich froh über jede Bekanntschaft, ich wollte einfach alles kennenlernen. Bei meinen Partys war es immer so, daß alle möglichen Leute miteinander abzogen, nur ich blieb komischerweise solo. Bis Gunnar dann eines Nachts nach einem Fest einfach blieb, als alle gingen.

Er küßte meine Finger, und so fing es an. Ich habe schnell gemerkt, der Sex mit ihm wird nie wie mit Noël – aber mit wem sollte er überhaupt wie mit Noël werden? Ich habe dann die seelische Harmonie mit Gunnar absolut genossen: Wir hörten beide gerne Klassik und Pop, wer tut das schon. Wir lasen die gleichen Bücher, wir wollten anfangs beide keine Kinder, wir ließen uns beide viel Freiraum. Wenn ich bei Noël eine Stunde zu spät nach Hause kam, war immer gleich die Hölle los. Diese Ausgeglichenheit mit Gunnar war wunderbar. Anfangs brauchte ich auch keinen anderen Mann, obwohl unser Liebesleben schon eher Blümchensex war. Für Gunnar ist das Bett der absolute Lieblingsort, und liegen sollte man beim Sex möglichst auch. Daß er unsportlich ist, macht sich schon bei seinen Bewegungen bemerkbar.

Nach und nach fing ich an, beim Sex an Noël zu denken, das ist doch eigentlich schrecklich. Noël und ich hatten keine Gelegenheit ausgelassen, die wir irgendwie erotisch fanden. Wenn wir bei einer Freundin waren zum Beispiel und sie nur mal schnell runterging etwas einkaufen. Mit Gunnar ist so was undenkbar. Ich habe mir im Bett wirklich Mühe gegeben, richtig für ihn geackert, wir haben uns allmählich auch durchaus besser verstanden, aber das hat eben seine Grenzen.

Ich habe eigentlich schon lange keine richtige Lust mehr auf ihn, das war schon vor unserer zweiten Tochter so, aber er kriegt mich immer wieder irgendwie zärtlich rum, was auch okay ist. Seit meinem Geständnis der mangelnden Liebe allerdings ist relative Funkstille. Wir machen seit einiger Zeit eine Paartherapie, die auch ein bißchen was bringt, weil der Therapeut uns eben nicht empfiehlt: Seien Sie mal spontan und verabreden Sie sich in Ihrem eigenem Schlafzimmer wie mit einem Liebhaber oder mit einer Geliebten, sondern wir reden darüber, was uns so auseinandergebracht hat.

Das ist komischerweise die Arbeit, wie ich glaube. In seinem relativ kleinen, jedenfalls überschaubaren Verlagsjob war Gunnar froh und glücklich, dann meinte er, Karriere machen zu müssen und hat sich in einem großen Haus beworben und die Stelle bekommen. Jetzt kriegt er also mehr Geld, hat mehr Verantwortung, und zwar weniger für Inhalte als für Finanzen, die Rechnerei und der Computer nehmen immer mehr Raum in seinem Leben ein, und sein neuer Umgang, die neuen Verhaltensweisen, die ihm abverlangt werden, die bringt er jetzt auch mit nach Hause.

Das prallt absolut mit meiner Entwicklung aufeinander: Ich habe jetzt, wo Anne zwei ist, wieder angefangen mit afrikanischem Tanz, ich arbeite wieder halbtags als Buchhändlerin, ich tue insgesamt wieder mehr für mich, und mein Mann wird immer angepaßter und stromlinienförmiger. Eine Weile habe ich gedacht, ich muß in der Liebe gegensteuern, indem ich mir etwas für ihn ausdenke, ihm vielleicht einen Brief schreibe wie von einer unbekannten Frau, ihn in ein Hotel einlade, aber eigentlich will er ja nur an seinen Computer und danach gemütlich mit mir ins Bett.

Ich langweile mich entsetzlich, aber das Traurige ist, daß wir als Familie gut funktionieren. Er ist zwar nicht der Traumvater, aber bei unserer zweiten Tochter hatte ich mir vorgenommen, ihn mehr einzuspannen, nicht so sehr die Glucke zu sein. Das hat auch ganz gut geklappt, wir haben uns sogar den Erziehungsurlaub geteilt. Aber seit er wieder arbeitet, ist es noch krasser geworden: Er ist unzufrieden im Job, und er läßt mich spüren, daß er das alles nur für uns, für unser Haus, für die Familie macht. Das stimmt aber nicht, er hat den Jobwechsel gewollt, ich hätte auch in unserer Altbauwohnung wohnen bleiben können, ich brauche nicht das Gefühl, in etwas Eigenem zu wohnen. Ich würde mich von Gunnar trennen, wenn die Kinder nicht wären. Ihnen möchte ich schon eine Familie bieten, die kann funktionieren, auch wenn die Eltern nicht in Liebe entflammt sind. Aber das strengt mich immer mehr an. Mir fehlt auch etwas, körperlich wie seelisch.

Nun ist da tatsächlich ein neuer Mann aufgetaucht in meinem Leben, ganz frisch. Wenn Gunnar diese Beziehung mitkriegen würde, würde er natürlich sofort sagen: »Ist ja klar, warum du mich nicht mehr liebst.« Das ist aber ein Zusammenhang, den es absolut nicht gibt! Ich hatte eine Kontaktanzeige aufgegeben. »Frau, gebunden, sucht zweite Geige für gelegentliches gemeinsamen Musizieren.« Die ganze Zeit war ich Gunnar treu gewesen, ich wollte das so, und Aids war auch ein Grund. Nun war aber die Langeweile zu groß. Von acht Zuschriften kamen zwei in Frage. Der eine las sich so prima und war dann doch einer, der wieder eine Frau für den Herd suchte, und er interessierte sich tatsächlich für Musik, aber nicht für Sex. Der zweite war der Volltreffer. Ich hab' es eigentlich gleich an der Schrift erkannt, daß er paßt, an der Art von Humor, mit dem er mir im ersten Brief eine Geige und eine Klarinette gezeichnet hat, die sich heiß umschlingen und wild miteinander tanzen.

Ich habe ihn sofort angerufen. Wenn mir seine Stimme am Telefon nicht gefallen hätte, hätte ich mich sehr gewundert, und wir haben uns noch am selben Abend bei ihm zu Hause getroffen. Es hat mir total gefallen, Uli war so ausgehungert, richtig brünstig. Es ist schade, daß das mit dem eigenen Mann nicht geht, so aufregenden Sex zu haben und so lange. Ulis Haus ist für mich eine richtige Oase geworden. Seit ich diesen Sex habe, habe ich wieder Energie. Ich komme auch mit Gunnar wieder besser klar. Ihm konnte ich Uli als alten Arbeitskollegen unterjubeln, den ich zufällig beim Einkaufen getroffen habe. Wir können uns also auch prima ganz regulär treffen, zumal Uli auch überhaupt nicht mein Typ ist: so groß wie ich, rötliches Haar, aber eben ein Teufelsgeiger.

Seit ich meinem Mann gesagt habe, daß ich ihn nicht mehr liebe, spioniert er mir komischerweise hinterher. Es kommt vor, daß er unverhofft bei einer Freundin auftaucht, bei der ich manchmal offiziell bin, weil ich ja nicht immer mit Uli ausgehen kann. Aber die ruft mich dann im Zweifelsfalle auf dem

Handy an, und ich kann in Windeseile nach Hause fahren. Auf solche Ideen ist Gunnar früher nie gekommen. Ich weiß auch heute nicht, ob er was ahnt oder nicht, wir reden ja nie über so was, weil er selten über Gefühle redet.

Ich weiß nicht, wie es weitergeht, im Moment denke ich nur: Der Liebhaber hilft mir, die Familie zu erhalten, zu Hause will ich friedliche Koexistenz. Ich habe mich auch schon dabei ertappt, daß ich Uli darauf abgeklopft habe, ob er nicht doch der neue Mann für mich sein könne, er ist so viel lockerer mit den Kindern als Gunnar, er geht das ganze Leben nicht verbissen an, er verdient sein Geld, hat aber keinerlei Ambitionen, sich auf der Karriereleiter nach oben zu boxen. Uli spürt meine Überlegungen durchaus, und er hat deutlich zu verstehen gegeben, daß er von mir nicht mehr will, als wir im Moment haben. Er hat seine Freundin, mit der er nur noch jedes halbe Jahr schläft, aber ob er sich von ihr trennt, hat nichts mit mir zu tun, so wie meine Beziehung zu Uli nichts mit Gunnar zu tun hat.

Leider steigen Gunnars Ansprüche zur Zeit. Er will, daß ich ihn begehre. Das kommt bei unserer Paartherapie immer mehr raus. Aber wie soll das gehen? Ich habe zu Gunnar schon gesagt: »Wenn du mal Lust auf eine andere Frau hast, tu es, schlaf mit ihr«, aber er hat mich nur angesehen, als wenn ich ihm geraten hätte, eine Bank zu überfallen. Er will keine andere Frau, er will mich. Aber ich kann nicht mehr. Ich habe mir wirklich so lange Zeit solche Mühe gegeben. Immer war ich es, die alles organisiert hat, wenn wir Ausflüge gemacht haben, den Urlaub. Ich habe versucht, uns mit Kerzenabenden einander näher zu bringen, das hat er grundsätzlich boykottiert. Am liebsten wäre es ihm gewesen, ich hätte mich mit ihm über seine Handbücher für den Computer gehockt und GmbH-Recht studiert. Furchtbar. Wenn Gunnar zu Hause die Nacht vor dem Computer verbringt, ist das für mich schlimmer, als wenn er fremdgeht.

Es ist die Summe der Kleinigkeiten, die mich zermürbt. Wenn er von der Messe wiederkommt, abends, ich dasitze und gerne reden möchte und er sagt: »Ich will aber erst die Nachrichten sehen.« Was bringt es, wenn man weiß, was alles Schreckliches in der Welt passiert, woran man doch nichts ändern kann, aber man weiß nicht, was in der eigenen Familie los ist. Es ist auch schon vorgekommen, daß er gesagt hat: »Heute abend will ich Fußball sehen, wir können dann ja in der Halbzeit reden, um halb zehn.« Man stelle sich vor. Auf meinen letzten Geburtstag hatte ich mich so gefreut, wir sind sogar weggefahren, mit den Kindern. Vorm Frühstück sagt er dann: »Ich muß noch schnell ein Geschenk für dich kaufen.« Nichts mit Vorbereitung, Vorfreude oder so. Ich sage noch: »Nein, du mußt mir nichts kaufen, laß uns lieber in Ruhe frühstücken, die gemeinsame Zeit ist Geschenk genug.« Er besteht aber drauf, noch Blumen zu kaufen. Er kam mit Blumen und CD wieder, wahrscheinlich beides von der Tankstelle. Abends hat er dann wieder Fußball geguckt, ich hatte keine Lust mehr, mit ihm Essen zu gehen. Was soll das nur, immer wieder sagt er, daß er mich liebt, aber schon so lange Zeit beachtet er meine Bedürfnisse zu wenig. In der Therapie kommen interessante Sachen raus, etwa, daß Gunnar früher immer von den Mädchen zurückgewiesen wurde. Jetzt weist er mich zurück. Ich möchte so nicht leben. Schade eigentlich, denn ich konnte mir immer so gut vorstellen, mit Gunnar alt zu werden. Ist das nicht paradox? Er liebt mich, aber er beachtet mich nicht mehr. Ich liebe ihn nicht mehr, aber ich verlasse ihn nicht. Ich weiß im Moment nicht, wie es weitergeht, ich will nicht so schnell hinschmeißen. Ich will eigentlich auch nicht, daß Gunnar auszieht.

Ich wünsche mir so, daß er erkennt, was gut für ihn ist. Immer wieder fange ich damit an, daß er Sport treiben müßte, er ist nicht zu dick, aber er ist im ganzen so schlapp, so ohne Kraft. Ich habe immer gerne Männer gehabt, die Muskeln haben, ihren Körper lieben und das auch zeigen. Du kannst am Tanzen erkennen, wie ein Mann im Bett ist. Natürlich würde es an Gunnars Blümchensex nichts ändern, wenn er plötzlich zum Zirkeltraining ginge, das weiß ich ja. Das ist auch ein bißchen ein Akt der Aggression, wenn man körperliche Dinge am anderen bemängelt, das weiß ich nicht erst seit der Therapie.

Was bei Gunnar fehlt an Körperlichem, genieße ich jetzt bei Uli um so mehr: Wir gehen in die Sauna, wir massieren uns gegenseitig, richtig mit Öl und Zeit. Ich bin jetzt wieder viel ausgeglichener und lebhafter, die Energie ist wieder da. Blöderweise sagen alle Freunde: »Was ist denn mit dir los, bist du verliebt?« Da sage ich immer: »Quatsch, das ist der Frühling.« Was soll man sagen? Für unsere Freunde sind wir, also Gunnar und ich, ein tolles Paar. Spätestens seit unserer zweiten Tochter, für die er zu Hause war. Auch daß ich wieder arbeite, finden alle prima und sagen: »Toll, wie ihr das hinkriegt.«

Es ist nicht nur der Sex mit Uli, der zählt. Uli hat genau gemerkt, was ich für Anläufe gemacht habe, indem ich ihn Gunnar vorgestellt habe, Ausflüge mit den Mädchen gemacht habe. Er kennt auch unsere Wohnung, das wollte er gerne, mir war das eigentlich gar nicht so recht. Ihn interessiert alles brennend, was mich betrifft, das merke ich. Trotzdem holt er mich immer wieder in die Realität zurück. So fing er zum Beispiel irgendwann an, es wäre doch besser, wenn wir uns nur einmal im Monat treffen würden. Das hält er natürlich selbst nicht durch, nach ein paar Tagen rief er an: »Können wir uns nicht heute abend sehen?« Natürlich um mit mir zu schlafen, das ist ja auch okay so.

Bei Uli merke ich genau: Für eine feste Beziehung steht er nicht zur Verfügung. Was schade ist, denn mit meinen Töchtern kommt er viel besser klar als Gunnar. Sie dürfen bei Uli so sein, wie sie sind, genau wie ich. Ich weiß nicht, was passieren würde, wenn ich von Uli schwanger würde. Er paßt zwar immer auf, aber sicher ist das ja nicht. Wir haben die Kondome bald weggelassen, als ich ihn ausgefragt hatte, ob er viel mit anderen Frauen schläft, was man eben so fragt. Gunnar einfach so ein fremdes Kind unterjubeln, das würde ich bestimmt nicht tun, es wäre ja auch sehr unwahrscheinlich, weil wir kaum noch miteinander schlafen.

Was ich da mache, immer nach anderen Männern gucken, überhaupt, viele Männer haben, das hat mein Vater auch gemacht. Für mich war das keinesfalls ein Alptraum, auch wenn es deswegen jede Menge Streit zu Hause gab. Ich habe als Kind nur gemerkt: Meine Mutter hat sich aufgeopfert für die Familie, mein Vater hatte seinen Spaß und war der glücklichere Mensch. Meine Mutter hat uns dieses Sich-Opfern auch immer spüren lassen. Ich wußte ganz genau, daß sie mich, die dritte Tochter, das fünfte Kind, eigentlich gar nicht gewollt hatte. Vor mir gab es zwei Abtreibungen, ich glaube, ich war ein richtiges Kitt-Kind, das die Ehe retten sollte. Natürlich fragt man sich schon diese ganzen Psycho-Sachen: Was liegt in der Familie begründet, welche Muster wiederholen sich?

Auch wenn es sich nicht so anhört, Noël und Gunnar haben etwas gemeinsam: Sie sind beide irgendwie einsam. Vielleicht habe ich eine Helfernatur. Die ist wohl nicht ganz uneigennützig, denn Helfen hilft mir auch immer irgendwie. Ich habe aber auch eine ausgesprochene Gabe, immer das Positive zu sehen, im Gegensatz zu Gunnar, der absolut negativ ist. Wenn ich abends spät U-Bahn fahren muß, warnt er mich: »Paß bloß auf und steig in den ersten Wagen ein, beim Fahrer.« Er würde in der letzten U-Bahn unter Garantie Zeuge einer Schlägerei, ich dagegen treffe einen Straßenmusiker aus Irland, der mir Spaß macht.

Wenn ich's meinem Mann nicht gesagt hätte, daß ich ihn nicht mehr liebe, hätte ich jetzt mehr Freiheiten, die ich für meinen Liebhaber gut gebrauchen könnte. Gunnar ist eifersüchtig, aber er weiß ja gar nicht genau, worauf. Ich wundere mich auch, daß aus seiner Ankündigung auszuziehen bis jetzt nichts geworden ist. Ich habe sogar versucht, eine für mich ziemlich ideale Lösung anzuregen: Er zieht eine Straße weiter, die Kinder leben bei uns beiden. Aber Gunnar geht nicht drauf ein, der hält hartnäckig fest. Ich ja irgendwie auch. Mit Gunnar ist eben alles anders als mit all den anderen Beziehungen.

Wie's in den nächsten Monaten mit Gunnar und Uli weitergeht, weiß ich nicht. Irgendwie fühle ich mich ja nicht schlecht, weil die Männer so gegensätzlich sind und ich beide Seiten brauche. Ich weiß aber genau, daß ich mit Uli nicht leben könnte, auch wenn ich mich und meine Bedürfnisse im Moment in ihm mehr widergespiegelt fühle.

Demnächst fahre ich erst mal nach Italien, zu Rudolfo. Den kenne ich seit 13 Jahren, da war ich 25 und er 18. Wir hatten eine ganz heiße Affäre miteinander. Er hat mich überallhin mitgenommen, zu seiner Familie, zu den Freunden, das war für alle in Ordnung, auch, daß ich im nächsten Jahr wiedergekommen bin. Eigentlich wollte ich da nur in den Nachbarort, und Rudolfo sollte mir ein Zimmer besorgen. Aber wir waren natürlich wieder drei Wochen zusammen. Diesmal habe ich ihn gebeten, mir wirklich ein Zimmer zu besorgen, mal sehen, was passiert. Rudolfo war jedenfalls sofort ganz offen und begeistert, als ich anrief und sagte, ich würde gerne mal wiederkommen. Mal sehen, wie es wird, ich bin ja so viel älter jetzt. Für Gunnar ist es okay, daß ich mein Italienisch aufpolieren möchte, er wird mit den Mädchen zu seinen Eltern fahren.

Wie's danach weitergeht, werden wir ja sehen. Ich habe das Gefühl, es wird Post von Noël da sein, ich habe zwei Jahre nichts von ihm gehört. Es ist bis heute so, daß ich seine oder unsere telepathischen Fähigkeiten spüre. Oft war es so in den letzten Jahren, daß ich von ihm geträumt habe oder ganz stark an ihn dachte, und dann lag da am nächsten Tag ein Brief aus Afrika im Kasten. Oder er hat angerufen. Eines ist für mich jedenfalls ganz klar: Wenn ich alt bin, dann muß ich unbedingt zu Noël nach Afrika. Spätestens als Rentnerin, vorher traue ich mich wahrscheinlich nicht.

Marie, 41

Ich nehme deine Hand

Oder: Der Mann für den Tag, der Mann für die Nacht

Paul erinnert mich immer wieder daran, was mein erster persönlich an ihn gerichteter Satz war. Er saß nämlich popelnd in der Bank, und ich habe gesagt: »Wenn Sie dann oben sind, sagen Sie Bescheid, daß Sie angekommen sind.« Das ist doch sehr ungewöhnlich als erster Satz an einen Liebhaber. Paul war mein Schüler.

Wenig später habe ich ihm Nachhilfe in Deutsch gegeben, es war sein Leistungsfach fürs Abitur und er war plötzlich sehr abgesackt, nach einem langen Krankenhausaufenthalt. Wenn Sie jetzt denken, na, das ist ja prima, eine Frau Anfang 40 holt sich einen Abiturienten ins Bett, dann irren Sie sich. Ich bin zwar 41 und er hat auch Abitur, aber er hat mich ins Bett geholt. Und das erst vor drei Jahren.

Ich kam sehr jung, mit fast 25, an dieses Gymnasium, und Paul war eben schon 19. Es war auch nicht so, daß wir uns in der Schulzeit ineinander verliebt hätten. Das kam erst später, als er schon studiert hat und in den Semesterferien in meinem Schwimmbad als Rettungsschwimmer gearbeitet hat. Mein späterer Mann, Conni, war auch bei der DLRG, da gab es viele gemeinsame Schulungen und Feste, und manchmal war ich auch dabei.

Bei einem dieser Feste haben wir, Paul und ich, an einem Seeufer geknutscht. Paul meint, daß er heute noch jeden Knopf von der khakifarbenen Bluse beschreiben könnte, die ich an diesem Tag anhatte. Ich dagegen hatte gar nicht gemerkt, daß er schon länger in mich verliebt war, bei mir setzt in solchen Fällen auch irgendwie was aus, ich nehme das nicht richtig wahr. Ich war mit Mitte 20 so unerfahren. Ich bin dann schwanger geworden, von Conni. Ihn habe ich geheiratet. Mit Paul war ja nichts, außer dem Knutschen. Auf Fotos aus dieser Zeit sitzen wir meist nebeneinander und reden. Paul war und ist bis heute ein guter Zuhörer, einer, bei dem man sich ausheulen kann, mit dem man die Welt verbessern kann. Nur von sich gibt er selten etwas preis.

Ja, nach meiner Hochzeit fand ich für eine gewisse Zeit zur Treue, es kam nach der ersten Tochter auch schnell die zweite, später dann unser Sohn. Wir haben unser Haus gebaut, und ab und zu hatte ich mal einen Liebhaber. Paul hatte ich über Jahre völlig aus den Augen verloren, er war weggezogen. Vor vier Jahren tauchte er wieder auf, ich sah ihn zufällig auf der Straße. Er wohnte jetzt im Nachbarort, weil er hier einen Geschäftsbezirk seiner Versicherung leitete.

Ein paar Tage nach dem ersten Sehen begegneten wir uns bei einer Geburtstagsfeier eines gemeinsamen Freundes, Paul kam direkt von der Arbeit. Ich dachte nur: Tja, auch du mußtest erwachsen werden und dich einfügen, armer Aktenkofferträger, und du wolltest mal die Welt verändern mit deinen linken Ideen. Obwohl er so aussah, hätte ich nach einer halben Stunde am liebsten seine Hand genommen, um mit ihm zu gehen. Wir haben uns die ganze Zeit angeguckt und quer über den Tisch Belangloses geredet. Ich habe ihm nach diesem Abend eine Postkarte geschrieben, ich wußte ja, daß er allein lebt. Es kam keine Reaktion, aber ich dachte oft an ihn und fragte bei gemeinsamen Freunden manchmal, wie es ihm geht.

Es war Funkstille, aber dann kam mein Geburtstag. Wir haben abends natürlich gefeiert, ganz viele Leute, im Lokal, mit Tanz. Paul hatte ich nicht eingeladen. Als ich mit Conni und den Kindern mitten in der Nacht nach Hause kam, lagen da 40 Tulpen vor der Tür, das Cellophan mehrfach drumrum gewickelt, immerhin hatte er sich die Mühe gemacht, die vier Sträuße aus dem Supermarkt zu einem zusammenzubinden. Am nächsten Tag habe ich angerufen und mich bedankt, und ich hatte Herzklopfen. Wir haben lange telefoniert und sofort unsere Gespräche von früher wieder aufgenommen.

Fürs folgende Wochenende hatten Conni und ich Musical-Karten, aber mein Mann hatte plötzlich Dienst und konnte nicht. Da habe ich Paul gefragt, ob er mitkommt. Das war ein komischer Abend, unsere Freunde, also die von Conni und mir, waren auch mit, aber es war schön. Bald kam Paul öfter zu uns, mit Saskia macht er manchmal Mathe-Hausaufgaben, und mit Daniel tauscht er CDs: Die sind beide Rammstein-Fans, ich mache am liebsten alle Türen zu, wenn Daniel diese Musik hört.

Als wir das erste Mal alleine aus waren, ist Paul mit dem Auto gegen die Parkhauswand gefahren, so verwirrt war er. Wir sind essen gegangen und haben dann einen langen Spaziergang durch die Stadt gemacht. Wir haben geredet und geredet und uns unentwegt angesehen. Paul hat überhaupt nichts davon erzählt, was er die letzten 15 Jahre so erlebt hat. Nach dem ersten Abend lag ich im Bett und grübelte. Ich bekam dann von ihm einen Brief, den ich bis heute nicht verstanden habe. Es folgte unser Familienurlaub, drei Wochen Nordsee in Holland, und danach habe ich ständig mit Paul telefoniert. Dabei hatte ich so ein Herzklopfen. Wir haben uns auch wieder getroffen, und wir haben im Auto geknutscht.

Dann hatte er Karten für das Schleswig-Holstein-Musikfestival. Mein Mann mag keine Klassik, und so hatte ich einen Grund, allein mit Paul dahin zu gehen. Weit sind wir nicht gekommen, genauer: nur bis in seine Wohnung. Erst haben wir auf dem Teppich gesessen und Musik gehört. Wir hatten beide wahnsinnige Angst, etwas falsch zu machen. Wir haben uns ganz vorsichtig berührt, als hätten wir alle Zeit der Welt. An diesen Nachmittag erinnere ich mich so intensiv, wie Paul sich an die Zeit vor 17 Jahren erinnert. Diesmal könnte ich jeden Knopf an seinem Hemd beschreiben. Alles war so unbeschreiblich zärtlich zwischen uns, und wir konnten nicht genug bekommen. Paul ist als Liebhaber einzigartig, fantasiereich, witzig, ausdauernd und einfühlsam. Am meisten liebe ich die Art, wie er kommt und wie es ihm immer wieder gelingt, mich zu verblüffen. Das Festival ist für uns an diesem Wochenende also ausgefallen, und am Montag habe ich meinem Mann etwas von der großen Scheune und den Kaufmannshäusern in Lübeck erzählt.

Irgendwann hat Paul gesagt: »Ich bin 17 Jahre mit einer Frau verheiratet gewesen, die war nie da.« Da habe ich verstanden. Die ganzen Jahre hat Paul nicht geheiratet, vor zehn Jahren hat er mal zwei Jahre mit einer Frau mit Sohn zusammengelebt, jetzt lebt er seit zwei Jahren mit einer Frau, die eine große Tochter hat, die schon in Berlin studiert – da vermuten Sie richtig, daß diese Frau also auch wieder älter ist als Paul, acht Jahre sogar in diesem Fall. Paul sieht uns als zwei Kometen, die unaufhaltsam aufeinanderzusteuern, das ist süß, daß er so romantisch sein kann. Was wir jetzt erleben, wäre mir mit Mitte 20 gar nicht möglich gewesen. Mit 35 fand ich mich schön, es waren noch keine Falten da, meine Figur war noch straffer, und ich war trotzdem eine reife Frau.

Der Sex mit Paul war in der ersten Zeit sehr liebevoll. Das ist er jetzt nicht mehr, jetzt spielen eher Fantasien eine Rolle. Er sagt Frau Direktor zu mir, und er will, daß ich streng bin. Mich macht das sehr an, aber ich kann ihm keine Gewalt antun. Ich weiß nicht, wie weit er mich noch bringt, aber ich habe schon im strengen Kostüm, darunter halterlose Strümpfe und an den Füßen hohe Pumps, den bösen Schüler bestraft. Diese schwarzen Strümpfe, das ist einfach ein tolles Gefühl zu wissen, die hast du jetzt unter dem Rock an, und Paul weiß das auch. Ich trage diese Strümpfe nur mit Paul. Oft gehe ich ganz normal aus dem Haus, in langen Hosen, wie immer, und unterwegs ziehe ich mir dann einen Rock an und diese Strümpfe. Ich habe auch schon so neben ihm gesessen, wenn mein Mann dabei war, das hat Paul ganz verrückt gemacht. Einmal saß ich im Kino zwischen den beiden, das fand ich allerdings weniger schön. Und sehr schlimm ist es, wenn er mit seiner Lebensabschnittsgefährtin in unserem Wohnzimmer sitzt. Das ist keine Eifersucht, ich finde Anja sehr nett. Es ist mehr Neid, daß sie Paul jede Nacht haben kann. Dabei bin ich gar nicht sicher, ob ich mit ihm am Morgen aufwachen wollte, ich mit all' den Fältchen, die morgens ja noch tiefer scheinen, dann noch die zerzausten Haare, verquollene Augen ...

Ob mein Mann von all dem etwas ahnt, weiß ich nicht. Vielleicht frage ich ihn mal, wenn wir 70 sind. Ich nehme ihm nichts weg. Für ihn und die Kinder ist es besser, sie haben eine zufriedene Frau und Mutter als eine, die griesgrämig ist. Mein Geliebter macht mich schön und begehrenswert und strahlend. Eine Freundin von mir sagt: »Man braucht eben zwei Männer, einen für den Tag, der da ist, der einen auffängt, und einen für die Nacht.«

Wenn Paul in einer todlangweiligen Konferenz sitzt, schickt er mir eine SMS: »Ich habe Lust auf Dich.« Mit Paul sage ich mir manchmal so unanständige Wörter am Telefon, daß er hinterher ins Bad muß. Ich schreibe auch erotische Sachen auf, das erregt mich, auch wenn ich es später noch mal lese. Ich maile ihm diese Texte, und Paul geht auf jede meiner Fantasien ein, irgendwie, es heißt ja nicht, daß man immer eins zu eins machen muß, was ich da schreibe.

Kommt mal längere Zeit keine Mail oder SMS von Paul, bin ich traurig. Manchmal bin ich allerdings auch froh, wenn er mal weniger Zeit hat. Ich könnte allerdings nie zu ihm sagen: »Ich brauche dich jetzt, komm.« Wenn er manchmal vergißt, daß es mich gibt, kriege ich auch Wut und nehme mir vor, ihn nächstens auch so zappeln zu lassen. Aber wenn er dann wieder anruft und ich seine Stimme höre, ist das schnell vergessen. Mein Liebhaber kriegt nur mein Sonntagsgesicht. Wenn's mir schlecht geht, ist mein Mann für mich da, er ist der ruhende Pol in unserer Familie.

Ich betrachte das, was ich mache, als gesunden Egoismus. Wie viele Frauen gibt es, die haben entweder gar keinen Sex oder schlechten. Das Internet bietet da auch ganz neue Möglichkeiten sich kennenzulernen. Als ich das für mich entdeckt habe, bin ich oft erst nach Mitternacht ins Bett gekommen. Einmal fand ich eine Anzeige von einem 27jährigen, der auch gleich ein Foto von sich geschickt hat. Wir haben uns gemailt, und ich habe gemerkt: Da sitzt jemand, der ist sehr intelligent. Von Anfang an gab es einen Anklang Erotik, wir haben viel aus Büchern zitiert.

Irgendwann haben wir uns verabredet, in München. Eine Freundin von mir kam mit hin, und vor der Frauenkirche lief schon einer auf und ab. Die Freundin und ich haben uns nur angeguckt und gelacht: Der war so klein. Ich habe zu ihm gesagt: »Von den Proportionen her habe ich mir dich ein bißchen anders vorgestellt.« Aber er sprach dann mit dieser unheimlich aufregenden Telefonstimme, die mir so gut gefallen hatte. In Gedanken nenne ich ihn heute den Pfadfinder, so sah der aus. Ich bin dann sogar mit ihm in sein Hotel, es war auch nicht schlecht, aber ich will es nicht wiederholen, denn er hatte danach so ein schlechtes Gewissen gegenüber seiner Frau, er ist Pastor! Er meldet sich immer mal wieder, aber ich will nicht.

Mein Mann und ich haben in unserer Ehe eine Konstanz gefunden, auch beim Sex. Ich schlafe gerne mit ihm, wirklich. Aber irgendwie ist er doch prüde erzogen. Schmusen ist für ihn okay, aber er mag zum Beispiel keine Massagen, auch keine Fußmassage, er springt da nicht über seinen Schatten. Ich habe auch nie rausgefunden, was ihn wirklich anmacht, obwohl ich mir alle Mühe gegeben habe. Ich habe versucht, mit ihm über Fantasien zu reden, aber es geht nicht. Wenn die Kinder über Sex reden, geht er meistens gleich raus. Mein Mann geht ins Bett, wenn es abends einen erotischen Film im Fernsehen gibt, und wenn ich ihm mal einen erotischen Roman aufgeschlagen hinlege, klappt er das Buch zu und legt es auf meine Seite. Als wir uns kennenlernten, hat es zwei Monate bis zum ersten Kuß gedauert und ein Jahr bis zum ersten Sex. Anfangs haben wir sehr viel miteinander geschlafen, es ist ja immer so zu Beginn, daß man gar nicht genug voneinander kriegen kann. Für Conni ist heute das Wichtigste, daß es schön kuschelig ist. Ich habe auch schon gedanklich durchgespielt, wie es wäre, wenn Conni eine Frau kennenlernen würde, mit der er guten Sex hat. Ehrlich gesagt: Ich glaube, ich würde es ihm gönnen, wenn er seine Wünsche leben kann. Er darf nur nicht bei uns ausziehen.

Meine Beziehung mit Paul ist auch ein Spiel: Klammer' ich zu viel, zieht er sich zurück, lasse ich ihn dann in Ruhe, ist er wieder da. Nach dem ersten Urlaub zu Beginn unserer Beziehung kam ich zurück und hatte entschieden: Ich packe meine Koffer, ich ziehe bei meiner Familie aus. Aber als ich zurück in Deutschland war, war das erste, was ich zu hören bekam: »Weißt du schon das Neueste? Der Paul hat 'ne Freundin.« Ich fiel aus allen Wolken. Ich habe ihn angerufen, aber er nahm nicht ab. Ich habe eine Karte geschrieben, die hat sie dann sogar gesehen. Wir hatten ein gemeinsames Lied, das furchtbar traurig ist, *Suzanne*, von Leonard Cohen. Das habe ich als Endlosschleife gehört.

Nachts habe ich im Bett gelegen und geheult. Das blieb natürlich nicht unbemerkt, ich habe das aufs PMS geschoben. Ich habe Paul gehaßt. Mit meiner Freundin habe ich mir gemailt, was ich mit Paul am liebsten machen würde, der Höhepunkt war Teeren und Federn und durchs Brandenburger Tor jagen. Irgendwie mußte ich das durchstehen, und als Paul Geburtstag hatte, bin ich mit Conni zum Feiern hingegangen, wie immer. Anderthalb Stunden habe ich es geschafft, mit Anja, der Neuen, an einem Tisch zu sitzen. Die beiden hielten Händchen. Dann wurde mir übel, ich mußte nach Hause. Eigentlich habe ich ihm sein neues Glück ja gegönnt, ich kriegte das irgendwie nicht zusammen. In den nächsten Wochen begegneten mir die beiden immer zusammen, bei einem Herman-van-Veen-Konzert sah ich sie im Foyer knutschen.

Weihnachten zog sie bei ihm ein, im Februar rief er mich an. Er würde sich gerne mit mir treffen. Ich dachte: Du kannst mich mal. Gesagt habe ich: »Ja, klar.« Nun hatte er keine sturmfreie

Wohnung mehr, und die paar Male im Auto waren kalt und unerfreulich. Dann bekam er von einem Freund den Tip mit der Pension, die stundenweise Zimmer vermietet. Nicht so ein Bahnhofsviertelhotel, nein, auf dem Land, in Holland allerdings, aber das ist ja nicht weit. Ein Bett für ein paar Stunden, das ist doch eine tolle Idee. Die Holländer sind in solchen Dingen ja sowieso freier. Anfangs habe ich gedacht: Wie peinlich, wenn euch jemand sieht. Aber man sieht niemanden, man hört höchstens welche, und das ist auch nicht uninteressant. Draußen stehen immer viele Autos, und wenn man wirklich jemanden kennen würde, säße man ja in einem Boot. Zeit für unsere Treffen finden wir immer, ich habe mittlerweile dafür gesorgt, daß ich auch freie Tage habe. Die heißen richtig *Muttis freier Tag* und stehen als MfT grün im Kalender. Anders geht es nicht bei einer großen Familie.

Seit ich Paul kenne, unternehme ich wieder mehr für mich. Ich lese wieder viel, mach' wieder Musik, und wenn ich Trompete spiele, denke ich nicht an komplizierte Beziehungen oder an den Alltag überhaupt. Viele Dinge sind in so einer Nebenbeziehung natürlich komplizierter als in einer offiziellen Partnerschaft. Nehmen wir nur etwas so einfaches wie Geschenke, die sind heikel. Wenn man jemanden gern mag, schenkt man auch gern. Es muß ja aber etwas sein, das nicht auffällt, wenn es da ist. Ich habe ihm die Hälfte eines Steins aus Irland geschenkt, unser beider Traumland. Die andere Hälfte ist bei mir. Den Irlandkalender, den ich selbst fotografiert habe, wird er wohl kaum aufhängen können, vielleicht im Büro. Da liegt vielleicht auch das Mousepad neben dem Computer mit dem erotischen Foto. Ich habe zwei Kassetten von ihm, mit einer sehr eigenwilligen Mischung Popsongs. Von Rosenstolz, *Sex im Hotel*, über *Je t'aime* zu Gundermann und den Ärzten. Manche Lieder spiegeln vielleicht seine Situation ein bißchen wider. Ich höre die Kassetten im Auto, da liegen immer irgendwelche rum, so daß es nicht auffällt. Und er brachte ein für mich sehr originelles, aber schwer aufzubewahrendes Geschenk mit in die Pension. Es hat mit meinen Fantasien zu tun. Er ist tatsächlich, was ich ihm nicht zugetraut hätte, in einen Sexshop gegangen und hat Liebeskugeln gekauft. Nun habe ich das Problem, sie irgendwie zu verstecken. Momentan sind sie in meiner Schultasche, dort sucht niemand aus der Familie etwas. Ich hoffe, daß auch sonst keiner auf die Idee kommt, da etwas zu suchen. Es gibt ja die wunderlichsten Situationen.

Ich sagte ja, daß ich anfangs einmal in Erwägung gezogen hatte, meinen Mann zu verlassen. Irgendwann kam auch bei Paul diese Überlegung, sich von Anja zu trennen. Aber: Wie vielen Menschen würden wir weh tun, was würden wir zerstören? Gerade wenn ich an meine Familie denke. Unsere Ehe gilt als Musterehe, und sie ist es wohl auch. Wenn ich ginge, könnte das keiner nachvollziehen. Mein Mann trägt mich auf Händen, er bringt mir Blumen mit, er sucht seine Geschenke mit Liebe aus. Er ist wirklich aufmerksam und geht auf meine Bedürfnisse ein. Conni hat gelernt, meine ganzen Macken zu tolerieren, meinen Hang zur Unordnung, meine Liebe für einen Garten ohne feste Beete, mit Unkraut, das bei mir Wildkräuter heißt. Nein, wenn ich ginge, wäre ich für alle die Böse, auch für meine Kinder, sie würden nämlich aus allen Wolken fallen. Das wäre für mich unerträglich.

Mein Mann ist still und besonnen, deswegen geht es auch so gut mit uns. Ich hole ihn mit meiner Art immer wieder aus seiner Ecke raus, wenn wir etwas unternehmen oder in Urlaub fahren, bin ich es meist, die den Anstoß gibt und alles organisiert. Heute denke ich, man muß nicht heiraten, um zusammenzuleben. Vielleicht ist es sogar besser, weil man mit der Trennung bewußter umgehen muß: Wenn du gehst, ist das die Entscheidung. Du hast nicht zwei Schritte: weggehen, und dann offiziell die Scheidung einreichen. Meine große Tochter hat mich eines Tages verblüfft mit dem Satz: »Vielleicht kann ich zwei Männer gleichzeitig lieben«, nur weil ihr Vater nachgefragt hatte: »Sag mal, bist du nicht mehr mit Jan zusammen? Wieso gehst du mit Patrick ins Kino?«

Ich liebe meinen Mann mit meinem ganzen Herzen, Paul liebe ich auch, aber mit allen Sinnen. Mit Paul zusammenzuleben ist kaum vorstellbar. Nach einer Woche ununterbrochen im Bett würden wir die Nachbarschaft mit den lautesten, wunderbarsten Auseinandersetzungen amüsieren. Paul meint, er liebt seit 17 Jahren eine verheiratete Frau, und das soll auch so bleiben.

Anja, 41

Ich habe das Haus nicht gespürt

Oder: Du wirst nur noch alleine leben

Mit 19 habe ich geheiratet, und zwar den stadtbekannten Frauenumleger. Frank hatte jede Menge Freundinnen, er war schon im Gefängnis, und Bodybuilder war er auch. Ich bin sehr behütet aufgewachsen. Wir sind drei Schwestern, und ich bin die mittlere. Und ich war bestimmt die schwierigste.

Auch am Anfang unserer Ehe hat Frank mit dem Fremdgehen nicht aufgehört. Zwei Jahre habe ich das mitgemacht, dann bin ich wieder nach Hause zu meinen Eltern. Ganz bald darauf habe ich eine Freundin in Berlin besucht, und wir sind dann ihrem Freund an die Ostsee hinterhergefahren. Dieser Freund hatte einen Freund. Der war ziemlich klein, ganz feminin, und irgendwie wirkte er auch ein bißchen schwul. Aber er war es nicht. In den habe ich mich verguckt, und ich war nun also jedes Wochenende in Berlin, manchmal habe ich sogar montags meine Arbeit in dem Kaufhaus geschwänzt.

Gerhard hat mir Liebesbriefe geschrieben, das war alles eine ganz andere Ecke als vorher. Nach einem halben Jahr habe ich dann aber gemerkt: Den willste gar nicht, auf Dauer wird der langweilig. Dann habe ich auch noch festgestellt: Du bist schwanger. Das war schrecklich. Aber ich wollte das Kind. Meinen Emil. Ich habe mich von Gerhard getrennt und Emil bekommen.

Durch dieselbe Freundin habe ich dann Olaf kennengelernt. Der war wieder ganz anders, ohne jede Gefühlsregung, der ist ohne Vater großgeworden und konnte verdammt gut mit sich allein sein. Olaf hat mir den roten Teppich ausgerollt, er hat alles gemacht, was ich wollte. Als ich zu ihm gezogen war, habe ich bald gemerkt: Der hat ja gar keine Freunde. Ich bin da viel mit Kollegen ausgegangen. Emil war klein und immer dabei. Ich habe ihn mein Schuhkarton-Kind genannt, weil ich ihn wirklich immer wie ein kleines Paket dabei hatte, ich konnte ihn überallhin mitnehmen und einfach abstellen.

Wir haben damals mit einem alten Mann in einer Wohnung gewohnt, der war 90. Er hatte ein Zimmer, wir das andere. Als er gestorben ist, haben wir die Wohnung übernommen, und jeder hatte nun ein Zimmer. Komisch, daß wir zusammen wohnen geblieben sind, denn eigentlich hatten wir uns damals schon auseinandergelebt. Auf Arbeit gab es dann einen neuen Kollegen, der hat mich angebaggert. André hatte auch Frau und Kind, aber die Scheidung lief schon. Dem habe ich dann angeboten, zu mir zu ziehen. Ich wohnte also dann mit ehemaligem und neuem Liebhaber in einer Wohnung. Im März haben wir uns kennengelernt, im November war Hochzeit. Wir sind heute noch verheiratet, eine Scheidung ist ja so furchtbar teuer.

Ich habe damals als Verkäuferin gearbeitet, er hatte keine Arbeit. Als ich gefragt wurde, ob ich die Leitung einer Kaufhalle übernehmen wolle, habe ich das gemacht. Meine Bedingung war aber, daß ich eine neue, eine größere Wohnung kriege, was auch geklappt hat. Die Kinder und ich und André zogen um. Von André wußte ich mittlerweile, daß er auch Probleme mit Alkohol und Drogen hatte, daß er im Gefängnis war. Da hatte er sich die Arme völlig tätowieren lassen, deshalb hatte er immer Sachen mit langen Ärmeln an. Ich habe es dann immerhin geschafft, daß er zu den Tattoos stand, er ging jetzt also im Sommer kurzärmlig. Wir waren eine komische Mischung, ich, dieser Mann und mein kleiner, introvertierter Emil, der immer so feminin aussah und Mädchensachen anhatte.

André hat immer versucht, den Supermacho raushängen zu lassen, der er gar nicht war. Keiner wollte ihm Arbeit geben, und das in der DDR, wo ja eigentlich keiner arbeitslos sein konnte. Ich habe ihn dann schließlich in der Kaufhalle angestellt, so hatte ich ihn unter Kontrolle, dachte ich, aber natürlich findet sich immer eine Möglichkeit zum Trinken. Nie hat er sich um die zwei Kinder gekümmert, die er schon hatte. Aber für ihn war ich jetzt die Frau seines Lebens, deswegen mußte ja auch geheiratet werden.

Durch die Zeit nach der Wende habe ich uns durchgeknüppelt. Die Kaufhalle wurde von einer Supermarktkette übernommen, ich habe den ganzen Strukturumbau mitgemacht, in vielen, vielen Filialen, Mitarbeiterschulung, Bauarbeiten betreut, alles. Später bin ich dann in den Außendienst gegangen, viel rumgefahren, jede Woche so 50, 60 Stunden. Emil ist zum Spielen kaum noch runtergegangen. André war jetzt wieder arbeitslos und saß zu Hause. Da hockte ich auch irgendwann am Küchentisch und dachte: Irgendwas ist komisch. Ich habe dann meinen Kalender geholt und viehisch umgeblättert, und da stand's dann: der 40. Tag. Ich hab' gedacht, das kann nicht wahr sein. Einmal in einem Vierteljahr habe ich mit André geschlafen und werde gleich schwanger. Wir hatten fast keinen Sex mehr, und dann das.

Ich dachte, jetzt bricht alles zusammen, ich habe nur noch Panik geschoben. Dann dachte ich plötzlich: Das schaffste schon irgendwie. Wir haben ja jetzt Westen, da gibt's auch Unterstützung, Sozialhilfe und so. Meine eine Schwester war ganz überrascht, als ich sagte: »Ich kriege das Kind.« Offenbar hatte ich den Eindruck erweckt, ich wollte nicht, aber ich wollte. Mir war völlig klar, daß ich nie damit fertig geworden wäre, wenn ich ein Kind weggemacht hätte.

Als Friedrich dann da war, war ich ein Jahr zu Hause, und da habe ich dann auch unseren nächsten Umzug organisiert, denn die beiden Jungs waren ja zehn Jahre auseinander, da brauchte jeder sein Zimmer. André hat dann wieder seine neue Arbeit verloren, das war die Oberkatastrophe. Und mein neuer Chef ist auch durchgedreht: Plötzlich hieß es, daß wir im Außendienst um 8 Uhr beim ersten Kunden zu sein hätten und den letzten um 18 Uhr verlassen sollten. Vorher konnte ich mir meine Zeit frei einteilen. Dazu kam ein Riesengebiet, es reichte von Eisenhüttenstadt bis Wittstock. Klar, da gab's die Möglichkeit, im Hotel zu übernachten, aber ich wollte doch nachts zu Hause bei den Kindern sein. Da bin ich oft noch Mitternacht über die Autobahn geschrubbt, die Hände immer klamm ums Lenkrad. Meine Kraft hat dann nach und nach nachgelassen.

Meine Mutter hat damals so Sachen zu mir gesagt wie: »Du mußt André raussetzen, Emil kommt zu uns, und Friedrich gibst du ins Heim.« Aber das kam überhaupt nicht in Frage. Ich bin von Kita zu Kita gelaufen, um einen Platz für Friedrich zu finden, 14 Tage später konnte ich ihn bringen. Damals habe ich auch in der Kaufhalle aufgehört. Bei uns im Haus wohnte eine Frau, mit der ich mich angefreundet hatte, die leitete eine Jugendeinrichtung und suchte jetzt eine Projektleiterin. Ich hatte ihr schon immer viele Tips gegeben, ich war ja mittlerweile Betriebswirtin, und jetzt kam sie und bot mir eine Stelle an.

Ich hatte erst Bedenken, so ganz ohne pädagogische Erfahrungen. Aber ich dachte mir auch: Warum soll man nicht noch einmal ganz neu anfangen. Im neuen Betrieb waren wir dann so eine komische Mischung: die alte Belegschaft, und dann die Leute aus dem Freundeskreis von Jutta. Als es bei mir beruflich neu losging, ist zu Hause erst mal alles eskaliert. An einem Nachmittag komme ich nach Hause und sehe schon die Polizei vorm Haus. Eine Rentnerin hatte die angerufen, weil da ein betrunkener Mann in der Blumenrabatte lag. Daß da noch ein 2jähriges Kind wie Falschgeld immer rund ums Beet lief, hat keiner gemerkt, ich habe mir sofort Friedrich geschnappt, André wurde weggebracht.

Das war eine ganz furchtbare Geschichte. Ein paar Tage später kam dann Andrés Hausärztin zu uns: Er hatte ganz alleine mit ihr besprochen, daß er eine Entziehungskur machen wollte. Die dritte mittlerweile. Am nächsten Morgen sollte der Krankentransport kommen, und ich konnte die ganze Nacht nicht schlafen, weil ich Angst hatte, daß er nicht mitfahren würde. Er fuhr aber mit.

Mittags war er wieder da, einen Schriebs in der Hand, der ihm bestätigte, daß man ihn nicht dabehalten wollte. Es war keine offensichtliche Gefahr im Verzuge, die Plätze waren alle belegt. Die Hausärztin hat dann dafür gesorgt, daß André eine offene Therapie angefangen hat, er ist jeden Morgen in so eine Einrichtung gegangen, hat da gefrühstückt, Zeitung gelesen. Ich fand es gut, daß er endlich mal mit Leuten mit ähnlichen Problemen geredet hat. Und mir wurde klar: Ich kann das alles nicht mehr, ich will das auch alles nicht mehr. André und ich hatten uns schon lange nur noch angeödet. Ich habe ihm dann gesagt: »Ich weiß, wie das ist, ohne Wohnung keine Arbeit, ohne Arbeit keine Wohnung. Du kannst hier wohnen bleiben, bis du trocken bist, aber dann muß Schluß sein.« Es dauerte dann noch bis '96, daß er auszog, und er ist jetzt auch trocken. Wir kommen klar, obwohl ich weiß, er hat Emil früher sogar geschlagen. Dieses Unstete, dieses Unzuverlässige hat André immer noch, besonders Friedrich gegenüber. Jetzt, zur Zeit, will er Friedrich andauernd abholen, und ich sage: »Nein, du kannst dich nicht erst die ganze Zeit drücken und dich dann überschlagen.« André ist gerade in die Straße gezogen, in der ich arbeite, und nun kommt er andauernd vorbei: »Kann ich mal ein paar Kopien machen?« – »Hast du mal 'ne Bohrmaschine?« Ich sage: »Das geht nicht«, aber er begreift nicht.

Ungefähr sieben Jahre hatte ich mit André kaum Sex, da hat mir aber überhaupt nichts gefehlt. Eigentlich komisch, wenn ich dran denke, daß mein erster Mann morgens, mittags und abends konnte und auch wollte. Meine Orgasmusfähigkeit hatte ich mit André auch verloren, eigentlich kein Wunder.

Gleich nachdem ich meinen neuen Job in der Jugendeinrichtung angefangen hatte, war ich zur Fortbildung, so eine Kreativ-Fortbildung. Alexander, der Leiter, wollte uns alle wieder auf den Stand von Kindern runterbeamen. Wir haben Wahrnehmungsübungen gemacht, zum Beispiel sitzen alle mit gespreizten Beinen in einer Schlange hintereinander, der letzte malt dem vorletzten mit dem Finger etwas auf den Rücken, zum Beispiel ein Haus. Du mußt dann spüren, was auf deinen Rücken gemalt wird und es weitergeben. Ich konnte das nicht! Ich habe das Haus einfach nicht gespürt. Wir haben mit verbundenen Augen gemalt, im Wald Stöcke gesammelt und etwas daraus gebaut. Wir haben nicht gesagt: »Jetzt bauen wir das und das«, sondern wie die Kinder geguckt, was einfach so entsteht. Es war Mai, die Sonne schien, und wir waren viel draußen. Und dann war da noch Robert, ein Musiker, der mit uns getrommelt und getanzt hat.

Wir waren so 15 Frauen, und die eine oder andere war schon interessiert an diesem Mann. Besonders Rieke hat sich voll auf ihn geworfen, aber er schien sich für mich zu interessieren. Für mich, wo doch viel Jüngere und Schönere dabei waren. Ich war das nach sieben Jahren Enthaltsamkeit überhaupt nicht gewohnt. Robert wurde auch durchaus zudringlich, wenn man das so nennen kann, daß er mich immer wieder wie zufällig berührte.

Als wir einmal eine Schrottskulptur bauen sollten, habe ich es mit Absicht so eingerichtet, daß ich neben Robert und Anke stand, daß ich nur noch sagen mußte: »Ach, da bauen wir doch zusammen.« Wir hatten tierisch viel Spaß, und Robert hat mich ausgefragt. Ich habe ihm erzählt, daß ich quasi getrennt lebe, wie das mit den Kindern ist, mit der neuen Arbeit. Ich habe ihn nach Hause gefahren, wir haben uns im Auto geküßt, und ich habe gefragt, ob ich nicht bei ihm bleiben kann. Aber er wohnte mit seiner Freundin zusammen.

Er hat dann in den nächsten Tagen versucht, mich im Wald in die Büsche zu ziehen. Aber das wollte ich nicht. »Komm, dann gehen wir ins Bettenhaus«, sagte er. In der Tagungsstätte konnte man auch übernachten. Wir sind wirklich ins Bettenhaus, später waren wir überall, in seinem Büro, auch im Park in der Stadt im Dunkeln, da habe ich mich geniert, weil Leute vorbeigekommen sind, die gemerkt haben, was wir da machen. Wir haben wahnsinnig viel gelacht in dieser Zeit. Ich habe André immer angelogen, wenn ich spät nach Hause kam, dabei mußte ich das eigentlich gar nicht mehr, denn wir waren ja fast wie getrennt.

Ich habe durch den Sex mit Robert gemerkt: Du willst das jetzt wieder. Das war das Nette, daß ich richtig gemerkt habe: Ich will das. So haben wir ein Jahr lang miteinander geturtelt. Dann ist André ausgezogen. Ich saß auf meinem Sofa und dachte: Das ist schau. Und was nun? Du wirst nur noch alleine leben. Ich dachte auch, es wäre schön, so viel Kohle zu haben, daß man sich einen Mann mieten kann, wenn man ihn braucht, daß einer sozusagen auf Knopfdruck da ist. Im normalen Leben ist es ja nicht so einfach: Wenn du denkst, jetzt könnte einer kommen, hast du keinen.

Ich hatte mal zwei Liebhaber, die ich nie erreichen konnte, also anrufen oder so. Die konnten mich aber anrufen, taten das dann auch, zum Beispiel nachts um zwei. Und sie haben dann auch erwartet, daß sie gleich vorbeikommen können. Das war denen doch egal, daß ich am nächsten Tag früh raus mußte. Das war eine wilde Zeit, und Friedrich hat manchmal zu meiner Mutter am Telefon gesagt: »Weißt du, Oma, heute hat der und der bei uns geschlafen.«

Manche Männer kamen öfter, mit manchen habe ich auch mit den Kindern zusammen etwas unternommen, aber oft wollte ich auch, daß die Männer am nächsten Morgen wieder weg sind, daß meine Kinder die gar nicht zu sehen kriegen. Über mein Liebesleben war bestimmt die ganze Kita informiert.

Bei der Arbeit war so ein älterer Kollege, Bernd, der war schon 52 und hatte immer 30 Jahre jüngere Freundinnen. Der hatte schon die ganze Zeit an mir rumgebaggert. Irgendwann dachte ich: Laß dich mal ein mit dem. Wir sind dann ausgegangen, ins Kino, ins Theater, Tanzen. Mein Großer hat den Babysitter für den Kleinen gemacht, und ich habe es einfach nur genossen, wieder unterwegs zu sein. Natürlich habe ich mit Bernd auch geschlafen, und man kann nur sagen: Der paßte wie gemacht zu mir. Es war herrlich. Nur daß er hinterher immer einfach so wegging und tagelang nicht angerufen hat, das hat mich gestört.

Eine Weile haben wir uns oft gesehen, dann eine Phase kaum, jetzt treffen wir uns ab und zu. Anfangs war es auch so, daß er, wie eigentlich alle Männer, erwartet hat, daß wir jedesmal Sex haben, wenn wir uns sehen. Dabei ist Bernd wirklich ein ganz Lieber und Geduldiger. Er hat auch nichts gesagt, als ich mal seinen Freund abgeschleppt habe. Der hat sich stehenden Fußes in mich verliebt, hat mir Geschenke an die Tür gehängt, auch für die Kinder. Ich fand's superschrecklich. Irgendwann war ich dann doch in ihn verliebt, und er hat gesagt, ich könnte ihn auch zu Hause anrufen. Habe ich dann gemacht, und er hat gesagt: »Falsch verbunden.« Das tat ihm hinterher furchtbar leid, aber ich habe gemerkt: Ich eigne mich nicht zur Geliebten. Zu unserer letzten Verabredung habe ich meinen kleinen Sohn mitgenommen, da konnte ich dann um acht sagen: »So, ich muß jetzt nach Hause.« Und das war's dann.

Jetzt in den Winterferien waren die Kinder bei meinen Eltern, und da wollte Bernd mich mit zu seinem Stammtisch nehmen. Das war ein schöner Abend, mit Künstlern aus Südamerika, aus Rußland. Als dann alle aufbrachen, blieben nur Bernd, Rita, ich und Hubert übrig, wir sind ein Lokal weitergezogen. Ich hatte Hubert schon öfter bei irgendwelchen Feten erlebt, leider immer total besoffen. Aber an diesem Abend war er klar, und was er erzählte, war ziemlich interessant. Irgendwie hat es sich dann ergeben, daß wir in eine Richtung gingen, und ich dachte: Na gut, gehste eben mit.

Es hat auch im Bett gut geklappt, aber Hubert hat sich leider gleich unheimlich in mich verliebt. Er ist Künstler, kein so verschrobener, er steht mit beiden Beinen richtig im Leben, lebt von Kalendern, die er selber macht. Das Schlimme ist sein Alkoholproblem und daß ich mich schäme, wenn ich mit ihm auf der

Straße bin. Das ist mir noch nie passiert. Hubert sieht aus wie ein Obdachloser, wirkt ungepflegt, dabei ist er das gar nicht.

Ich habe ihm in einem Brief meine Probleme geschrieben und daß ich ein bißchen mehr Distanz brauche. Das nimmt er in seiner Verliebtheit gleich als Anlaß für Hoffnung: Er meint, das kann sich alles noch entwickeln. Und ich denke: Du willst den nicht. Meine Freundin meint, ich müsse das doch alles nicht von vornherein ablehnen, was ich mir auch immer solche Probleme an Land ziehe. Und wenn ich denke: Jetzt möchte ich Sex haben, rufe ich Hubert doch wieder an. Sag mal jemandem ins Gesicht: »Ich habe mich nicht in dich verliebt.«

Vor einem knappen Jahr, da hatte ich mich in den Bruder von einem Freund verliebt. Mit Hans wäre ich sofort zusammengezogen. Aber eines Morgens ist er gegangen und hat nie wieder Kontakt aufgenommen. Ich habe ihm noch einen Brief geschrieben, aber er hat nicht geantwortet. Wir wußten schon so viel voneinander, als wir uns kennenlernten. Über den Bruder. Ich wußte, daß Hans sich gerade von seiner Frau trennt, von dem Ärger, den zwei Kindern, dem Streit ums Haus.

Gleich am zweiten Abend hatte er zu mir gesagt: »Na, ob das was werden kann mit uns. Ich bin 33 und du schon 40, mit Kindern sieht es da doch schlecht aus.« Da merkt man doch, daß er vom Dorf kommt, er hat so ein tief eingeprägtes Strickmuster, das auch wirkt, selbst wenn er sich gerade aus dem gröbsten Schlamassel befreit hat. Ich war es, die ihn gefragt hat: »Kommst du noch mit hoch?« Als Antwort kam: »Das hätte ich sowieso gemacht.« Wir hatten eine ganze Nacht lang Sex, überall, in allen Zimmern. »Das habe ich noch nie erlebt«, hat er gesagt. Er hätte es so nett haben können.

Ulrike, 34

Mein Mann fürs Vergnügen

Oder: Nur Sex wäre zu wenig

Mein Liebhaber hat eine Strategie, sich in mein Herz zu schleichen, und ich lasse ihn einfach. Klar, ich weiß schon, das ist gefährlich, denn wenn er es schafft, ich meine, so richtig schafft: Dann wird das eine Gefahr für meine Ehe, dann müßte ich mir nämlich überlegen, ob ich mich von meinem Mann trenne. Aber natürlich wird das nicht passieren. Das liegt natürlich auch daran, daß ich nicht nur an meinem Mann hänge, sondern auch an unserer Tochter, auch wenn die jetzt schon fast erwachsen ist. Die geht nicht nur eigene Wege, die ist sogar gar nicht da, jetzt schon seit drei Monaten zum Schüleraustausch in Michigan.

Ich denke gar nicht dran, meinen Mann zu verlassen. Das ist eine Frage, die meine Freundin mir immer wieder stellt. Sie versteht mich nicht, sie sagt, sie kann nur einen Mann lieben. Kann ich ja auch, aber irgendwie ist da immer noch Platz, einen anderen Mann auch gut zu finden, mit ihm Spaß zu haben, ihn zu begehren. Es ist also nicht so, daß es nur um Sex ginge, obwohl ein Liebhaber im Zweifelsfalle natürlich schon der Mann fürs Bett ist oder für die Orte, wo man sich sonst so lieben kann. Aber nur Sex, das wäre mir zu wenig. Vielleicht kann man es so sagen: Mein Liebhaber könnte auch mein fester Partner sein. Aber nein, das muß ich gleich wieder zurücknehmen. Jeden Tag mit Tino? Nein, er ist ja gerade das Besondere. Weil er nicht jeden Tag da ist.

Mit Gert teile ich den Alltag, wir stehen zusammen auf, organisieren die Familie, reden viel über Arbeit, denn er arbeitet auch in der Kultur, aber Gott sei Dank beim Senat, und ich arbeite projektbezogen, in den Bezirken, mit freien Trägern, manchmal auch PR-Sachen, manchmal auch für ein paar Tage woanders. Tino habe ich auch bei der Arbeit kennengelernt. Das ist eher Zufall. Früher hätte ich so einen Typen eher bei einer Fete oder bei Freunden getroffen. Unsere erste Begegnung war im Juni. Es waren nur ein paar Worte bei seiner Ausstellungseröffnung, eine Kommunale Galerie, Fotos für die Wohnungsbaugesellschaft, keine besonderen Bilder, kleine Alltagsaugenblicke, Leben in der Plattenbausiedlung, viele Kinder. Ich sehe einen jungen Mann mit Zopf, Brille, Koteletten – eine Art Mann, die ich sowieso gut finde, nur die Koteletten ... Ich überlege noch, ob er aus dem Westen kommt oder aus dem Osten, spreche ihn an, weil ich dachte, daß wir die Ausstellung im Winter ja in unsrem Stadtbezirk zeigen könnten.

Ein paar Tage später steht er in meinem Zimmer, ziemlich forsch, er bringt Bilder und will mit mir über ein Projekt reden. Da hatte ich ihn irgendwie noch gar nicht in Betracht gezogen, aber aus irgendeinem Grund haben wir uns dann für Sonntagabend beim Mexikaner verabredet, und da ging's dann eben los. Ich hatte mir extra eine besondere Frisur gemacht, so ein bißchen Frida-Kahlo-mäßig, denn ich wollte trotz der Hitze einigermaßen frisch aussehen. Wir wollten über sein Projekt reden, tun es aber den ganzen Abend lang nicht, erzählen, erzählen, erzählen. Wir fangen an mit diesen versetzten Geschichten: Einer unterbricht den anderen, um dann später die eigene Geschichte wieder in die reinzudrücken, die gerade erzählt wird. So um Mitternacht sind wir dann am Hackeschen Markt vorbeigekommen, wo die Arbeiter gerade die Straßenbahnschienen gefräst haben. Das war wie ein kleines Feuerwerk, nur für uns. Da hätte ich ihn am liebsten das erste Mal geküßt. Wir haben schrecklich viel gelacht an diesem Abend und uns trotzdem die ganze Zeit gesiezt. Als wir uns dann getrennt haben, habe ich ihm gesagt, daß wir uns beim nächsten Mal duzen sollen.

Ein paar Tage später steht er abends einfach auf dem Parkplatz, sagt, ich soll einsteigen, und wir fahren raus, ans Wasser. Das sind so Sachen, die mein Mann nie machen würde: Mich überraschen, ungeplant wegfahren, Urlaub machen. Und Tino zieht die ganze Show ab, fragt, was ich trinken möchte, rückt mir den Stuhl ran, und als wir da an dem See sitzen und ich anfange zu frösteln, fragt er: »Ist dir kalt? Nimm meine Jacke.« Schwupp, habe ich sie über den Schultern hängen. Den ganzen Abend. Ihm traue ich zu, daß er auf die Jacke vorher sogar noch extra ein paar Tropfen von seinem Rasierwasser gegeben hat.

Wir erzählen wieder diese Schachtel-Geschichten. Manchmal berührt er kurz meine Hand. Er spricht von mir immer wieder als der schönen Frau. Da habe ich mich schon gefragt, ob er das immer so macht, so professionell verführt. Ich habe mal ein Buch gelesen über die Romeos von der Stasi. Die wurden extra dazu ausgebildet, Frauen zu verführen, um sie dann später abzuschöpfen. Tino wäre der ideale Romeo gewesen, dem macht es Spaß, charmant zu sein. Das Schönste ist, daß er mich immer zum Lachen bringt, so wie mit ihm habe ich wohl noch mit keinem anderen gelacht, es macht mir Spaß, meine eigene Stimme dabei zu hören. Mittlerweile höre ich meine Stimme auch bei ganz anderen Sachen neu: Er ist beim Sex ziemlich laut, er maunzt und stöhnt, und ich traue mich auch. Manchmal schreien wir richtig zusammen, und ich denke, irgendwann klingeln mal die Nachbarn. Aber vielleicht macht die das ja sogar an. Außerdem redet Tino beim Sex. Wenn ich das erzähle, ist das irgendwie peinlich. Er faßt mir schon mal von hinten an die Brüste und sagt dann so Sachen wie: »Du hast so geile kleine Titten, laß doch mal sehen, ob du auch eine süße Muschi hast und ob die schon feucht wird.« Beim Autofahren faßt er mir manchmal unter den Rock, und weil ich das weiß, habe ich irgendwann mal den Slip vorher ausgezogen. Er war ziemlich überrascht, hat aber nur gegrient, ist dann rechts rangefahren, und wir haben es tatsächlich gleich im Auto gemacht. Ich wundere mich über mich selber, aber mir macht das alles einen Höllenspaß. Mit meinem Mann geht das nicht, dafür kennen wir uns zu gut, das wäre albern. Außerdem ist es einfach schön, mit einem anderen Mann eine andere sein zu können, nicht immer die gut organisierte, Kulturvolk, sondern schon so ein bißchen die Wilde, die Schlampe, ich fühle mich mit Tino einfach wie ein junges Mädchen, obwohl wir beide Mitte 30 sind.

Er tut immer so, als wolle er mich wirklich, sagt so Sachen wie: »Wenn ich dich von deinem X. loseisen könnte«, denn wir sprechen über meinen Mann nie mit Namen. Über seine Freundin übrigens auch nicht. Ja, er hat eine Freundin, das finde ich sehr beruhigend, denn so zappelt er nicht an mir rum, ich muß mich nicht fragen: Er oder Gert.

Mit Tino rede ich nie über Probleme im Beruf, höchstens mal über interessante Projekte und Pläne, also über das Positive. Irgendwie ist er schon das, was ich mir klassisch unter einem Liebhaber vorstelle: der Mann fürs Vergnügen. Ich würde auch nie sagen, ich sei seine Geliebte. Eine Geliebte ist für mich eine Frau, die wartet, die einen Mann nicht für sich haben kann, weil der vielleicht eine Ehefrau zu Hause hat. Ich sage also lieber, daß Tino mein Liebhaber ist, Geliebter ginge mir zu weit, er ist schließlich nicht mein heimlicher Zweitmann, sondern nur eine Affäre. Und zwar eine ziemlich schöne, aufregende, und ich möchte, daß das noch lange so bleibt.

Wenn er mal gegen die Verabredung nicht anruft, denke ich, daß seine Freundin oder seine Tochter ihn gerade belagert. Manchmal stört sein Anruf auch, wenn ich gerade mit Gert zusammensitze. Dann sage ich etwas wie: »Tut mir leid, aber die Unterlagen habe ich nicht mit nach Hause genommen, vielleicht rufe ich Sie besser morgen wieder an, ja?« Manchmal denke ich, mein Mann weiß alles, manchmal denke ich: Er ahnt nichts. Früher haben wir uns unsere Affären erzählt. Das war grausam. Ich bin furchtbar eifersüchtig. Das, was ich mache, habe ich im Griff. Mein letzter Liebhaber hat mich drei Jahre begleitet, dem war ich sogar ziemlich treu. Ja, das geht. Und wenn das mit Tino irgendwann mal vorbei ist, dann würde ich notfalls sogar eine Anzeige aufgeben: Liebhaber gesucht. Aber eigentlich kann das nicht funktionieren: In einen Liebhaber muß ich mich verlieben, wie in meinen wirklichen Mann, nur mit dem Unterschied, daß es möglichst nicht für immer sein soll. Das ist ein Spiel mit dem Feuer, und das ist es, was Spaß macht. Dazu gehört dann eben auch, daß sich einer in dein Herz schleicht, daß du Sehnsucht hast und aufgeregt bist. Ich könnte jeden Tag sagen: Es ist vorbei. Aber ich tu's nicht.

Neulich habe ich das erste Mal bei Tino übernachtet. Es war wie immer: Er schläft mit mir, nicht wir miteinander. Aber wir schlafen zusammen ein, schmiegen uns aneinander, atmen uns, schmecken uns, riechen uns. Er berauscht mich. Als er morgens einkauft, liege ich im Bett und beneide ihn darum, daß er später dort allein liegen kann, den Kopf in die Kissen drücken kann, in denen wir gelegen haben.

Ina, 30

Abschied auf Raten, Ende offen

Oder: Du bist ja kein Mönch

Eigentlich habe ich gedacht: So etwas passiert mir nicht, daß ich neu mit einem Mann zusammen bin und etwas mit einem anderen anfange. Immer wenn ich in eine fremde Stadt gekommen bin, habe ich zwar geguckt, und ich hatte auch immer bald einen Freund. Aber nie einen Liebhaber, also im Sinne von Zweitmann. Mit dem einen war sonst immer Schluß, bevor der nächste kam. Diesmal war es anders, und es dauerte sehr lange Zeit, ob es heute noch andauert oder gerade wieder anfängt, keine Ahnung. Ich kann nicht sagen, was passiert wäre, wenn ich nicht schwanger geworden wäre.

Es ist doch bei den meisten Paaren so, wenn man aus beruflichen Gründen getrennt ist, lebt man sich auseinander. Als ich studiert habe, bin ich dreimal in eine neue Stadt gezogen und als Berufsanfängerin dann noch zweimal. Immer dieser Streß, weil man den Partner nur am Wochenende sieht, da muß dann alles perfekt sein. Das klappt natürlich nicht, man streitet eher mehr als weniger. Und wenn man dann am Telefon weint, Probleme hat, und der andere kann nicht trösten ... Furchtbar.

Diesmal war also alles ganz anders, dabei war ich frisch verliebt. Im Frühjahr 1997 hatte ich Raimund kennengelernt, da war ich 26, 27. Ein halbes Jahr später mußte ich beruflich nach Rheinland-Pfalz. Da kommst du hin, kennst niemanden, hast nur die Arbeit und wohnst auch noch schlecht, ich bei einer alten Vermieterin auf Zimmer, die ganze Wohnung roch irgendwie nach alten Sachen, nach Küchendüften. Ich habe mich über jede Minute gefreut, die ich nicht da verbringen mußte.

Ich war gerade ein paar Tage in dem neuen Betrieb, da spricht mich ein Kollege auf dem Gang an: »Sie sind jetzt wohl hier in der Abteilung«, oder so, dann hat er gleich ein paar Fachfragen nachgeschoben, als er merkte, aus welcher Studienrichtung ich komme. Er war auch noch nicht lange im Unternehmen und auch neu in der Stadt. Naheliegend, daß man sich mal verabredet. Gesagt, getan. Sven fragte: »Gleich heute Abend?« Es war ein Montag, und Wochenanfänge sind immer ein bißchen trist. Ich habe also zugesagt. Ich habe noch eingekauft, die Sachen in mein Zimmer gebracht und bin dann zu unserer Verabredung in der Kneipe gegangen. Wir haben zusammen gegessen, es war einfach ein schöner Abend, so ein bißchen Unterhaltung tat gut. Wir waren auch bei ihm zu Hause, aber es ist nichts passiert. Und doch war irgendwas, wir hatten von Anfang an großes Vertrauen zueinander. Wir sprachen sehr offen miteinander. Er gab mir eine Flasche Bier für zu Hause mit, und wir sind auch noch an einem Haus vorbeigegangen, von dem er wußte, daß da viele Wohnungen frei sind. Später bin ich da eingezogen.

Am nächsten Abend fuhr ich bei Sven vorbei, einfach so. Aber er war nicht zu Hause, er war im Job länger aufgehalten worden. Am Mittwoch hatte ich mehr Glück, es war zwar schon spät, aber ich fuhr hin, klingelte, und Sven machte auf. Wir haben gequatscht, Musik gehört, was getrunken. Man sagt ja, wenn Paare 500, 600 Kilometer weit voneinander entfernt leben und arbeiten, dann sind sie praktisch Strohwitwer. Sven und ich lebten beide in solchen Wochenendbeziehungen. Wir haben uns gefunden, ohne zu suchen. Genau kriege ich das nicht mehr zusammen. Vielleicht wollte ich mich an diesem Abend von Sven nur verabschieden, vielleicht habe ich ihn auch einfach nur so gedrückt. Jedenfalls habe ich ihm gesagt: »Du bist ja kein Mönch«, als ich ihn umarmt habe. Wir haben dann weiter geredet, »wollen wir noch was trinken«, und es ging auch darum, wo ich schlafen könnte, wenn ich da bleiben würde. Er auf der Couch, ich im Bett oder umgekehrt.

Ich bin tatsächlich geblieben, nach einigem hin und her lagen wir beide in einem großen Bett. Weit nach Mitternacht bin ich einfach zu ihm rübergerutscht. So zärtlich und einfühlsam habe ich noch keinen Mann erlebt, noch nie hat mich einer so lange gestreichelt. Aber er wollte es ja auch, es kamen am nächsten Tag keine Vorwürfe, daß ich ihn überrumpelt hätte. Nach einer ganzen Nacht erfülltem Sex hast du zwar kaum geschlafen, aber du bist trotzdem am Morgen nicht müde. Es ist so schön, am nächsten Tag immer wieder dran zu denken, kleine Adrenalinstöße durchzucken dich, und du kannst alles noch einmal durchleben.

Sven war überhaupt der erste Mann, den meine Lust, mein Orgasmus wirklich interessiert hat. Er kann so gut beobachten, lange selbst abwarten, zuschauen, zuhören, eben Genuß geben und selbst genießen. Das stellte sich in den nächsten Wochen heraus. Nicht nur der Sex war schön mit ihm, es war auch wunderbar, neben Sven aufzuwachen. Er sagt als erstes »Morgen«, so ganz trocken, einfach nur »Morgen«. Wie oft habe ich noch im Bett gelegen und am Kissen gerochen, seinen Körperduft eingeatmet, während er schon unter der Dusche stand. Dann gab's ein gemeinsames Frühstück mit frischen Brötchen, Zeitunglesen. Es tat so gut, schon früh jemanden zum Reden zu haben.

An den Wochenenden bin ich zu Raimund gefahren, dabei hatte ich durchaus zwiespältige Gefühle, eine Mischung aus schlechtem Gewissen und Angst vor der Wahrheit. Wenn ich wieder in W. war, bemühte ich kleine Tricks, ich war manchmal richtig abgebrüht, habe abends mit Raimund telefoniert, danach den Hörer neben's Telefon gelegt und bin die Nacht bei Sven geblieben. Notfalls hätte ich immer sagen können, der Hörer lag nicht richtig auf. Mit Sven habe ich nicht nur geschlafen, wir sind viel miteinander zum Fitneßtraining gegangen, haben viel Musik gehört. Aber der Sex war überaus wichtig. Mit Sven lief alles unter dem Licht des Anders-Seins, des Verbotenen. Wir haben uns mit Reden, richtig heißem Reden in Stimmung gebracht, Licht war nicht zum An- oder Ausmachen da, sondern weil wir uns wirklich sehen wollten. Es muß nicht immer alles im Halbdunkel unter der Bettdecke passieren, wie mit Raimund. Das ist eine irre Erfahrung, sich schön zu finden, zum Beispiel auch die rasierte Möse ästhetisch zu finden. Das war überhaupt ein Wahnsinnserlebnis. Ich hatte Sven erzählt, daß ich gerne mal sehen würde, wie das so aussieht, richtig rasiert. Da sagt er: »Na, dann machen wir das eben mal.«

Ich habe mich auch getraut, in die Videothek zu gehen und ein Porno-Video auszuleihen. Das in einer kleinen Stadt, und du mußt deinen Namen und deine Adresse angeben. Als ich das Video zurückbrachte, war da eine andere Kundin, die mir bekannt vorkam: Wir waren zusammen im Kurs an der Volkshochschule. Ich bin auch das erste Mal in einen *Orion*-Shop gegangen, eigentlich ist gar nichts dabei. Den Vibrator, den Sven mir zum Geburtstag geschenkt hat, habe ich am liebsten mit ihm zusammen benutzt, zu zweit war es viel überraschender. Ich gebe zu, daß ich mich gar nicht getraut hatte, das Ding alleine zu benutzen, nachdem ich es ausgepackt hatte. Raimund hat das Teil nie zu sehen bekommen. Bei der Lust ist es eigentlich so, wie bei anderen Situationen im Leben auch: Man sollte sich nicht fürchten, und wenn man sich nicht traut, muß man sich rantasten. So habe ich das auch mit meiner Höhenangst gemacht: Ich bin nach und nach immer höher in einem Turm gestiegen und habe aus den Treppenhausfenstern geguckt. Irgendwann konnte ich oben über die Brüstung gucken, und es hat mir nichts ausgemacht, ich habe mich sogar über den herrlichen Ausblick gefreut.

Für Sven stand von Anfang an fest: Das wird nichts mit uns. »Eine Beziehung, die als einziges Fundament das Sexuelle hat, kann nichts werden«, sagte er immer wieder. Für ihn war klar, daß ich bei Raimund bleibe und er bei seiner Astrid. Ich hätte mich durchaus von Raimund getrennt, ja, das hätte ich gemacht. Dabei hat Sven recht: In sexueller Hinsicht klappt es mit uns wirklich sehr gut, aber ansonsten haben wir zu verschiedene Interessen, er ist eher ein Einzelgänger, ich bin ein Gruppenmensch, ihn interessiert nicht, was andere über ihn denken, was sie sagen, mir ist Außenwirkung sehr wichtig, ich möchte beachtet werden und anerkannt sein. Trotz aller Unterschiede können wir wunderbar reden, über Politik, Philosophie, die Kollegen.

Wir hatten beide unsere kurzen Verliebtheiten, erst Sven, dann ich. Er war auch mal kurze Zeit bereit, sich von seiner Freundin zu trennen. Als ich bereit war, auch Raimund zu verlassen, war Sven es nicht mehr. Wir haben viel darüber gesprochen, wir hatten Angst, das ganze soziale Netz, die ganzen Kontakte, die sich um eine Beziehung ja ranken, kaputtzumachen. Aber es war eine eigenartige Situation. Als ich nach W. kam, machte ich bestimmt einen sehr selbständigen Eindruck, mein Leben mit Raimund war für Sven völlig außen vor. Sven wußte sogar, daß wir uns bemühten, daß Raimund nachkommt, ich wollte das auch immer noch, als Sven immer wichtiger für mich wurde. Ich habe Raimund sogar Stellenausschreibungen aus unserem Betrieb geschickt. Als Raimund dann tatsächlich einen Vertrag für W. in der Tasche hatte und klar war, er kommt in drei Monaten, war das für mich kein Grund, mit Sven Schluß zu machen.

Aber es war eine komplizierte Zeit. Wie oft habe ich gedacht, ich müßte Raimund gegenüber ehrlich sein, die Karten auf den Tisch legen, einfach, weil es unfair ist, was ich mache. Sven hat mich dann davor bewahrt: »Was willst du alles kaputtschlagen und ihm wehtun, damit ist doch keinem geholfen.« So rational kann einem so was nur ein Mann sagen. Raimund hätte es, glaube ich, gar nicht verstanden, in seiner Vorstellungskraft gab es so was wie einen Seitensprung gar nicht.

Die beiden Männer sind sich sehr ähnlich: Sie sind etwa gleich alt, haben beide zwei Schwestern, beide früher Hockey gespielt, sogar ihr erstes Auto war derselbe Typ. Und doch sind sie so verschieden. Bei Sven hatte ich immer das Gefühl, er versteht meine Seelenlage. Raimund ist so anders als ich. Er macht genaue

Finanzpläne, interessiert sich für Aktien und Börsenkurse. Er ist sehr sparsam, plant sehr viel, bei ihm geht alles durch den Kopf. Oft habe ich mich bei Sven über Raimund ausgeheult, und er fand das auch in Ordnung und hatte Verständnis für mich.

Eigentlich war bei mir immer die Angst da: Was ist, wenn Sven jemand Neues kennenlernt, sich in eine Frau verliebt? Dann könnte es vorbei sein mit uns. Seine Astrid zählte irgendwie nicht richtig, mit der stand es ja sowieso auf der Kippe, sie machten eigentlich nur noch zusammen Urlaub. Aber wenn eine neue käme? Er hatte gesagt, er könnte das dann nicht mehr mit mir. Mich wunderte es allerdings, daß ich es konnte, zwei Männer gleichzeitig haben.

Irgendwann, in einer Phase, die hauptsächlich aus Widersprüchen und Verzweiflung bestand, eine Zeit, in der ich viel Streit mit Raimund hatte, wollte ich mir von beiden eine Auszeit nehmen. Vier Wochen wollte ich eigentlich beide nicht sehen. Aber bei Sven hat das nicht funktioniert. Er war ständig da, er lief mir im Betrieb über den Weg. Es lag an mir, daß ich nicht durchgehalten habe, Sven fragte mich sogar: »Soll ich nicht mehr aufmachen, wenn du klingelst?« Raimund war natürlich gekniffen in dieser Situation, er war weit weg in der anderen Stadt. Die Zeit mit Sven war damals nicht einfach, aber ich bin trotzdem immer wieder gerne zu ihm gegangen, manchmal habe ich sogar mit Tränen erzwungen, dableiben zu können. Manchmal bin ich auch wütend und weinend weggegangen. Wir haben sehr lange nicht ganz voneinander lassen können, ob wir uns nun getroffen haben oder ob es obszöne Geschichten am Telefon gab. Das hatte ich früher auch noch nie gemacht, sich am Telefon so heiß zu reden, daß es zum Orgasmus kommt. Mit Svens Hilfe traute ich mich Sachen zu probieren, von denen ich vorher nur geträumt hatte oder die in meinen Fantasien vorkamen. Das machte einen ungeheuren Reiz aus.

Dann kam meine Geburtstagsparty, wo sich Raimund und Sven kennengelernt haben. Es war ein merkwürdiges Gefühl für mich, als sie miteinander gequatscht haben oder auch nur nebeneinander standen. Was dachte Sven? Ahnte Raimund etwas? Wie sollte ich mich verhalten? Ich durfte mich selber nicht verraten. Und dann war da noch die Sache mit Svens Freundin, die war zufällig gerade in der Stadt. Ich hatte gesagt: »Bring sie doch mit«, aber er hat's nicht gemacht. Sie hat ihn nur an der Straßenecke abgeholt, und da hat er's dann im Hausflur noch fertiggebracht, mich kurz zu drücken, um die Nähe zu spüren. Sven kommt aus einer gläubigen Familie, und einer seiner Lieblingssprüche ist: »Ach, das darf ich ja eigentlich gar nicht.« Keusch und katholisch, so sei er eben. Dabei ist er keinesfalls praktizierender Christ. Aber bestimmte Sachen stecken drin, und wenn sie sich nur in Sprüchen äußern. Eigentlich ist er wirklich zurückhaltend und schüchtern, und ich bin es auch, es ist schon ein Wunder, daß wir uns einander so geöffnet haben.

Dann hatte Raimund auch seinen neuen Job in der Stadt und zog zu mir. Allerdings war das ein Honorarvertrag für ein Jahr, und es war klar: Nach einem Jahr muß er sich was Neues suchen. Ich hatte gesagt: »Dann komme ich mit.« Das hatte ich auch wirklich vor, aber irgendwie lief das eben weiter mit Sven, sogar noch intensiver, als das Ende absehbar war. Die Beziehung zu seiner Freundin hatte sich mittlerweile erledigt, was nicht hieß, daß er jetzt mit mir zusammensein wollte. Er sagte sogar wieder, wenn er eine neue feste Freundin haben würde, wäre mit uns bestimmt Schluß, das könnte er dann wohl nicht mehr. Ich war da wieder schockiert.

Ich fand es furchtbar anstrengend, wenn ich nicht mehr wußte, wem ich was erzählt habe. Ich meine nicht das Doppelt-Erzählen von interessanten Sachen, die passiert sind, nein, manchmal ging es auch um Ausreden oder Ausflüchte. Ich habe dann irgendwann gemerkt: Mit der Wahrheit komme ich am weitesten, beziehungsweise, da kann ich am wenigsten falsch machen. Einmal habe ich Sven beim Einkaufen getroffen und wir sind noch zu ihm. Als ich losging, war es kurz vor sieben, um halb zehn war ich noch nicht zu Hause, da hat Raimund sogar meine Freundin angerufen. Als ich kurz nach zehn nach Hause kam, konnte ich schlecht sagen: »Ich bin noch mal mit den schweren Taschen um den Block gegangen.« Da habe ich lieber gesagt: »Ich habe Sven getroffen und bin noch mit zu ihm, um mir eine CD zu leihen, aber wir haben uns dann verquatscht.« Das war okay.

Auf der Arbeit gab es wegen unserer Affäre, Liaison oder wie man es nennen will, wenig Streß: Es wußte ja keiner. Das ist anders, als wenn man offiziell eine feste Beziehung hat. Wenn es dann zum Beispiel auseinandergeht, gucken alle mit großen Augen: Wie machen die das jetzt, wie verhalten die sich? Da kannst du sicher sein, daß rumgestichelt wird.

Mit Sven kam dann ein Abschied auf Raten, so muß man es wohl nennen. Wir haben uns irgendwie durch das Jahr gemauschelt, dann hatte Raimund seine neue Arbeit in E. Er zog zuerst um, ich sollte ein paar Monate später folgen. Bin ich auch. Ich weiß noch, wie Sven beim Umzug geholfen hat, mein Meerschweinchen blieb drolligerweise bei ihm. In der ersten Zeit in E. bin ich ausgebrochen, wenn ich konnte. Wenn Raimund zur Messe war oder ein paar Tage zur Fortbildung, fuhr ich zu Sven nach W.

Dann war ich nach einem Urlaub mit Raimund schwanger. Nicht zufällig, nein, richtig gewollt. Meine Freundin hat mich ausgequetscht: »Und du bist sicher, daß das Kind von Raimund ist?« Da konnte ich nun wirklich absolut sicher sein, Gott sei Dank, das hätte ich nun wirklich als übles Hintergehen empfunden. Mir wäre andererseits auch nie eingefallen, Sven mit einem Kind reinzulegen, ihn zu zwingen, sich verpflichtet zu fühlen. Das hätte ich ja probieren können. Für mich war sofort klar: Wir heiraten. Für Raimund war das in Ordnung. Für mich war es wirklich keine Frage, ich wollte ja Kinder, und ich wollte einen Mann dazu, Sicherheit, ein gemeinsame Wohnung und ein vernünftiges Einkommen. Es war bestimmt keine Weil-ich-dich-liebe-Hochzeit, wie ich sie eigentlich gerne gehabt hätte. Aber man kann es nicht ändern, obwohl ich viel versucht habe, mit Raimund über unsere unterschiedlichen Gefühlslagen zu reden. Ich hatte sogar zu Hause Bücher rumliegen lassen mit Titeln wie *Wege aus der Krise – das sprachlose Paar*. Sven hatte mir das Buch geschenkt, als Denkanstoß. Raimund hat nicht drauf reagiert. Dabei wollte ich, daß er drauf anspringt. Nie hatten wir über Treue gesprochen, weder in der Beziehung allgemein noch über sexuelle. Raimund fragte ja auch nicht. Wenn ich wegfuhr, fuhr ich eben weg, da vertraute er mir.

Schwanger. Es war eine blöde Situation, auf Sven hatte ich immer noch Lust, auf Raimund immer weniger. Ich mußte mir richtig Mühe geben mit unserer Beziehung. In unserem Sommerurlaub hat mich Raimund richtig wütend gemacht, das war bezeichnend. Wir sind mit dem Auto durch Holland gefahren, von Ort zu Ort. Ausgerechnet Raimund, der immer so gut organisiert ist und alles tiptop vorbereitet, hatte diesmal geschlampt. Wir fuhren also auf gut Glück in Orte, in denen die günstigen Pensionen dann meist schon ausgebucht waren. Zu Raimund hätte es viel mehr gepaßt, wenn er vor der Reise alles genau festmacht hätte. Das hatte ich eigentlich erwartet. Denn er war für die Vorbereitungen verantwortlich. Ich habe mich also geärgert, auch darüber, daß wir über die Grenze fuhren, kein Geld umgetauscht hatten – an einem Sonntag. Und im Kofferraum lag nur noch lauwarmes Mineralwasser und angetrocknetes Brot.

Ich habe auf dieser Reise eine Art Tagebuch in Briefform geführt, schon mit dem Gedanken: Das ist für Sven. Also habe ich auch aufgeschrieben, wie's mir mit Raimund so mit der Erotik ging. Hier zum Beispiel: »Zusammenschlafen – ich meine so richtig – in der ersten Woche kein Thema. Diesmal habe ich es aber versucht zu sagen, daß es mir nicht gefällt und daß es zu wenig passiert (auch Zärtlichkeit eingeschlossen). Antwort von Raimund: Sonst waren es immer die Frauen, die nicht so viel und so oft wollten wie er und ihm die kalte Schulter zeigten. Unsere Wochenend-Beziehung war ein Störpunkt: Alles muß

Freitag abend und am Sonnabend passieren, in Eile und hektisch. Raimund fragte, was ich denn machen würde, wenn ich mehr wollte und alleine sei. Antwort: Selbstbefriedigung, und daß ich glaube, jeder macht es, unterschiedlich oft oder intensiv. Ich war mir nicht sicher, ob ich den Vibrator erwähnen sollte, ließ es lieber.«

Ich habe Sven nicht nur einen Reisebericht geschrieben oder Gedanken über Gefühle, ich habe ihn auch ein bißchen angemacht, ich habe ihm zum Beispiel geschrieben, was ich unter der Dusche getan habe: »Schönes heißes Wasser über Kopfhaar, Rücken, alle Körperteile laufen lassen. Und mit dem Geräusch des Wasserlaufenlassens verstärkt sich der innere Druck. Also soll ich es machen, wirklich in die Dusche pinkeln? Ich reckte den Po nach hinten, spannte den Körper und ließ locker. Gelb und warm rann aus der Mitte ein Strahl Richtung Abfluß. Es tat gut und erleichterte.«

Ich habe immer wieder versucht auf dieser Reise, Raimund anzubaggern, habe am Strand angefangen, ihn zu streicheln, die goldene Mitte und und und. Raimund wollte durchaus mehr, aber er wußte nicht wie, ihn störten die anderen Menschen, die zwar auch da waren, aber weiter weg. Warum sind Männer in dieser Hinsicht so unflexibel? Warum ist Raimund so unflexibel? Wir sind also mit dem Handtuch in die Dünen. Wie sollten wir jetzt aber das körpereigene Eiweiß wegwischen? Für Raimund war das ein Problem. Und dann hatte er hinterher noch einen kleinen Einriß am Penis, an mir konnte das nicht liegen, ich bin bei solchen Gelegenheiten mehr als feucht. Also haben wir es uns mit Sand erklärt. In den nächsten Tagen konnte ich ihn doch noch dazu bewegen, wieder in die Dünen zu gehen, am praktischsten erschien es mir diesmal, alles mit dem Mund aufzufangen. Trotzdem landete noch etwas im Schamhaar, alles klebte, der Wind hatte den Sand auf unsere schweißnasse Haut paniert. Das war alles schön, und doch dachte ich immer an Sven.

Am Ende der Urlaubs hat Raimund mir einen Knutschfleck gemacht, ich erinnere mich genau. Und er hat gesagt: »Damit wirst du noch eine Weile Spaß haben.« Ich wußte gar nicht, wie das gemeint sein sollte, ich hatte noch eine Woche Urlaub allein, und Sven würde ich auch sehen.

Wir kamen zurück aus dem Urlaub, und ich wollte sofort Sven treffen. Für ihn war das mit meiner Schwangerschaft völlig okay, weil er ja nicht der Vater war. Wir haben auch noch miteinander geschlafen, sogar sechs Wochen vor der Geburt, wo man ja schon Bedenken haben kann, ob das nicht Wehen auslöst, was natürlich nicht passiert, wenn es noch nicht so weit ist. Ich fand meinen Bauch ziemlich dick und unansehnlich. Aber so ungefährlich miteinander schlafen zu können, eine Schwangerschaft nicht befürchten zu müssen, das hat etwas für sich.

Ein paar Tage vor unserer Hochzeit kam Raimund mit ausgearbeiteten Alterssicherungsplänen für sich und für mich und mit einem Ehevertrag. Da war ich richtig sauer, ich hatte das Gefühl, ich soll in sein bürokratisches Schema eingepaßt werden, und er vertraut mir nicht. Ausgeheult habe ich mich dann bei Sven am Telefon. Und unterschrieben habe ich natürlich gar nichts. Geheiratet haben wir bekanntlich trotzdem.

Irgendwann, kurz nach Maureens Geburt, hat Sven eine andere Frau kennengelernt, das heißt, richtig neu war sie nicht. Es ist die Frau eines seiner besten Freunde, und das ist auch das Problem: Sie will sich nicht von ihrem Mann trennen, und zwischen den beiden Männern ist jetzt Funkstille. Sven fragt sich selber, warum er immer an schon vergebene Frauen gerät. Vielleicht braucht er so unentschiedene Situationen. Sven und ich haben oft darüber geredet, was wir da nun eigentlich miteinander hatten, eine Affäre, eine Romanze, eine Liebelei. Heute sehe ich es so, daß unsere Lust am Sex, unsere Experimentierfreude überaus wichtig waren, natürlich hat uns auch ein tiefes Gefühl verbunden, wir waren leidenschaftlich, brauchten beide Nähe und Zärtlichkeit. Aber die Leidenschaft war schon sehr wichtig, und sie kann nicht die Basis für eine Partnerschaft sein. Wie viele Paare leben glücklich lange miteinander, verstehen sich, auch ohne viel Sex. Andersrum geht es gar nicht: Nur von Sex und Kuscheln allein kann keine Beziehung leben. Aber mit Sven, das war etwas ganz anderes als mit Raimund, etwas Einmaliges, etwas Verrücktes, was ich heute nicht missen möchte und auch nicht bereue. Und ob's wieder auflebt, werde ich ja sehen.

Was mich heute noch manchmal traurig macht, sind so Kleinigkeiten, die mangelnde Gemeinsamkeiten zeigen. Es gibt zum Beispiel kein schönes Foto von Sven und mir. Ich habe nur ein Foto von einem Betriebsausflug, da ist aber außer uns beiden die halbe Hauptabteilung III mit drauf.

Ich merke durchaus, daß ich unruhig bin. Es ist schön, eine Familie zu haben. Ich merke auch, daß Raimund sich freut, daß er Maureen und mich hat. Wenn er nach Hause kommt, stürzt er sich sofort auf unsere Tochter und spielt mit ihr. Aber wir, wir als Paar sind manchmal ganz schön schwierig. Das kann natürlich auch mit meiner neuen Rolle zu tun haben: Mutter sein, Frau bleiben wollen, attraktiv und begehrenswert sein wollen. Sexuell, finde ich, könnte mehr passieren. Ich mag nicht immer die treibende Kraft sein, die Aktive. Ich genieße den Sex mit Raimund, wenn er dann mal stattfindet oder stattgefunden hat. Man liest ja oft, daß Frauen nach der Geburt keine Lust mehr haben, mit ihrem Mann zu schlafen. Ich war auch k.o. und gestreßt in den ersten Monaten, nicht zuletzt vom Stillen. Aber bei uns war es Raimund, der keine Lust hatte, seine ganze Liebe und Zärtlichkeit widmet er Maureen. Nicht, daß ich eifersüchtig wäre, aber das ist schon furchtbar, wie ich völlig abgemeldet bin.

Manchmal wünsche ich mir wieder so etwas wie mit Sven oder kann es mir vorstellen. Nicht zuletzt mit Sven selbst. Ich glaube, dieses Andere in der Beziehung mit ihm hat mich gereizt, gerade das Verbotene. Mit ihm ging es tief in eine neue, für mich unbekannte Welt, eine sehr sexuelle Welt. Aber es war nicht nur das, ich glaube, ein Liebhaber schleppt keine Möbel und bringt Lampen an. Wie Sven bei meinem Umzug. Sven hat mir durch unsere Gespräche oft neue, seine, eben männliche Sichtweisen auf bestimmte Dinge vermittelt, immer mit mehr Distanz, als ich sie habe. Er war sehr oft wie ein großer Bruder zum Ausheulen. Aber was heißt war, weiß ich, wie es weitergeht? Wir unterhalten uns heute noch über Gott und die Welt, sind auf dem laufenden über Probleme und Krisen des anderen. Die langen Telefonate letzte Woche hatten am Ende immer mit Selbstbefriedigung zu tun. Ich wußte früher gar nicht, daß so etwas funktioniert und schön ist. Die Stimme des anderen dabei zu hören, sein Stöhnen, sein Kommen. Als ich vor drei Wochen mit Sven telefonierte, habe ich gesagt: »Ich würde gerne mal wieder nach W. kommen.« Daraufhin er: »Bringst du das Rasierzeug mit?« Wir haben dann über etwas anderes geredet, und irgendwann habe ich dann gefragt: »Sag mal, war das vorhin ernst gemeint?« Der Blick auf seine großen Hände, wie er mit dem Rasiermesser so behutsam, so konzentriert über meine Haut streicht, das werde ich nie vergessen.

Manche sagen ja, Frauen können Liebe und Sex nicht so gut auseinanderhalten. Ich glaube, daß das grundsätzlich stimmt, aber ich kann das ziemlich gut. Ich stehe zu Raimund, aber auch zu etwas sexueller Freiheit. Raimund sagt nie, daß er mich liebt, er spricht davon, daß er mich wertschätzt, und er sagt mir auch gerne, daß er glaubt, daß ich mit allen unseren Problemen klarkomme. Ja, natürlich komme ich mit ihm klar, ich mag ihn ja auch. Raimund ist verläßlich, ernsthaft und steht zu mir. Er ist ein Fels in der Brandung, und wir sind miteinander vertraut. Auf der anderen Seite kenne ich ihn mittlerweile sehr gut, und ich nutze seine Naivität aus.

Manchmal denke ich darüber nach, daß einen schließlich keiner zwingt, nur weil man verheiratet ist, nicht auch mal von fremden Kirschen zu naschen. Selbst wenn die Ehe scheitert: Sven wäre nicht die Alternative. Hat lange gedauert, bis ich das begriffen habe, jetzt ist es mir aber klar. Es ist wirklich ein bißchen ein Abschied auf Raten, den Sven und ich in den letzten Monaten erlebt haben, aber vielleicht gibt es ja auch eine Annäherung auf Raten. Sven ist Taufpate von Maureen, ich wollte das gerne, er erst nicht, aber dann war er doch einverstanden. Ich glaube, ich kann mir dadurch ein Hintertürchen offen halten, daß wir im Zweifelsfalle über Maureen in Kontakt bleiben. Das ist ein bißchen egoistisch von mir, gebe ich zu.

Gisela, 38

Dann bin ich losgesurft

Oder: Dafür bin ich viel zu brav

Als die Tür zu seinem Hotelzimmer aufging, da dachte ich, ich fall' tot um. Wir hatten uns im Chat immer so romantische Bilder beschrieben, aber das hier war die Wirklichkeit. Da standen Rosen, der Sekt im Sektkübel, Erdbeeren. Und er stand da wie ein großer Lausejunge. Ich kriegte den Mund nicht mehr zu. Da macht sich jemand so viel Arbeit für dich. Wie im Zeitraffer lief noch mal alles ab, was in den letzten Monaten passiert war und was mich hierher gebracht hatte und mir jetzt die Tränen in die Augen trieb. Warum ich so geweint habe, werden Sie nachher besser verstehen.

Also, angefangen hat alles damit, daß mein Mann zwischen Weihnachten und Neujahr mal wieder arbeiten mußte, Silvester inklusive. Das Fest wird bei uns nicht groß begangen, Kinder haben wir keine, wir feiern in kleiner Runde, aber die Schwiegereltern erwarten eben, daß man schön zusammen unterm Baum hockt und sich mehr oder weniger anschweigt. Ich habe also so wie immer die Gans vorbereitet, Torten gemacht, und ab dem zweiten Weihnachtstag ging Philipp in die Firma, weil bis Ende Januar noch ein wichtiger Software-Auftrag fertig sein mußte. Da saß ich nun alleine mit dem Rest der Gans und meinen Urlaubstagen, denn ich hatte zwischen den Jahren dienstfrei, und im Amt kann man nicht einfach mal wieder schnell zurücktauschen, nur weil einem der Partner einen Strich durch die Rechnung macht. Wenn ich ehrlich sein soll, wäre auch bei gemeinsamen freien Tagen wieder alles gewesen wie immer. Ich hätte wer weiß was erwartet, er hätte wieder geschwiegen, oder wir hätten uns angegiftet. So ging das schon über Monate, wenn nicht Jahre, ich weiß es gar nicht so genau. Man nennt das wohl: Der Haussegen hängt schief.

Philipp hatte vor dem Fest endlich auch bei uns zu Hause auf dem Rechner Internet installiert, im Büro hatte ich das ja schon lange und habe es auch genutzt, aber eben nicht für private Dinge. Ich habe mich also an den Rechner gesetzt und bin losgesurft. Das ging ganz einfach, die Startseite von T-Online kam, die Verbindung zu *Chatworld.de* und schon war ich drin. Ich wußte bis dahin nur, daß man chatten kann, also mit anderen so hin und her schreiben, man liest ja viel darüber, aber wie das geht? Ich bin auf einer Seite namens Mittagspause gelandet, da schrieben alle wild durcheinander, ich verstand nur Bahnhof. Ich hatte mich irgendwie eingeloggt, als Nickname einfach Nilta eingegeben, weil ich zufällig eine Tasse mit Nilpferd auf dem Schreibtisch stehen hatte, und dann habe ich zaghaft »guten tag« getippt. Keiner antwortete. Irgendwann habe ich eingegeben: »kann mir vielleicht jemand erklären, wie das hier geht?« Immerhin hatte ich gelesen, daß man im Chat alles klein schreibt, alles andere gilt als Schreien. Eine Person namens Mein-Name-ist-nicht-Hase hat sich meiner erbarmt und dann auch schnell für uns ein Separée eröffnet, wo man nur noch zu zweit schreibt.

Es war unglaublich, plötzlich saß ich da, kroch fast in meinen Rechner rein und schrieb mir mit einem wildfremden Menschen, einem Mann genauer gesagt, mein Leben. Ich wußte bald, daß dieser Nicht-Hase 40 war, also zwei Jahre älter als ich, daß er 50 Kilometer von mir entfernt wohnt und hier ganz in der Nähe arbeitet. Als wir das Separée verlassen haben, haben wir unsere E-Mail-Adressen getauscht und uns für den nächsten Tag wieder zum Chatten verabredet. Da saß ich nun und wußte nicht, wie mir geschah.

Am nächsten Tag saß ich pünktlich um drei am Schreibtisch. Als ich mich eingeloggt hatte, war er schon da, und es ging wieder los. Ich erfuhr, daß er seit Jahren mit seiner Ehe hadert, sich aber nicht scheiden lassen kann, weil er so an der Tochter hängt, die war erst zwölf. Und ich erfuhr noch so allerlei, das ihn mir sympathisch erscheinen ließ. Das ist so im Netz: Man hält sich nicht mit Nebensächlichkeiten auf, wenn man sich auf ein Gespräch einläßt, das habe ich später auch mit meinen beiden Freundinnen gemerkt, die ich übers Netz gefunden habe. In den nächsten Tagen machte ich immer nachmittags mit Herzklopfen den Computer an, und bald kam von Robert, seinen richtigen Namen wußte ich also mittlerweile auch: »Naja, wir frühstücken sicher bald mal zusammen.« Das habe ich weit von mir gewiesen, das wollte ich nicht. Aber seine Stimme hören, das wollte ich schon gerne mal. Zumal meine freien Tage ja zu Ende gingen, und wie sollte ich künftig nachmittags mit ihm chatten, wenn ich wieder arbeiten würde? Ich hatte schon richtige Verlustängste, es war verrückt. Er hatte mir so schöne Gedichte geschickt. Auch wenn alles nur über die Rechner lief, ich war so berührt, weil er sich so viel Zeit für mich nahm. Wie also telefonieren, ohne daß er gleich meine Adresse rausfinden kann? Ich habe dann bei meinem Handy die Rufnummernunterdrückung eingestellt, wie das geht, wußte ich vorher gar nicht, aber eine Freundin hat es mir gezeigt. Schließlich habe ich ihm doch per SMS meine Telefonnummer geschickt. Daraufhin kriegte ich gleich eine meterlange E-Mail, so gerührt war er über das Vertrauen, das ich plötzlich hatte.

Wir waren dann für einen bestimmten Termin zum Telefonieren verabredet. Ich habe gehofft: Hoffentlich stottert er oder spricht einen unmöglichen Dialekt. Dann wäre bei mir sofort alles aus gewesen. Diese Hoffnung war mein Notanker. Aber er hat nicht gestottert. Er hatte die schönste Stimme und das schönste Lachen der Welt. In der nächsten Zeit haben wir oft telefoniert, und das war genauso vertraut wie anfangs am Rechner. Nur eines hat mich beunruhigt: Robert hat nie einen Zweifel daran gelassen, daß er irgendwann in die Realität wollte. Das hat sich dann so hochgeschaukelt, irgendwann wollte ich das auch, und wir haben uns einen Termin ausgeguckt, den Valentinstag, das fanden wir beide lustig.

Ich habe auf der Dienststelle einen Tag Urlaub angemeldet. Wir haben uns zum Frühstück verabredet, in einem ruhigen Hotel, idyllisch gelegen mit Blick auf ein Tal, eine Sportfreundin hatte mir davon vorgeschwärmt. An diesem Tag saß ich also mit meinem Mann am Frühstückstisch, alles wie immer, natürlich war der Valentinstag kein Thema, kein verknautschtes Blümchen, kein Küßchen, schon vor Jahren hatten wir diese Diskussionen: »Ich mach' den Konsumterror der Floristenmafia nicht mit, ich lasse mich nicht manipulieren.« Philipp ist so ein verkopfter Mensch, daß ich manchmal verzweifele, er kann nicht mal romantisch sein oder sentimental. Wenn er wenigstens mir zuliebe manchmal so tun würde, aber nichts ist. Nach dem Ehefrühstück stehe ich also vorm Kleiderschrank: Was ziehst du an? Ich habe das rausgeholt und zurückgelegt und das und das und das. Ich habe geduscht und gecremt und gefönt und mit Parfüm gesprüht, dann ging es los, in einem Kleid, in dem ich mich immer wohlfühle. Wie würde es wohl sein, ich kannte ja nur seine Stimme. Bei meinen späteren Freundschaften mit Frauen im Netz haben wir immer schon sehr früh Fotos ausgetauscht, bevor wir uns dann kennengelernt haben.

Ich fahre also zum Hotel, und davor steht ein Mann und winkt mich hinters Haus, wo der Parkplatz war. Da dachte ich schon: verdammt. Ich wäre am liebsten wieder umgekehrt. So wie ich auf Stottern gehofft hatte, hoffte ich an dem Tag auf ein Holzbein, aber er kam ohne zu hinken an, lachte, sprach mit dieser schon vertrauten Stimme und umarmte mich. Wir hatten einige angenehme Stunden, außer Reden und flüchtigen Berührungen passierte nichts. Aber ich fuhr zurück mit dem Gefühl: Du wußtest gar nicht mehr, wie das ist, Schmetterlinge im Bauch zu haben. Und überhaupt: Ich war so daran gewöhnt, zu Hause alles zu erzählen, ob es meinen Mann nun interessiert hat oder nicht. Jetzt hatte ich etwas, das ich nicht erzählen konnte. Auch mir heimlich einen freien Tag zu nehmen, war überhaupt nicht meine Art. Philipp und ich hatten uns angewöhnt, immer alles zusammen zu machen. Vielmehr: Ich hatte es mir angewöhnt. Seit 13 Jahren kannten wir uns, seit 10 Jahren lebten wir zusammen. Vorher hatte ich ja auch alleine gewirtschaftet, aber jetzt schob ich hilflos den Einkaufswagen durch die Regale im Supermarkt, wenn ich mal in die Verlegenheit kam, alleine einzukaufen. Wenn ich Philipp dann anrief: »Was möchtest du denn essen?«, sagte er: »Egal, mir schmeckt alles, was du kochst.« Aber gelobt oder sich richtig gefreut hat er sich nie, alles war immer so selbstverständlich.

Tagelang war ich mit meinen Schmetterlingen im Bauch wie in einer anderen Welt. Mein Mann, die Schwiegereltern und die Freunde schoben das alles, meine Aufgedrehtheit, aufs Internet, sie machten sich allesamt darüber lustig, daß ich ja ein richtiges Cyber-Girl geworden sei, eine virtuelle Person, und tatsächlich hatte ich seit einiger Zeit nichts Besseres mehr zu tun, als jede freie Minute im Netz unterwegs zu sein, Neues zu entdecken, mit Leuten zu quatschen. Nicht so oberflächlich, nein, nein, ich habe auch heute noch einen festen Stamm, der sich regelmäßig zum Austausch trifft, und mit zwei Frauen habe ich mich auch im wirklichen Leben richtig angefreundet. Meinem Mann hätte mein Leben in der Computerwelt ja durchaus gefallen können, schließlich verdient er sein Geld ja mit so was. Aber eben mit der Software und der Hardware – was man damit Sinnvolles, Zwischenmenschliches machen kann, interessiert ihn gar nicht. Außer Computer, Arbeit und den Schmetterlingen gab es damals für mich nichts, die Sternstunden waren die Mails und das Chatten von und mit Robert.

Irgendwann habe ich es nicht mehr ausgehalten und mit einer ehemaligen Arbeitskollegin gesprochen, mit der ich auch befreundet war und die zu ihrem Freund nach München gezogen war. Wir hatten immer noch Kontakt, und sie sagte: »Komm doch einfach mal ein Wochenende.» Das ging aber nicht, und so haben wir stundenlang telefoniert. Wie gesagt: Sie hatte einen neuen Freund, und dafür lief die Scheidung von ihrem Mann. An Trennung habe ich für mich überhaupt nicht gedacht, aber wie sollte ich mit der Situation umgehen: »Du begibst dich in einen Sumpf, paß auf, Gisela«, hat meine Freundin gesagt, »anfangs siehst du das Ufer noch und du denkst, du kannst zurück, aber dann verschwimmt alles und du verlierst die Orientierung.« So war es bei ihr. Mußte es bei mir auch so sein?

Robert und ich wußten alles über unsere jeweiligen Partner- und Familienprobleme, ich wußte, daß seine Frau sich vor ihm am liebsten gar nicht auszog und immer schon angezogen im Bett lag, er wußte, daß Philipp mich mit meinem Kinderwunsch immer wieder hingehalten hatte, erst ging es nicht, weil wir gerade zusammengezogen waren, dann mußte er sein Diplom machen, das zog sich, weil er immer wieder Programmierjobs angenommen hat, dann mußte er helfen, die Firma aufzubauen.

Meine neue Freundin aus dem Internet hat den schönen Satz zu mir gesagt: »Du wirst am Ende dieses Lebens nur das bereuen, was du nicht getan hast.« Das und die Sache mit dem Sumpf ging mir immer wieder durch den Kopf. Als ich dann die Münchner Freundin doch besuchen wollte und Robert vorschlug mitzufahren beziehungsweise einen gemeinsamen Tag in München zu verbringen, sagte die eine Freundin: »Mach es bloß nicht«, die andere sagte: »Fahr doch mit ihm.« Ich schlug die Sumpfbilder in den Wind, wir fuhren.

Wir trafen uns auf einem Rastplatz, nur zum »Guten Tag« sagen, weil wir ja mit zwei Autos fahren wollten. Da gab er mir eine Kassette fürs Auto. Mit Liebesliedern, Gedichten von Erich Fried und so. Ich fuhr, hörte die von ihm ausgesuchten Sachen, die Sonne schien, alles stimmte. Dann kamen wir an seinem Hotel an. Er wollte nur schnell die Tasche im Zimmer abstellen. Ob ich mitkäme? Ich wollte ja nicht ängstlich sein. Er sagte: »Ich würde dich nie zu etwas drängen.« Warum sollte ich feige unten warten? Ich ging also mit. Und da war dann alles: Der

Sekt, die Blumen, die Erdbeeren. Zimmer 314, ich werde es nie vergessen. Ich stand da völlig überwältigt und konnte es sowieso schon alles nicht fassen, da sagte er: »Und jetzt kommt dein Geburtstagsgeschenk, ich konnte ja nicht dabei sein.« Mein Geburtstag, daß er daran gedacht hatte! Das erste Mal überhaupt hatte ich die Schwiegereltern nicht eingeladen, auch keinen Kuchen gebacken, nichts gekocht, mein Mann hat mich dann notgedrungen zum Italiener eingeladen, und der ganze Abend drehte sich eigentlich nur darum, daß ich immer schwieriger werden würde. Auf die Frage: »Was meinst du denn mit schwierig?« wußte Philipp aber keine Antwort. Ich wußte wirklich nicht, was er meint, denn eigentlich war ich, wenn wir denn noch miteinander sprachen, umgänglicher geworden, so wie der ganze Ton bei uns zu Hause aus meiner Sicht in letzter Zeit oberflächlicher geworden war, weil ich ja immer so schön abgelenkt war.

Nun also ein verspätetes, wirklich überraschendes Geburtstagsgeschenk. »Mach die Augen zu«, sagt Robert und drückt mir etwas Großes, Weiches in die Arme. Ich mache die Augen wieder auf: das größte, flauschigste Badetuch, das ich je gesehen habe. Als ich es auseinanderfalte, ist es um mich geschehen: Ein kompletter Rosenstrauß, aufgelöst in Tausende von Blütenblättern fällt mir entgegen. Mir laufen die Tränen übers Gesicht, das ist so rührend. Von solchen Blüten, genauso wie von den Erdbeeren, hatte ich ihm mal beiläufig erzählt. Wir lagen uns in den Armen, ich glücklich vor Dankbarkeit, er glücklich über meine Freude. Dann lagen wir bald im Bett. Ich hatte alles vergessen...

Nach dieser Nacht bin ich dann zu meiner Freundin gefahren, völlig durchgedreht und aufgewühlt. Immer wieder habe ich mich gezwickt: Hast du das alles nur geträumt? Du bist doch viel zu bieder, viel zu brav für so was. Meine Freundin setzte ihre Warnungen vor dem Sumpf fort. Und ich dachte daran: Wie werde ich meinem Mann bei der Rückkehr in die Augen gucken? Das war dann gar kein Problem: Er sah mir nämlich gar nicht in die Augen. Das hätte ich wissen können. Es interessierte ihn auch gar nicht, was ich in München alles gesehen hatte. Eigentlich wie immer. So konnte ich mir das Buch schnappen, das mir meine Internet-Freundin zum Geburtstag geschickt hatte: *Salz auf unserer Haut*, diese Geschichte von der Frau, die ihren Liebhaber immer einmal im Jahr trifft, bis er stirbt. Das war genau das Richtige für meine Stimmung.

Vieles hat sich geändert seit diesem München-Wochenende, so nach und nach. Ich höre andere Musik als früher, weniger deutsche Schlager, mehr Romantisches, Eros Ramazzotti, aber auch R.E.M. Ich gehe auch allein ins Kino. Es ist dabei nicht so, daß Philipp mich früher nie gelassen hätte, er hat oft gesagt: »Mach mal.« Aber das wollte ich doch gar nicht, ich wollte doch immer alles mit ihm. Als ich mich einmal von Sportkollegen zu einer Kurzfahrt nach Paris überreden ließ, sagte Philipp sofort: »Toll, mach mal.« Und ich habe vor der Abfahrt geheult und noch auf dem Eiffelturm in einer Tour gedacht: Wenn er doch mit wäre. Ganz schön blöde. Jetzt gehe ich also auch alleine ins Kino, das heißt, es ist oft so, daß ich mich mit Franziska, der Franziska aus dem Internet, verabrede, sie geht dann in ihrer Stadt zum Beispiel in *Was Frauen wollen*, ich in meiner – wir lachen dann zwar nicht zusammen im Kino, aber noch am selben Abend mailen wir hin und her, wie uns der Film gefallen hat.

Meinem Mann und den Schwiegereltern, auch meinen Eltern, ist es mittlerweile unheimlich, wie ich mit dem Netz umgehe, aber von anderen Chat-Leuten weiß ich, daß es ihrem Umfeld auch so geht. Mit Franziska verbindet mich mittlerweile eine richtige Frauenfreundschaft, so, als wenn wir uns schon ewig kennen. Wir haben uns gegenseitig besucht, unsere Männer haben sich auch kennengelernt, sie hatte bei uns ihre beiden kleinen Söhne mit, und als ich zuletzt bei ihr in Hessen war, sind wir mit den Jungs Schwimmen gegangen, ins Kino, so als wenn ich zur Familie gehöre.

Als ich das letzte Mal hinfuhr, passierte was ganz Komisches: Mein Mann hat mich zum Zug gebracht. Das hat er sonst nie gemacht, obwohl er meine Panik vor den vielen Gleisen kennt. Das fand ich bemerkenswert, auch daß er vorhatte, während meiner Reise mit dem Fahrrad eine Tour mit zwei Übernachtungen zu machen. Man könnte auf die Idee kommen, da steckt eine Frau dahinter, aber er rief dann zwei Tage später von unserer Schwägerin an, sein Bruder schob gerade das Rad in die Garage. Sehr merkwürdig.

Ich hatte während der ganzen Zeit mit Robert keine Ambitionen, mich von Philipp zu trennen, unser Alltag funktioniert, auch wenn der Haussegen wie gesagt oft schief hängt und Philipp nicht auf meine Wünsche eingeht. Daß ich mich so in Philipps Abhängigkeit begeben habe, liegt an mir, er hat so oft gesagt: »Mach mal, mach mal.« Auch vor kurzem, als ich beschlossen hatte, mich auf eine Stellenausschreibung zu bewerben. Er hat mir sogar bei der Bewerbung geholfen. Es ist nicht so, daß ich mich beruflich auf dem Amt nicht entfalten könnte, aber alles ist so festgefahren. Alle verlassen sich auf mich, weil ich seit Jahr und Tag da bin. Ob es um den Geburtstagskalender geht, Kopfschmerztabletten oder das Protokoll für die Abteilungssitzung. Aber voran komme ich nicht. Also will ich es jetzt sozusagen auf der Gegenseite, in der freien Wirtschaft, versuchen, wenn man eine Krankenkasse so nennen kann. Philipp hat mir jedenfalls helfen wollen, und wir sind uns prompt wieder in die Haare geraten: »Wenn du dein Licht so unter den Scheffel stellen willst, bitte«, hat er gebrüllt und die ganzen frisch ausgedruckten zehn Seiten zerknüllt, die er mir geschrieben hatte. »Dann bewerbe ich mich eben gar nicht«, habe ich gesagt. Als er raus aus dem Zimmer war, habe ich eine Mischung aus seinem und meinem Entwurf zusammengeschrieben und dann auch abgeschickt.

Mal sehen. Es ist einiges in Bewegung gekommen die letzten anderthalb Jahre, das gehört alles irgendwie zusammen, Paris,

Robert, die Bewerbung. Meine Kollegen und auch die Freunde merken schon, daß ich nicht mehr so das Seelchen bin wie früher, früher habe ich eigentlich immer alles kritiklos hingenommen. Zwei Freundinnen sind damit gar nicht klargekommen, diese Freundschaften sind auf der Strecke geblieben.

Auch Robert ist weg, aber das lag nicht an mir. Jedenfalls nicht direkt. Wir haben nie, wirklich nie drüber gesprochen, wie es wäre, uns von unseren Partnern zu trennen. Er hatte sowieso immer Manschetten davor, weil er nicht auf seine Tochter verzichten wollte. Er hat dann doch die Scheidung eingereicht, aber mir nichts gesagt. Eines Tages bat er mich, doch mit ins Möbelgeschäft zu fahren, er wolle ein Schlafsofa für sein neues Büro aussuchen. Dabei dachte ich mir nichts, ich habe ihn sogar noch beraten, nicht nur, was gut aussieht, sondern was wirklich so ist, daß man auch mal 'ne Nacht gut drauf schlafen kann. Irgendwann lud er mich dann ein, das neue Büro angucken – da stand das Sofa in der Wohnung über seinem Büro. Er hat mir dann erzählt, daß er ausgezogen ist, daß die Scheidung läuft.

Da fing das an: »Das wäre doch schön mit uns, denk doch mal nach.« So weit war ich aber nicht. Ich fand es schön, so wie es war. Das hat Robert nicht gereicht. Sonst ist es immer umgekehrt: Die Frauen wollen mehr. Denke ich jedenfalls. Robert hat mir vor seinem großen Urlaub eine Art Ultimatum gestellt: »Wenn du mich vom Flughafen abholst, wenn ich zurückkomme, fahren wir zu mir und bleiben beide da. Wenn du nicht da bist, weiß ich, es ist vorbei.« Das war wieder ein Hilfeschrei von ihm, immer, wenn es ihm persönlich nicht gut ging, bedrängte er mich. Ich habe ihm gleich gesagt: »Wenn das so ist, sage ich jetzt schon: Ich komme nicht. Selbst wenn ich mich trennen würde: Ich würde mich nicht sofort in eine neue Beziehung stürzen.« Na gut, da hat er abgeschwächt, daß es nicht völlig aus sein muß. Ich wollte ihn nicht verlieren, wirklich nicht, aber er konnte so nicht weitermachen. Mir tut das noch heute weh, daß ich ihn praktisch freiwillig hergegeben habe.

Ich weiß nicht, wie das alles weitergeht, mit der Arbeit, mit Philipp. Ich hoffe immer noch. Franziska sagt: »Du mußt ihm ein Ultimatum setzen.« Ich will Kinder. Er sagt, das hat noch Zeit. Für ihn vielleicht. Für mich nicht.

Sabine, 48

Er ist mein Stechapfel

Oder: Ich bereue nichts

Meine Freundinnen schicken mir andauernd Mails: Bist du schon im Streß mit den Hochzeitsvorbereitungen? Klar bereite ich schon alles vor, aber für Streß ist gar keine Zeit. Bertold und ich heiraten in drei Monaten: Das Dorfgasthaus räumt den alten Kinosaal aus, es kommen lange Tische rein, Kandelaber, eine Live-Band. Wenn ich schon noch mal heirate, dann richtig, die Einladungen müssen hübscher gedruckt sein als sonst, alle Verwandten und Freunde werden eingeladen, mein Kleid für diesen Tag hängt schon im Schrank. Es soll einfach alles stimmen. Mit meinem ersten Mann, Dieter, habe ich mich einfach sang- und klanglos zusammenschreiben lassen, die Kinder waren schon ziemlich groß, wir haben nach dem Standesamt zusammen im Café Käsekuchen gegessen und von der Hochzeit eigentlich keinem erzählt.

Ja, mit Dieter war das alles ganz anders als jetzt mit Bertold. Wir kannten uns schon lange, bis es anfing. Bertold ist 1994/95 in dieses Dorf gezogen. Ich habe da gemeinsam mit Freunden eine Zeitung herausgegeben, ein kleines Kultur- und Mitteilungsblatt. Bertold erschien zu unserer öffentlichen Jahresversammlung, er war Neubürger und suchte Kontakt. Er kam dann öfter, und ich dachte: Was ist das denn für ein arroganter Wessi. Ich konnte ihn überhaupt nicht ab. Aber Bertold machte mit und war aktiv. Er wollte bald eine SPD-Ortsgruppe gründen, und er hat das dann mit Hilfe unserer Zeitung auch getan, was ich völlig legitim fand. Er war mir nicht der Angenehmste, aber er war halt da.

Wir haben uns immer reihum beim Redaktionskollegium getroffen, irgendwann war auch Bertold dran. Er wohnte in einem schönen neuen finnischen Holzhaus, hatte für uns nicht extra aufgeräumt, viele Bücher lagen herum, das fand ich durchaus sympathisch. Man sah, daß er alleine lebt. Als sich seine Frau Mitte der 80er Jahre von ihm scheiden ließ, hatte er beschlossen: Mir kommt nie wieder eine Frau ins Haus. Jedenfalls nicht zum Leben. Gleich an diesem Abend hat er zu mir gesagt, ich sei doch sehr gartenerfahren, ob ich ihm nicht helfen könnte. Warum soll ich dem den Garten planen, habe ich gedacht.

Zwei, drei Jahre lang hat er immer wieder versucht, sich an mich ranzupirschen. »Schäkern« hat er das später mal genannt. Ich fühlte mich manchmal sehr gekränkt, wenn er Sachen gesagt hat wie: »Mensch, Sabine, du könntest mal wieder ein paar Pfund abnehmen.« Aber er sagte eben auch: »Du siehst heute aber gut aus.« Das hat mir dann schon gefallen, so etwas hatte ich lange nicht mehr gehört. Aber Bertold wußte eben nicht: Was sagt man einer Frau, und was nicht.

Damals habe ich meinem Mann noch erzählt, wie blöd ich Bertold finde und was er wieder für dumme Bemerkungen gemacht hat. 1997 kam dann alles anders, beim Sommerfest unserer Zeitung. Wir waren auf der Festwiese, es wurde gegrillt, es gab Musik, es wurde getanzt, nette Leute, ein lauer Sommerabend. Mein Mann trinkt wie immer keinen Alkohol, aber ich hatte schon das eine oder andere Gläschen Wein.

Da kam Bertold mit seiner selbstgemachten roten Grütze. Die mag ich überhaupt nicht, aber er hat mich richtig animiert und dann mit dem Löffel gefüttert. Ich konnte gar nicht ablehnen. Wir waren so lustig und ausgelassen. Zu vorgerückter Stunde fing mein Mann an zu drängeln: »Laß uns losfahren.« Aber ich wollte nicht. »Komm, noch ’ne halbe Stunde.« Er hat die halbe Stunde gewartet und fing dann wieder an, aber ich wollte nicht. Bertold versprach, mich nach Hause zu bringen, und Dieter fuhr alleine.

Um eins, halb zwei sind Bertold und ich dann aufgebrochen, und da sagt er mir im Auto, daß er mich schon immer sehr nett fand. So etwas war ich gar nicht mehr gewohnt. Und ich habe hin und her überlegt, ob ich ihn mit einem Küßchen verabschieden sollte oder nicht. Ich hab' es dann getan. Danach habe ich die ganze Nacht vor Aufregung wachgelegen. Ich war 42, und zu meinem 40. Geburtstag hatte ich mir gesagt: Das kann noch nicht alles gewesen sein. Und ich habe damals auch überlegt, daß ich mir einen Liebhaber suche. Ich überlegte schon, wie ich das mache, mit Kontaktanzeigen zum Beispiel, und ich hatte auch schon angefangen, Annoncen zu lesen. Zwischen Dieter und mir lief schon seit Jahren sexuell nichts mehr, er war nur noch für seinen Sport da, die Kinder gingen zum Sport, alles drehte sich um dieses Hobby, ich kümmerte mich hauptsächlich darum, wer wann was zu essen kriegt und wann zu Hause ist. Meine kulturellen Interessen konnte ich immerhin mit meinen Freundinnen teilen, aber das ist ja bei vielen Paaren so. Dieter und ich waren nach der Wende beide unheimlich aktiv, im Neuen Forum, in der Umweltbewegung. Wir haben uns kaum gesehen.

Dieter und ich kannten uns seit 1974, waren seit 1976 zusammen, dann kamen die Kinder, 1988 haben wir geheiratet. Mit 40 dachte ich wirklich: Vielleicht gehst du irgendwann aus dieser Welt und weißt nicht mehr, wie das ist, Lust zu empfinden. Ich habe in dieser Zeit regelrecht feuchte Träume gehabt. Das war sehr schön, aber ja eben Zeichen für ein Defizit. Platonisch war ich häufig verliebt, das hielt immer ein, zwei Wochen an und war dann wieder weg. Einmal war ich in meinen Professor verliebt, nach der Wende. Ich hatte angefangen, Landschaftsplanung zu studieren, wir waren zusammen auf Exkursion in Österreich, wir sind Hand in Hand durch Wien spaziert, aber mehr war da nicht. Er bekam dann einen Ruf nach Westdeutschland und ist gegangen.

Gut, in den Tagen nach diesem Küßchen für Bertold habe ich überlegt: Wie weiter? Da war aber von Bertold schon längst ein

Brief an mich unterwegs, über meine Arbeitsstelle. Ich arbeite bei unserer Regionalzeitung. Ich betreute gerade eine Serie über ungewöhnliche Pflanzen unserer Heimat – und Bertold hatte einen Stechapfel im Garten gefunden. Der war nach seiner Beschreibung ganz leicht zu erkennen, und eigentlich hätte ich nicht noch extra hin gemußt. Aber wir brauchten ein Foto. Normalerweise macht das der Fotograf, nur manchmal greifen wir Redakteure zur Kamera. Diesmal wollte ich unbedingt selbst hin. Und Bertold hatte wirklich einen außergewöhnlichen Stechapfel im Garten. Das sind so Pflanzen mit ganz schwarzen Samen, die werden geraucht und können auch Halluzinationen hervorrufen. Die waren früher Bestandteil der Hexenkräuter und galten als Aphrodisiakum.

Ich mußte Bertold also anrufen, und wir haben uns lose verabredet. Zum Frühstück, eine Freundin von ihm sollte auch da sein, das würde mir doch wohl nichts ausmachen, sagte er noch. Wir haben aufgelegt, ich habe nachgedacht und gemerkt: Es machte mir was aus. Ich habe dann noch mal angerufen, und wir haben uns für nachmittags verabredet. Er hatte Tee vorbereitet, ich habe Bertold samt Stechapfel fotografiert. Das war dann später auch das erste Bild in unserem gemeinsamen Fotoalbum. Er ist den ganzen Nachmittag wie ein Gockel um mich rumgesprungen, und irgendwann hat er gesagt, daß er mich gut findet, und ich merkte, daß er mit mir ins Bett will.

Seine Ehrlichkeit hat mir imponiert. An diesem Abend lief zwar nichts, aber bei den nächsten Zeitungs-Treffen gab es dann so Blicke, unterm Tisch wurde gefußelt, und nach zwei Wochen habe ich das erste Mal mit ihm geschlafen. Mein Gott, ich hatte so lange keinen Sex gehabt, fühlte mich gerade so unattraktiv mit meinen 90 Kilo, und dann hatte er auch noch einen Spiegel im Schlafzimmer. Ich sehe mich noch, wie ich den Bauch einziehe, was total albern ist. Ich war so aufgeregt. Kein Wunder, es war schließlich mein erstes Mal mit einem anderen Mann. Hinterher habe ich mich gefragt: War es eigentlich schön? Schön war es schon, Bertold ist 15 Jahre älter, ihn hat meine Unerfahrenheit gereizt, er konnte mir vieles zeigen. Ich kam mir vor wie eine Stute mit zitternden Flanken, das ist vielleicht ein blöder Vergleich mit einem Pferd, aber so war es. Ich war während meiner Ehe nie fremdgegangen, das hätte ich mich nicht getraut.

Ja, so fing es an, und mein Mann hat sicher am Anfang gar nichts mitgekriegt. Ich wollte nichts sagen. Man hatte ja auch schon gehört, daß Verliebtsein, ein Verhältnis haben, die Ehe beleben soll. Zwei Freundinnen habe ich bald eingeweiht, ich brauchte ja jemanden, mit dem ich meine Alibis absprechen konnte, wenn ich abends weg war oder mal eine Nacht bei Bertold blieb. Dann habe ich eben offiziell bei Karin übernachtet. Mir ging es so gut. Ich war auf einmal eine Frau. Ich habe ziemlich schnell 15, 16 Kilo abgenommen, mir Kostüme gekauft, kurze Röcke. Alle haben gesagt: »Was ist denn mit dir los?« Und ich strahlte. Ich konnte plötzlich ein Selbstbewußtsein zeigen, das ich nie hatte. Dieses Begehrtwerden war so einzigartig, ich fühlte mich wie neugeboren.

Als ich Lust hatte, mit Bertold ein paar Tage am Stück zu verbringen, habe ich das Wochenende um den 3. Oktober ausgesucht. Wir sind auf den Darß gefahren, ich wollte meinem Wessi unbedingt zeigen, wie schön es da ist. Auch da hat Karin mir ein Alibi geliefert. Das Beste war, daß im selben Ort zur selben Zeit Leute von unserem Bürgerblatt waren, aber wir sind uns nicht über den Weg gelaufen. Diese Tage sollten auch eine Probe sein: Halten wir es miteinander aus, oder gehen wir uns schon nach kurzer Zeit auf die Nerven? Bertold hat dann sogar Montagfrüh in der Uni angerufen und seine Studienberatung abgesagt.

Dann kam dieser tragische 1. November. Ich übernachtete bei Bertold. Er hat die Angewohnheit, im Schlafanzug die Post reinzuholen. An diesem Morgen kommt er zurück ins Schlafzimmer und sagt: »Dein Mann steht vor der Tür.« Ich liege noch ganz zerwühlt im Bett, halbwach, und sage: »Du kannst vielleicht Witze machen.« Er sagt: »Das ist leider kein Witz.« Ich denke nur: Dein armer Mann steht vor der Tür, dein armer Mann. Ich fand mich so unfair, ich war traurig und gleichzeitig erleichtert, endlich war es raus. Ich habe mir was übergezogen und bin runtergegangen. Dieter hat nur gesagt: »Ich hoffe, du hattest eine schöne Nacht.« Dann ist er gegangen. Er muß schon seit dem Abend gewartet haben. Man muß sich das vorstellen: Er fährt zu Bertolds Haus, geht in den Garten, guckt durch die Scheibe, und da sieht er meine Jacke an der Garderobe hängen. Ein Freund hatte ihn darauf gebracht. Ihm hatte Dieter von meinen Veränderungen erzählt, und der Freund hat dann spontan gesagt: »Die hat einen Liebhaber.« Dieter war ja durchaus schon ein bißchen mißtrauisch geworden. »Wenn das stimmt«, hat er gesagt, »kann das nur der Bertold sein.« Als ich wieder ins Haus komme, ist Bertold schon dabei, uns einen Kaffee zu machen. Wir haben ihn getrunken, dann bin ich nach Hause gefahren.

Die nächsten Tage waren furchtbar. Dieter und ich haben stundenlang über alles geredet. Gott sei Dank hatte ich ihm schon vorher gesagt, daß ich ihn nicht mehr liebe. Jetzt kam natürlich: »Ist ja klar, warum«, aber ich konnte Dieter nur sagen: »Bertold war nur der Anlaß, die Ursachen liegen viel tiefer.« Ich glaube, ich hätte mich früher oder später sowieso von meinem Mann getrennt. Wenn ich zurückdenke, erinnere ich mich, daß wir oft gestritten haben, daß ich manchmal gedacht habe: Ich lasse mich scheiden. Aber ich habe es eben nicht getan. Nach außen waren wir eine intakte Familie. So ziemlich die einzige im Bekanntenkreis, und ich wollte dieses Bild irgendwie aufrechterhalten.

Mein Mann ist ein Verlierertyp, sein Studium hatte er irgendwann abgebrochen, ohne mir etwas zu sagen, ich habe noch ein Jahr lang regelmäßig aus der Bibliothek die Fachbücher herbeigeschleppt, die er gar nicht mehr brauchte. Dieter operierte auch später überall mit kleinen Lügen, einmal hat er mir erzählt, der Zahnarzttermin sei ausgefallen, weil die Helferin Grippe hatte. Als ich eine Woche später da bin, sage ich zu ihr: »Na, haben Sie sich wieder erholt?« Sie fragt: »Wovon?« Mir war das so peinlich. Irgendwann hatte ich kein Vertrauen mehr zu ihm, wußte nicht mehr, was ich glauben konnte und was nicht.

Ich habe immer gesagt: Ich habe drei Kinder. Aber ich, ich hatte seit meiner Jugend niemanden, der sich um mich kümmert. Das habe ich dann auch gemerkt, als die Sache mit Bertold bekannt wurde. In dieser wirklich schwierigen neuen Situation sagte meine Mutter zu mir: »Du bist wie dein Vater.« Der war nämlich auch fremdgegangen und hatte sich schließlich von ihr getrennt.

Dieter hat damals immer wieder gefragt: »Warum hast du nichts gesagt?« Das besonders Tragische war: Als ich mich körperlich so verändert habe, hat mein Mann sich neu in mich verliebt. Ich habe das natürlich nicht gemerkt, ich war ja blind vor Verliebtheit. Aber meiner Tochter hatte er es gesagt. Ich erinnere mich, wir waren noch im September zusammen im Urlaub, da war ein Fest, wir haben ganz ausgelassen getanzt, aber ich habe immer gedacht: Eigentlich meine ich gar nicht ihn. Was für ihn aussah wie ein Neuanfang, war für mich das Ende unserer Beziehung.

Dieter hat tagelang geweint und erbrochen. Die Kinder waren zwar schon sehr selbständig, aber eben mitten in der Pubertät. Dieter hat ihnen gesagt, daß ich einen Freund habe. Ich war verliebt und doch so unschlüssig. Meine Familie stand auf dem Spiel, und dann immer die Frage: Hält Bertold jetzt zu dir? Er wollte doch keine feste Beziehung mehr, keine Frau im Haus. Seit er geschieden war, hatte er ein paar langjährige Verhältnisse zu verheirateten Frauen, mit einer hat er auch einmal erwogen zu heiraten, aber sie hat sich nicht von ihrem Partner getrennt. Immerhin war in meiner Beziehung zu Bertold der Druck, alles heimlich tun zu müssen, jetzt weg. Ich hätte unser Verhältnis hier im Ort sowieso nicht ewig geheimhalten können, einen Kollegen kenne ich schon aus dem Buddelkasten. Bertold hat es in diesen Tagen auch der Zeitungs-Gruppe gesagt: »Sabine und ich sind ein Paar.«

Viele Freunde hatten mit der neuen Lage ein Problem: Wir waren für alle die letzte intakte Familie, alle anderen waren schon längst ein- oder zweimal geschieden. Und wir waren eine gute Familie. Und jetzt kracht auch eine Institution wie unsere Familie. Mir hatte das immer Probleme gemacht, daß alle gesagt haben: »So wie ihr lebt, das ist toll.« Ich wollte diesem Ideal entsprechen.

Dieter war gleich nach dem Auffliegen des Ganzen ins Wohnzimmer gezogen und hat da auf dem Fußboden geschlafen, wir hatten zwei Monate getrennte Betten. Weihnachten haben wir noch alle zusammen bei meiner Mutter gefeiert, auf neutralem Boden sozusagen. Zum Jahresende zog er aus, zu einem Freund in die Wohnung, in ein Zimmer. Wir dachten, das geht so. Es ging aber nicht. Mein Mann, der nie getrunken hat, fuhr plötzlich alkoholisiert Auto und hat einen Unfall gebaut, für meine Tochter ist ganz klar, daß das ein Selbstmordversuch war, und das glaube ich eigentlich auch. Er hat ein paar Mal zu ihr gesagt: »Ich bringe mich um.« Es ist so unfair, daß er seine Schwäche auf diesen zarten Mädchenschultern ablädt, er bürdet ihr jetzt die Rolle auf, die ich hatte, ich sage ihr auch: »Du mußt Abstand halten.« Jedenfalls haben wir nach diesem Autounfall Familienrat gehalten, zusammen mit Bertold. Er war es dann, der gesagt hat: »Dann ziehst du zu mir.« Und Dieter sollte allein mit den Kindern bleiben.

Ich fand das alles ein bißchen unüberlegt, aber ich sah auch meine Schuld und daß es wohl die beste Lösung war. Also gut, ich habe schnell zugestimmt. Da stand ich nun, mußte aus meinem Haus raus, das meine Heimat war. Heimat ist ja mehr als ein Ort, das sind die vertrauten Menschen, die vertraute Umgebung. Und ich zog in diesen fix und fertigen goldenen Käfig, der ja gar nicht für eine Frau gedacht war. Ich bin immer noch zu den Kindern gefahren, habe Wäsche gewaschen, Essen hingestellt, ich fühlte mich richtig zerrissen. Ich hatte das Gefühl, ich habe alles aufgegeben, und ich wußte nicht richtig wofür. Unter der Trennung von den Kindern litt ich wie ein Hund. In mein neues Zuhause kamen sie nicht, wegen Bertold. Meine Tochter meinte später zu mir: »Daß du dich von Papa trennen wolltest, habe ich verstanden, aber daß es ausgerechnet Bertold sein mußte.«

Ich habe Depressionen gekriegt, ich habe mir richtige kleine Höhlen gebaut, zu Hause in einer Schrankecke, im Wald. Da hat Bertold mich dann gefunden, wenn er nach Hause kam, und irgendwann sagte er: »Du mußt zum Arzt.« Über den kam ich dann zu meiner Therapeutin, die mir sehr geholfen hat. Ich habe erst mal meine Schuldgefühle geklärt. Was darf ich als Frau und Mutter, was nicht, was muß ich, was nicht? Irgendwann habe ich dann eine Anzeige in die Zeitung gesetzt »Rabenmütter gesucht«, um mich auszutauschen. Die eine Frau wollte nur darüber reden, daß sie immer mit ihrem Afrikaner zusammensein wollte, die andere hatte ein schlechtes Gewissen, weil ihr Kind mit zwölf Monaten in den Kindergarten kam. Aber die Gespräche halfen mir.

Auch mit Bertold mußte ich mich erst mal zusammenraufen. 1998 hatten wir unseren ersten gemeinsamen Urlaub, Gärten in England. Das war eine Katastrophe, er hat ein paarmal überlegt, ob er mich in die Bahn setzt, ich war total genervt. Für mich war Urlaub bisher immer Ausspannen gewesen, am Strand liegen. Und mit Bertold war Aktivurlaub angesagt, 21 Tage, 23 Gärten, alles mit dem Zelt. Beim nächsten Urlaub ging es dann schon besser, da hatten wir Tage eingeplant, wo er Fallschirmspringen war und ich saß in Ascona im Café.

Der Urlaub war nicht das einzige Problem: Ich war so dumm, ihm nach einer schönen Nacht Fragen zu stellen wie »Kannst du dir vorstellen, so etwas noch einmal mit einer anderen Frau zu erleben?« Er antwortete: »Ich kann nicht sagen, daß nicht noch einmal die Versuchung locken könnte.« Ich habe so geweint. Meine Freundin hat gesagt: »Du blöde Kuh, so was fragt man auch nicht.« Ich wollte doch nur hören »Ich liebe dich«, aber

Bertold sagt mir das nicht. Dafür zeigt er es mir unheimlich oft, ich muß es nur erkennen.

Ich habe in dieser Anfangszeit unheimlich geklammert, Bertold weckte also Gefühle in mir, die er nicht wollte. Immer wieder hat er gesagt: »Binde dich nicht so, klammer nicht so.« Man merkte, daß er durch sein Alter mehr Erfahrung hat. Ich spürte meine Unsicherheit. Dazu kommt, daß ich unheimlich eifersüchtig bin. Drei Frauen waren unmittelbar vor mir für Bertold wichtig. Zweien lief ich immer noch über den Weg. Die eine war im Kegelverein, die andere war die Arzthelferin. Ich habe dann den Arzt gewechselt. Daß sich seine Frau wegen seiner Verhältnisse von ihm getrennt hat, wußte ich. Bertold hat das immer so formuliert: »Ich habe meine Katze öfter gestreichelt als meine Frau.« Von Bertold waren früher auch Sprüche gekommen wie »Für mich und die Menschheit ist es besser, wenn ich keine Frau habe«. Das fand ich anstrengend.

Aber parallel zu all meinen neuen Gefühlen wuchsen auch mein Selbstbewußtsein und meine Zufriedenheit. Ich habe so vieles neu entdeckt und mich verändert. Seit drei Jahren laufe ich jeden zweiten Tag, das ist fast wie eine Sucht, ich laufe eigentlich nur für das tolle Gefühl hinterher: Der Kopf ist frei, du fühlst dich gut. Früher hatte ich Duchblutungsprobleme bis hin zu Schwindelanfällen. Die sind weg, seit ich Bertold kenne, das kann durchaus auch mit dem Sex zusammenhängen. Überhaupt Sex: Ich kann jetzt viel freier drüber reden. Neulich saß ich mit meiner liebsten Freundin im Café im Literaturhaus. Wir haben über Sex gesprochen, jetzt wußte ich wenigstens, worüber ich rede. Früher habe ich meist nur etwas gebrummelt, denn bei Dieter und mir im Bett war ja nichts mehr los, bestimmt wie bei vielen anderen Paaren auch, aber darüber spricht ja keiner. Ich lese gerne erotische Literatur, aber eben auch erst jetzt neu, und ich verleihe Bücher, die mir gefallen, gerne oder erzähle davon. Meine Freundin und ich haben uns also so richtig ausgetauscht und auch gesagt: Man müßte sich mal Pornos besorgen, die richtig für Frauen gemacht sind. Bei einem Fernsehbericht hatte ich mir mal eine Firma mitgeschrieben, aber der Zettel ist weg. Macht nichts. Jedenfalls kann ich über Sex jetzt offen reden, was mir Spaß macht, was ich nicht kenne. Das müßten viel mehr Menschen können.

Für Bertold ist auch nicht mehr alles, wie es war. Ich glaube, unsere Beziehung hat ihm auch gezeigt, wie liebevoll er sein kann, manche sagen, er ist nicht mehr so arrogant, er ist ein anderer geworden. Für meinen Ex-Mann ist es bitter. Er hat fast alle seine Freunde verloren, ich war diejenige, die alles zusammenhielt, ich habe jetzt sogar noch Freundschaften gewonnen. Mein Ex-Mann verdrängt das alles mit Überheblichkeit, die aus seiner Unsicherheit resultiert. Wir konnten kurz danach über alles reden, werden es vielleicht auch irgendwann wieder können, aber im Moment nicht. Die Kinder ziehen bald aus, ich werde mein Haus dann verkaufen, um etwas für die Kinder und fürs Alter zu haben.

Ich liebe Bertold sehr, meinen Mann habe ich nie so geliebt. Rational ist das alles nicht zu erklären, anfangs habe ich Bertold ja sogar abgelehnt. Und auch sonst, was finde ich an ihm? Er hat meine Größe, ist nicht besonders gutaussehend. Aber gutaussehende Männer mag ich ja sowieso nicht. Für mich zählen die inneren Werte. Anfangs war diese Liebe ein Gefühl, das alles beherrscht hat. Stundenlang konnte ich dasitzen und dem nachfühlen. Ich habe wieder zu rauchen angefangen, ich konnte nicht mehr richtig kochen, meine Kinder haben gesagt: »Das schmeckt nicht mehr nach Mutti.«

Ich habe gemerkt, was man durch so eine einschneidende Entscheidung anrichten kann, man kann Menschen dadurch richtig verändern. Ich fragte mich lange Zeit immer wieder: Hatte ich das Recht, so egoistisch zu sein? Und ich kam zu dem Schluß: Das Recht habe ich. Was nützt den Kindern eine Mutter, die unglücklich ist? Sicher, mein Sohn ist während all dieser Umbrüche in der Schule unheimlich abgerutscht, vom Gymnasium über die Realschule bis zum Schulabbruch. Jetzt macht er eine Lehre, aber vielleicht holt er später alles nach. Er war in der Pubertät, da kann man nicht wissen, was wäre ohnehin passiert, was hat mit der Trennung zu tun. Ich konnte es nicht ändern. Mein Mann hatte die ganze Zeit den unmittelbaren Einfluß auf meinen Sohn, aber er war eben keine Autorität, ist es nie gewesen. Ihm sagte mein Sohn natürlich: »Auf dich muß ich nicht mehr hören.« Und zu mir: »Du hast uns verlassen.« Ich habe geantwortet: »Ich habe nicht euch verlassen, ich habe euren Vater verlassen.«

Ich denke manchmal, wenn es einen lieben Gott gäbe, wäre ich ihm dankbar für das, was passiert ist. Aber nein, ich war das, die mein Leben verändert hat. Und ich bereue nichts.

Diana, 40

Du auf Korfu, ich auf Mallorca

Ich liebe zwei Männer

Mein Liebhaber ist für mich eine ganz neue Lebenserfahrung. Seit 19 Jahren bin ich verheiratet. Und ich war immer treu. Das würde mir wahrscheinlich keiner glauben, weil ich sehr lebenslustig bin, ich flirte auch gerne, aber ich war wirklich immer treu. Meine Ehe, meine Familie, das ist alles top. Und trotzdem geht's mir noch besser, seit ich meinen Liebhaber habe. Es macht mir Spaß, in meinem eigentlichen Leben ein Geheimnis zu haben, nur für mich allein.

Mit 30 habe ich mir gesagt: Das kann es noch nicht gewesen sein. Die Kinder wurden größer, alles war irgendwie so festgefügt. Ich habe mir dann die Haare färben lassen, neue, buntere Farben bei den Klamotten ausprobiert, einfach nur, um für mich ein Zeichen zu setzen. Das war schon nicht schlecht. Aber seit ich Norbert habe, habe ich außerdem abgenommen: insgesamt 17 Kilo, ganz ohne Diät. Ein bißchen habe ich das auch schon für ihn getan. Jetzt kann ich mich noch figurbetonter anziehen, ich fühle mich rundum richtig wohl mit mir.

Norbert und ich kennen uns schon seit zehn Jahren, wir sind zusammen im Sportverein, aber losgegangen ist es erst vor zwei Jahren. Seitdem haben wir so viel zusammen erlebt, aber nie kann man jemandem etwas erzählen: Es ahnt doch keiner was. Im Sommer haben wir zum Beispiel den Schröder beim Essen im Nikolai-Viertel gesehen. Das kannst du doch zu Hause oder den Freundinnen nicht erzählen. Die würden gleich wissen wollen, mit wem ich dort und um diese Zeit und überhaupt essen war.

Eigentlich kann ich gar nicht genau erklären, wie es zu der Beziehung mit Norbert kommen konnte. Er behauptet ja, er fand mich schon länger gut. Wir haben uns auch immer unheimlich klasse unterhalten, gut zusammengearbeitet, wenn es darum ging, für den Verein ein Turnier vorzubereiten oder eine Sommerfahrt für die Kinder. Norbert war immer so konstruktiv und kritisch, eigentlich der einzige, der im Verein richtig was sagt, außer mir. Er hat mir erzählt, er hätte schon lange ein Auge auf mich gehabt, ich habe jedenfalls nie was gemerkt und bin also auch nicht drauf eingegangen.

Und er war überhaupt nicht mein Typ. Er sieht ganz anders aus als mein Mann, und auch sonst ist er das völlige Gegenteil. Doch von Anfang an hat mich seine Größe fasziniert, heute immer noch. Jedenfalls hat er mir auf der Heimfahrt von einem Sportfest ganz einfach in den Nacken gehaucht, nicht einfach nur so aus Spaß, er war ganz dicht dran, ich habe seinen warmen Atem gespürt und auch seine Lippen. Er knabberte an meinem Ohr ... Im Bus hat keiner was gemerkt, es war 1 Uhr nachts, alle ziemlich angeheitert, wir standen mittendrin, Norbert hinter mir. Ich habe erst gedacht, daß ich ihm eine klatsche. Das hat er auch befürchtet, später hat er's zugegeben. Ich habe aber einfach nichts gemacht, ich war so überrascht. Und es war ziemlich erotisch. Beim Aussteigen hat er gesagt: »Wir müssen uns unbedingt zum Kaffee treffen, ich ruf' dich nächste Woche an.« – »Klar«, habe ich gesagt, »unbedingt.«

Ich war richtig verstört und habe gedacht: Vergiß es am besten. Das mit dem Anrufen hatten wir schon manchmal gesagt, aber diesmal rief er wirklich an. Und wir haben gleich mehrere Stunden am Telefon gequatscht, obwohl wir beide nicht gerne telefonieren. Wir haben uns dann zwei, drei Monate regelmäßig getroffen, immer in Cafés und Restaurants. Unwillkürlich bin ich immer von ihm weggerutscht, und trotzdem haben wir uns berührt, so am Arm, an der Hand. Zum Abschied gab's immer ein Küßchen auf die Wange, mehr nicht. Wir haben geflirtet wie verrückt. Wir sprachen davon, wie es ist, sich ineinander zu verlieben und was wäre, wenn es dann vorbei ist. Ich sagte ihm: »Dann ist es eben vorbei.« Er fand mich immer viel zu cool. Damals hatte ich schon ein paar kleine Schmetterlinge im Bauch. Ich wollte obercool sein und ihm natürlich nicht zeigen, was er mir bedeutet.

Und ich habe bei jedem Abschied nur gedacht: Jetzt küßt er mich nicht mal richtig. Allmählich fing ich an mich zu fragen: Passiert noch was? Ich wußte auch gar nicht, ob ich das kann, mit einem anderen Mann als meinem ... Nach 16 Jahren ...

Ich gehe oft mit Freundinnen tanzen. Da passiert nichts, außer daß wir tanzen und flirten was das Zeug hält, da geht man auch zusammen an die Bar, trinkt Sekt, und oft kommen wir erst im Morgengrauen nach Hause. Aber da läuft absolut nichts, auch wenn wir von unseren Männern öfter angefrotzelt werden. Manche können sich das nicht vorstellen, wenn Frauen alleine ausgehen, muß das immer gleich was heißen. Männer aus unserem Bekanntenkreis denken das offenbar auch. Auch in Norberts Anwesenheit habe ich manchmal über diese Frauenabende gesprochen, doch das war zu der Zeit, als wir uns noch in keiner Weise so nahe standen wie heute. Ich hatte schon damals das Gefühl, er versucht's irgendwann, so nach dem Motto: Mal sehen, ob ich die rumkriege.

Und ich dachte auch irgendwann: Der wollte nur probieren, ob er mich knacken kann. Das war, als wir das erste Mal miteinander geschlafen hatten. Wir waren drei Monate umeinander rumgeschlichen, immer brav Kaffee trinken, reden. Und dann kam er mich eines Tages abholen, mit dem Auto, und er sagte: »Wir fahren in den Süden.« Da habe ich schon etwas geahnt, natürlich hatte ich mir auch Gedanken gemacht, wo und wann es das erste Mal passiert. Ich wußte, daß er südlich der Stadt einen Garten hat, mit Bungalow. Es war April, und also nicht mehr kalt. Er hatte alles vorbereitet, Blumen mitgebracht, Wein. Hinterher war ich dann irgendwie richtig verstört. Er war mein zweiter Mann – mit Ende 30! In der folgenden Nacht habe ich kein Auge zugemacht. Alles drehte sich um ihn, aber irgendwie dachte ich, es ist aus. Niemals würde ich von ihm noch mal hören ... Doch gleich am anderen Tag rief er mich an, und schon an seiner Stimme erkannte ich, daß ihm der vergangene Nachmittag genauso gut gefallen hatte wie mir.

Ich hatte ja nie vorher sexuellen Kontakt zu anderen Männern, und ich habe auch geglaubt, ich hätte alles, was ich brauche. Mein Mann Martin hat immer noch Interesse an mir. Wir vernachlässigen uns auch nicht, aber es ist natürlich frischer, witziger und aufregender mit jemand Neuem. Zum Beispiel das Küssen. Ich küsse meinen Mann nicht wirklich gerne. Mit Norbert ist das ganz anders, wir knutschen stundenlang. Man muß ja erst herausfinden, was man selber und was der andere beim Sex gern mag, wie kann ich ihn anmachen und reizen. Mit ihm mache ich Sachen, die ich noch nicht mal als Teenager getan habe. Zum Beispiel Sex im Auto. Das ist total spannend: im Parkhaus oben auf dem letzten Deck mit total beschlagenen Scheiben. Oder Sex im Fahrstuhl. Ich habe einfach gesagt: »Ich halte den jetzt an.« Norbert sagt dann immer: »Was hast du nur für Ideen?« Mir macht das Spaß, ihn so richtig aufheizen und anflirten. Im Sommer waren wir im Strandbad: Wir machen uns gegenseitig an, ich flüstere ihm heiße Sachen ins Ohr, bringe ihn zum Kochen, er mich auch. Aber leider sind wir ja im Strandbad! Doch schon die prickelnde Atmosphäre, die Sonne, die Gedanken daran sind einfach wunderschön.

Ich denke mir für Norbert manchmal richtig etwas aus. Einmal war er in einem Restaurant zu einem Geschäftsessen verabredet. Da habe ich gesagt: »Ich komme auch und setze mich an den Nebentisch. Mal sehen, ob ich dich ein bißchen verwirren kann.« Aber ich habe dann nur einen Brief für ihn abgegeben, den er auch bekommen hat. In dem Umschlag lag ein kleiner Zettel: »Ich kann heute leider nicht persönlich kommen.« Dazu ein Slip von mir.

Norbert und ich sehen uns so zwei Mal die Woche, manchmal aber auch drei Tage hintereinander, wie es sich gerade einrichten läßt. Da wir in demselben Sportverein trainieren, nutzen wir auch die offiziellen Trainingszeiten und gehen einfach beide nicht hin. Ich habe eine Menge Außentermine in Betrieben, die fallen auch nicht alle in die normale Arbeitszeit, und wenn ich nicht im Büro bin, kontrolliert keiner, was ich mache. Handys machen das Ganze einfacher: Da kann ich mir eine Rufumleitung von der Firma einstellen und bin überall erreichbar.

Wir haben uns schon manchmal gefragt: Wie lange kann das gut gehen? Ein Jahr, zwei Jahre, oder sollen wir einen Fünf-Jahres-Vertrag machen? Aber im Ernst: Er würde das nicht machen, sich trennen. Anfangs dachte ich, er würde es gerne wollen. Und ich habe das ein bißchen gefürchtet. Irgendwann fing ich an, darüber nachzudenken, ob ich es von mir aus will, mich von meinem Mann trennen. Wie wäre es, tagtäglich mit Norbert zusammen zu sein? Ich weiß noch nicht mal, wie es ist, mit ihm aufzuwachen, geschweige denn mal ein paar Tage oder eine Woche wegzufahren. Wir haben ganz oft und lange über Trennungen gesprochen und wissen jetzt beide: Wir tun es nicht, am besten alles bleibt, wie es ist. Er ist in diesem Sinne sehr treu, nämlich mir und seiner Frau. Und ich bin es auch. Früher habe ich nicht geglaubt, daß man zwei Menschen lieben kann, jetzt weiß ich, daß das geht. Es ist schon ein bißchen so, daß man zwei Leben hat. Beide sind schön und doch so verschieden.

Ich breche ungern in sein Zuhause ein. Mangels anderer Gelegenheiten war ich manchmal schon in seiner Wohnung, aber es ist eigentlich wie ein Tabu. Ich kann in seiner Wohnung keinen richtig gemütlichen Abend verbringen, gemeinsam Abendessen, miteinander schlafen. Nicht weil seine Frau kommen könnte, die kommt an so einem Abend garantiert nicht. Aber ich passe in diese Wohnung einfach nicht rein.

Da ist mir sein oder mein Wochenendhäuschen lieber, auch wenn es oft sehr schwierig ist, unbemerkt ins Haus zu kommen.

Er ist ja auch gut zu sehen, groß wie er ist, guckt er über jede Hecke rüber. Der Garten geht eigentlich nur im Winter, weil im Sommer zu viele Leute da sind. Im Winter ist es natürlich kalt, also fährt Norbert im Zweifelsfalle vor und macht schon mal den Heizer an.

Eine Weile war ein guter Freund von ihm auf Montage in Saudi-Arabien. Er hat ihm den Schlüssel seiner Wohnung dagelassen, und das war traumhaft. Da konnten wir auch mal alles liegen lassen, wenn es spät geworden war, und am nächsten Tag haben wir uns dann zum Aufräumen getroffen ...

In bestimmten Restaurants haben wir Lieblingstische. Einmal hat der Kellner nach dem Urlaub zu uns gesagt: »Sie sind aber beide schön braun.« Waren wir auch, nur seine Bräune kam von Korfu, meine von Mallorca. Nie würden wir zusammen Stellen aufsuchen, an Orte fahren, wo er mit seiner Frau war oder ich mit meinem Mann, das wollen wir beide nicht.

Auch wenn wir uns nicht sehen, haben wir Kontakt: Wir schicken uns Nachrichten übers Handy. Jede Menge. Weil man die ja nicht alle speichern kann und ich mich nie entscheiden konnte, welche ich jetzt löschen sollte, um einer neuen Platz zu machen, habe ich angefangen, unseren SMS-Schriftwechsel aufzuschreiben, Norbert macht das übrigens auch! Das ist wie ein richtiges Tagebuch. Ich sitze in aller Seelenruhe mit meinem Mann im Wohnzimmer und tippe eine SMS, die könnte ja auch an Anne, unsere Tochter, sein, sie wohnt seit einiger Zeit nicht mehr zu Hause, und wir schreiben uns täglich. Wenn eine SMS kommt, sage ich manchmal auch: *amazon.de* hat mir geschrieben, der Buchversand. Es würde doch viel mehr auffallen, wenn ich dauernd aus dem Zimmer laufen würde, wenn das Handy piept. Mein Mann und ich haben eine stillschweigende Übereinkunft, daß man einfach nicht ans Handy des anderen geht. Nie würde Norbert mich anrufen, wenn er weiß, Martin ist zu Hause. Umgekehrt rufe ich ihn auch nicht an, wenn ich weiß, seine Frau ist da. Das Wochenende ist also absolut tabu. Verstehen, Rücksicht nehmen, eben auch nicht anrufen, das gehört einfach dazu.

Ich meide Kontakte zu seiner Frau. Dabei bin ich ziemlich sicher, daß wir uns mögen könnten, Norbert sagt auch manchmal: »Du bist wie sie ...« Anfangs hat mich das gestört, ich will nicht verglichen werden. Aber ich vergleiche ja auch. Ich meine jetzt nicht das Äußerliche. Wir passen einfach gut zusammen, ich bin Zwilling, er ist Widder ...

Ich bin schon interessiert am Leben, das er sonst so führt. Wenn er zum Beispiel von seinem Job und den Problemen erzählt, dann höre ich einfach zu und kann auch ganz kritisch als Dritte etwas dazu sagen. Er hat gerade mit so einem neuen Start-up-Unternehmen eine Bauchlandung gemacht. Natürlich ist er jetzt nicht gut drauf, und jede Absage von einer Firma trifft ihn ziemlich hart, er ist ohnehin eher pessimistisch. Da ist es oft so, daß ich versuche, ihn aufzuheitern, und er sagt auch, seine Frau müßte viel mehr seiner schlechten Laune vertragen, wenn ich nicht wäre. Ich sage ihm schon manchmal: Es ist meine Aufgabe, dich freundlich zu stimmen, damit deine Frau nicht so einen vergrätzten Mann hat. Was ja nicht heißt, daß wir nicht streiten. Aber die Partner kriegen durch uns einfach weniger schlechte Laune ab. Wenn man seinen Liebhaber trifft, zeigt man sich von seiner besten Seite, man will toll sein. Im Alltag, zu Hause, da möchte ich gerne meine Ruhe auf der Couch haben.

Es ist nicht so, daß mein Mann nur die Langeweile kriegt und Norbert Highlife. Ich kann auch gut mit Martin ausgehen. Ich komme ja aus Thüringen, wo man so richtig Karneval feiert. Mein Mann ist Berliner und kannte das gar nicht. Du wirst schon sehen, habe ich gesagt, da ist Kostümpflicht und Kußfreiheit. Wir nehmen uns immer Urlaub für den Karneval. Ich kenne natürlich jeden in meinem Heimatort, und mein Mann kannte anfangs niemanden. Ich habe schon zehn Mal geküßt, ehe wir an unserem Tisch sind. Einmal hat mein Mann mich den ganzen Abend im Gefängnis schmoren lassen. Man wird eingesperrt, weil man irgendeine sogenannte Straftat begangen hat, zum Beispiel ungezügeltes Verhalten auf der Tanzfläche, und man kann nur durch ein Pfand wieder ausgelöst werden. »Was wollt ihr, meine Uhr?« habe ich die Wärter gefragt, damit sie mir aufschließen. »Nee«, haben die gesagt, »bleib du mal schön bei uns, den Preis für dich machen wir.« Man muß dann 1,11 DM oder 3,33 DM zahlen und wird freigelassen. Mein Mann hat mir aus der Ferne vom Tresen zugewinkt, den Arm um eine Blondine. Ich saß auf dem Trockenen, hörte die Musik und dachte: na, schöner Abend. Die haben mich nicht wieder rausgelassen! Und ausgelöst hat mich auch niemand. Aber irgendwann habe ich mir dann eine Flasche Sekt bestellt. Die beiden Wärter habe ich mir in meine Zelle geholt, wir haben drin getanzt und fröhlich Sekt getrunken.

Wenn ich daran denke, wie sich mein Leben entwickelt hat, und nicht erst, seit ich 30 bin, bin ich höchst zufrieden. Neulich hatten wir Klassentreffen, da war eine Lehrerin, die hat mich überhaupt nicht wiedererkannt. Als ich ihr erzählt habe, daß ich Pharmazie studiert habe, ausgerechnet ich, die ich immer so schlecht in Chemie war, konnte sie das nicht glauben, die hätte mir höchstens Drogerieverkauf zugetraut. Ich war ja immer ein fröhlicher Mensch, aber mit Norbert geht es mir noch viel besser.

Ich habe immer gerne Sachen für mich alleine gemacht, kein Wunder, ich hatte so lange eine Familie mit zwei Kindern. Da mußte ich immer aufpassen, daß ich ich bleibe. So bin ich nie auf der Strecke geblieben. Mein Mann und ich haben immer auch unsere eigenen Freunde und Bekannten gehabt. Eine meiner Freundinnen dagegen wird von ihrem Mann richtig kurzgehalten. Die machen immer alles zu zweit. Sie traut sich nichts – weil sie nicht darf. Sie fragt sogar, wenn sie mit uns anderen schwimmen oder tanzen gehen will, das muß man sich mal vorstellen. Wenn sie mitkommt, ist es eine richtige Sensation, und ich habe schon erlebt, daß er im Morgengrauen auf der Terrasse saß, als wir Tessi abgesetzt haben. Natürlich hatten wir anderen dann schuld, daß seine Frau so spät nach Hause kam.

Mein Gott, ich sage mir immer wieder, wie gut es Norbert und mir geht, mit meinem Mann und seiner Frau. Man kennt das ja alles aus Filmen, wenn es anders läuft, die ganze Dramatik um Eifersucht und Trennung. Das Ende ist doch immer: Man trennt sich, und der abgelegte Mann sucht sich 'ne jüngere Frau.

Es ist schon so, daß man solche Gedanken dauernd hat: Wenn meine Umgebung das wüßte – nicht nur für Tessi wären mein Mann und ich nicht mehr länger das glückliche Paar, das wir ja aber tatsächlich sind. Im Sportverein hat auch noch keiner was gemerkt. Wenn wir mal gemeinsam trainieren, lassen wir uns nichts anmerken. Ich bin sicher, daß keiner was ahnt. Einmal waren wir mit 20 Leuten zu einem Wettkampf in Österreich, lauter Paare, dazu vier einzelne Männer und Frauen, die Einzelzimmer hatten. Wir beide waren auch ohne unsere Partner. Natürlich ist er da nachts zu mir geschlichen.

Ich glaube schon, daß ich Norbert liebe, anfangs habe ich mich noch dagegen gewehrt. Er liebt mich auch, glaube ich. Als es mit ihm losging, hatte ich das nicht erwartet, das war das Wunderschöne. Natürlich habe ich gleich zu Beginn gefragt: »Bin ich deine erste Affäre?« worauf er natürlich »ja« gesagt hat. Manchmal denke ich noch: Was wird daraus? Das macht's dann manchmal kompliziert. Aber wir wissen eigentlich: Das, was wir beide miteinander haben, bringt uns, unsere Ehen, nicht in Gefahr. Das spürt man irgendwie ganz deutlich. Wir haben beide viel zuviel Respekt und wissen, wo die Grenzen sind.

Traurig macht mich manchmal, daß man nicht so richtig zeigen kann, wie liebevoll man an speziellen Tagen ist oder sein möchte, zum Beispiel am Geburtstag oder Weihnachten oder im Urlaub. All das verbringen Norbert und ich nie zusammen, und es ist schon blöd, am 23. Dezember heimlich Geschenke auszutauschen. Es ist mein Traum, mit ihm einmal eine Woche wegzufahren, ihn richtig von morgens bis abends zu erleben.

Anfangs hatte ich ein schlechtes Gewissen, das kommt auch noch manchmal hoch, aber wenn es wirklich schlimm wäre, ginge es nicht schon drei Jahre. Wenn mein Mann es wüßte, wäre er unter Garantie total enttäuscht. Das möchte ich ihm ersparen, und darum genieße ich und schweige.

Fabienne, 40

Und ich lieb' doch nur dich

Oder: Liebhaber muß man planen

Sex ist für mich etwas ungeheuer Wichtiges, und mein Henrik ist nicht so ein feuriger Liebhaber. Er ist eher der rationale Typ, er ist sehr kopflastig, oft ein richtiger zerstreuter Professor. Aber bei ihm habe ich das Gefühl: Mit dem kannst du alt werden. Ich denke manchmal sogar darüber nach, wie es wäre, noch mal ein Kind zu kriegen. Mit 40. Es ist gar nicht falsch, daß mein zerstreuter Professor so viel weg ist, er ist oft in Westdeutschland bei seinem Kind. Wie er da genau lebt, will ich gar nicht wissen. Wenn er weg ist, habe ich Zeit für andere Männer. Ich leg's nicht drauf an, denn Henrik ist schon mein Hauptmann, aber wenn's paßt, sage ich auch nicht nein.

Zur Zeit habe ich einige ruhende Liebhaber, die sicher irgendwann wieder ins Spiel kommen. Mathieu zum Beispiel. Ihn habe ich vorletzten Sommer kennengelernt. Ich gehe in der Mittagspause immer raus, man braucht ja ein bißchen frische Luft. An der Ecke Unter den Linden/Friedrichstraße hält mich ein Mann an und fragt auf Englisch: »Darf ich Sie ansprechen?« Ich denke mir nichts Böses, bestimmt will er sich nach dem Weg erkundigen. Ich sage: »Yes.« Mein Englisch ist wirklich nicht gut, aber was er dann sagt, verstehe ich sofort: »Sie sehen umwerfend aus.« Und dann sagt er: »Darf ich Sie begleiten?« Ich mußte zurück zur Arbeit, aber er fragt: »Darf ich Sie wiedersehen?« Wir verabreden uns also für den Abend.

Im Haus der Sowjetischen Kunst und Wissenschaft, ich weiß gar nicht, wie das jetzt heißt, lief eine Ausstellung über den Bastlergeist der DDR-Bürger, da sind wir hingegangen. Englische

Erklärungstexte gab es nicht, und so mußte ich ihm alles radebrechend übersetzen. Versuch mal, Rübenschnitzelmaschine auf Englisch zu erklären. Mein Bilderbuch-Engländer mit rotem Haar und heller Haut hatte sich in der Zwischenzeit als Franzose entpuppt. Mir ging immer der alte Witz durch den Kopf: »Französisch kann ich, nur mit der Sprache hapert's.« Das hätte ich ja gerne gesagt, aber auf Englisch wäre die Pointe natürlich weg gewesen.

Wir entdeckten jede Menge Gemeinsamkeiten: Unsere Kinder sind gleich alt, wir segeln beide gern, er hat ein eigenes Schiff, das an der Pazifikküste von Mexiko liegt. Im September haben wir uns wiedergetroffen. Wir sind in die Oper gegangen, waren essen, auch in der Sauna. Äußerst praktisch ist es, wenn die Sauna gleich im Hotel ist. Wir haben uns bei Mathieu im Zimmer umgezogen, und nach der Sauna konnten wir unserer Lust aufeinander freien Lauf lassen. Wir haben diese Stunden immer sehr genossen. Mein Englisch wurde immer besser. Mathieu gondelt durch die ganze Welt, heute Deutschland, morgen Madrid, Kiew, Bukarest. Wir schreiben uns E-Mails und schicken auch Fotos.

Manchmal hilft mein Kind mir beim Übersetzen der Mails. Dieses Kind heißt Toni und ist inzwischen 17. Mit dem Vater bin ich auf dem Papier immer noch verheiratet, er ist homosexuell. Hört sich komisch an? Es war einfach so, daß Michael ein Kind wollte, und ich bin ja eher der knabenhafte Typ, Frauen wie mich mag er eben auch. Wir hatten auch eine Übereinkunft, daß seine Männergeschichten okay waren, er durfte sie bloß nicht mit nach Hause bringen. Ich wußte ganz genau, auf Michaels Fürsorge kann ich mich verlassen, mit ihm kannst du ein Kind großziehen. Man muß bedenken: Das war Anfang der 80er Jahre, und Hetero-Männer waren bei weitem nicht so sensibilisiert für Gefühle wie Schwule. Irgendwann hatte ich das Problem: Wie sag ich's meinem Kinde? Nicht, daß der Vater auch Männer liebt oder jetzt ausgezogen war, nein, das Schlimmste war seine Republikflucht, 1988, über Ungarn. Und ich mußte meinem ausgesprochenen Papakind also damals sagen: »Dein Vater hat was ganz Schlimmes gemacht.« Er war weg. Ich hatte doch keine Ahnung, wann wir uns wiedersehen. Inzwischen hat sich unser aller Verhältnis eingepegelt, Vater und Kind sehen sich einmal im Jahr für ein paar Tage.

Vor Henrik war ich fünf Jahre mit einem Mann zusammen, dem ich sogar treu war. Zwischen uns gab es eine ungeheure Vertrautheit und Offenheit. Er war mein großer Hase, und ich nenne ihn heute noch so. Als meine Beziehung mit Henrik anfing, habe ich Hans das drei Jahre lang verheimlicht. Henrik war nämlich nicht nur Hans' Nachfolger bei mir, er nahm auch seinen Posten in der Firma ein.

Es mag sicher ungewöhnlich sein, wie Henrik und ich zusammen leben. Aber ich rede mir ein, daß es mich wirklich nicht interessiert, was er tut, wenn er nicht bei mir ist. Ich weiß, daß Henrik sehr an seinem Kind hängt, das kann ich auch verstehen, es ist erst sieben, gerade zur Schule gekommen. Aber was mit der Mutter des Kindes ist, möchte ich nicht wissen. Die beiden sind nur über ihr Kind verbunden, das hat sie von Anfang an so gewollt. Sie hat ihn als Vater ausgesucht und ist einfach schwanger geworden, er hatte gar keine Wahl.

Es ist natürlich nicht immer einfach für mich, wenn Henrik weg ist. Er benutzt grundsätzlich kein Handy, also muß er zum Beispiel auf dem Wochenendgrundstück oder zum Telefonieren immer in die Zelle. Da passiert es, daß er lange nicht anruft, einmal sogar 14 Tage. Als Frau möchtest du aber jeden Tag angerufen werden. Ich habe mich allmählich dran gewöhnt, man muß versuchen, nicht zu klammern.

Von einem selber weiß man, wie weit die Gefühle gehen, beim Partner weiß man das nicht. Für Henrik liegt es außerhalb seiner Vorstellungswelt, daß ich noch anderweitig interessiert sein könnte. Und selbst wenn mal etwas herauskäme: Zoff geht mit Henrik nicht, an ihm prallt Ärger einfach ab. Das ist für mich natürlich gut. Andererseits möchte man als Frau schon das

Gefühl haben, begehrt zu werden. Wenn mein zerstreuter Professor keine Eifersucht zeigt, ist das für mich erst mal ein Zeichen, daß er mich nicht begehrt. Daß dem nicht so ist, zeigen die beiden Male, bei denen ich es geschafft habe, ihn aus der Reserve zu locken, einmal auch mit Mathieu. Das Schöne an unserer Beziehung ist, daß sich der Alltag nicht einschleicht und man sich immer wieder neu auf den anderen freut.

Für einen Liebhaber muß man einen gewissen Kraftaufwand betreiben, insbesondere terminlich. Wenn ich weiß, Henrik ist ein paar Tage nicht da, fange ich sofort an zu planen. Nicht mit Anzeigen oder so, wie es viele machen. Ich lese zwar gerne die Anzeigen im *Magazin* und in der *Zeit*, das sind aber auch die einzigen, die ich lese, und ich antworte nie. Es gibt nur wenige Inserate, bei denen ich mir vorstellen könnte zu schreiben.

Ich möchte mir in einer Beziehung mit einem Mann nicht benutzt vorkommen. Die Gefahr besteht bei diesen nicht-festen Beziehungen, denn vielen Männern dienen die nur der Sexbefriedigung. Das wäre mir zu wenig. Bei mir ist es nur einmal vorgekommen, daß ich mir jemanden für den puren Sex gehalten habe, ansonsten hatten dieser Mann und ich kaum Gemeinsamkeiten, das hat sich ganz schnell herauskristallisiert.

Wenn ich einen Mann kennenlerne, springt der Funke entweder gleich über oder gar nicht. Das kann überall passieren, hier oder im Urlaub. Urlaube sind für mich nämlich auch dafür da, mich einfach mal auszutoben. Als ich zum Beispiel am Mittelmeer mit einer Studienreise unterwegs war, gab es da diesen Reiseleiter. Den fand ich sofort gut. Er war braungebrannt, seine Haare waren von der Sonne richtig ausgeblichen, ziemlich lang und zum Zopf zusammengebunden. Er hatte Deutschland verlassen, weil seine Freundin gestorben war und er Abstand brauchte. Nun lebte er schon drei Jahre mit einer Freundin zusammen. Ich wollte unbedingt einen Abstecher zu einem bestimmten Kloster machen, das aber nicht immer offen hat. Er hat das dann extra für eine kleine Gruppe eingefädelt, und als wir hinterher zusammen noch bei einem Glas Wein unter Pinien saßen, Blick aufs Meer, da fing es an. Er brauchte jemanden zum Reden, seine deutsche Heimat hatte er eben doch nicht so ganz hinter sich lassen können, und wir haben viele Gemeinsamkeiten festgestellt.

Wir hatten ausgesprochen guten Sex, und im nächsten Jahr bin ich wieder auf die Insel gefahren und habe sogar Toni mitgenommen. Ansonsten schicken wir uns E-Mails, und einmal im Jahr ist er ohnehin in Deutschland, da sehen wir uns auch. Mein Kind hat ihn richtig ins Herz geschlossen, und er Toni auch. Auf ihn wird sogar gehört, wenn ich keine Chance habe. Er ist einfach eine richtige Vaterfigur, so vom Typ her.

Irgendwie mache ich das wohl unbewußt, daß ich mir immer Leute suche, die nicht vor Ort permanent anwesend sind. Ich finde es einfach schön, wenn man sich so richtig aufeinander freuen kann. Michael sagt immer: Ein bißchen Trennung belebt die Nähe, und da hat er recht. Nach meinem Griechenland-Urlaub zum Beispiel war ich auch Henrik wieder ziemlich nah.

Ich habe einen Bekannten aus Hamburg, der ist nicht mein Liebhaber, aber einer der wenigen Wessis, die wirklich interessiert sind am Osten, die zuhören können und verstehen wollen, wie unser Leben in der DDR war. Wir haben uns bei einer Vernissage in einem seiner Bürogebäude kennengelernt und sind am gleichen Abend in einer Bar bei Mojitos versackt. Er staunt immer nur, wenn ich erzähle, wie ich lebe, wie wir früher in der DDR gelebt haben, daß gerade wir Frauen viel mehr Möglichkeiten hatten als heute. Obwohl er aus dem protestantischen Norden kommt, kann er sich überhaupt nicht vorstellen, daß man nicht an Gott glaubt. So vieles ist außerhalb seiner Vorstellungswelt, und das verblüfft mich wiederum. Was hat man den armen Wessis alles über uns erzählt, oder besser: nicht erzählt.

Während des Studiums hatte ich ein Jahr lang einen Freund, den ich heute noch begehre, und er mich auch. Wenn wir uns ein halbes Jahr nicht gesehen haben, können wir sofort dort weitermachen, wo wir aufgehört haben. Ob's nun ums Reden geht oder um den Sex. Andreas vertraut mir alle seine sexuellen Träume an. Da geht es beim Telefonieren immer hoch her. Meinem Vater wäre dieser Andreas als Schwiegersohn immer der liebste gewesen. Ich glaube, daß sich meine Eltern doch ziemliche Sorgen um mein Leben machen. Ihnen wäre eine feste Partnerschaft für mich, also eine neue Ehe, sicher das liebste. Ich bemühe mich richtig, ihnen klar zu machen, daß ich glücklich bin, so wie ich lebe, am liebsten schreibe ich es ihnen, dann hören sie es nicht nur einfach, sondern können es immer wieder nachlesen, das ist doch etwas sehr Schönes.

Ich weiß nicht, warum ich so bin, wie ich bin, mache mir darüber aber auch keine großen Gedanken. Meine 90jährige Oma war immer ein ganz heißer Feger. Sie ist eine sehr selbstbewußte Frau, und als sie den Opa unter der Erde hatte, fing sie auch noch an, ausgiebig zu reisen, da war sie schon 70. Ich reise auch gerne, und wenn ich zum Beispiel segele, sehe ich zu, daß ich einen Liebhaber dabei habe oder finde. Wenn Mathieu demnächst sein Segelboot nach Europa holt, dann soll er es unbedingt ans Mittelmeer legen. Damit wir von da gemeinsam lossegeln können. Ich habe übrigens rausgefunden, warum er mich an diesem Tag Unter den Linden angesprochen hat. Was mich für ihn so umwerfend gemacht hat, war das Strickkleid, das ich anhatte. Es ist eigentlich ganz brav, grau-silber – aber gegen das Licht durchsichtig.

Ich möchte auf meine Erlebnisse mit meinen Liebhabern nicht verzichten. Henrik ist für mich der ruhige Hafen, es ist einfach schön mit ihm, und unseren morgendlichen Quickie hole ich mir auf jeden Fall, das ist einfach eine liebe Gewohnheit. Der Tag beginnt angenehmer, der Kreislauf ist gleich in Schwung, du bist viel ausgeglichener. Ich mag den Alltag mit Henrik. Manchmal versinkt er in seinem Büro in der Arbeit und schläft dann darüber ein. Wenn er dann um zwei Uhr nicht zu Hause ist, rufe ich ihn an, und dann kommt er. Am 8. März, dem internationalen Frauentag, kam ich später nach Hause, da sagt er zu mir: »Bei welchem Geliebten bist du gewesen?«, da habe ich gesagt: »Ich lieb' doch nur dich.«

Beate, 38

Mein Mann weiß alles

Oder: Leidenschaft in einer anderen Welt

Ich liebe meinen Mann, wir kennen uns seit 15 Jahren, und unsere Liebe war von Anfang an etwas Besonderes, denn Thomas war verheiratet, als wir uns kennenlernten. Damit er mich heiraten konnte, mußte er sich erst scheiden lassen. Ich war also seine Geliebte, oder er mein Liebhaber, wie man will. Bei uns im Dorf hat uns keiner lange gegeben, ein, zwei Jahre vielleicht. Sie haben sich alle getäuscht, unsere Leidenschaft war stärker. Inzwischen ist es schon zehn Jahre her, daß wir richtig zusammen sind.

Hier bei uns macht man so was nicht, sich trennen, sich scheiden lassen. Das ist hier Jahrzehnte nicht vorgekommen. Und daß mal jemand mit jemandem was hat, das gibt es eigentlich auch nicht. Man kann hier nichts heimlich machen. Du hast doch gesehen, allein auf dem Weg hierher habe ich drei Leute gegrüßt: Der eine war mein Nachbar, der andere ein Cousin von meinem Mann, und der dritte war der Lehrer. So ist das hier.

Thomas ist im Nachbardorf groß geworden, trotzdem haben wir uns erst als Erwachsene kennengelernt. Hört sich komisch an, oder? Wir sind sogar in dieselbe Schule gegangen, nur: nicht gleichzeitig. Als er raus kam, kam ich hin. Mein Mann ist zehn Jahre älter als ich. Und er verschwand nach der Schule dann erst mal weg nach Süddeutschland, er hatte da seinen Ausbildungsplatz als Koch. Dann ist er wieder gekommen, erst nur in die Gegend, dann zu uns ins Dorf.

Thomas und ich kannten uns schon drei Jahre, als es anfing. Wir haben zusammen gearbeitet, das war schwer, daß da keiner was spitz kriegt. Wir haben uns abends um zehn verabredet, aber du kannst dich um Mitternacht oder sonstwann treffen, irgendeiner sieht dich immer. Einmal, als wir zusammen bei einem Tanzfest waren, wo seine Frau auch dabei war, bin ich in die Waschräume gegangen. Er hat es gesehen und ist hinterhergekommen, es war zwar unbequem, aber total aufregend. Thomas ist dann zuerst wieder in den Saal, ich stand noch einen Moment beim Zigarettenautomaten. Da kommt doch ein Kerl und drückt sich von hinten an mich ran, unter dem Motto: Na, da können wir beide doch auch ... Dem habe ich kräftig eine gelangt. Man hätte das Ganze natürlich als Scherz abtun können, alle sind fröhlich und haben getrunken ... Der Bursche hat das natürlich niemandem erzählt.

Thomas war mit seiner Frau schon zehn Jahre verheiratet, und sie hatten eine Tochter, die war acht. Er muß damals schon irgendwie nicht zufrieden gewesen sein, denn ich denke, man kann gar nicht in eine Ehe einbrechen, die intakt ist. Anfangs wollte Thomas sich gar nicht trennen. Und ich habe versucht, Schluß zu machen, aber es ging nicht. Mir war klar: Wenn ich will, daß es wirklich vorbei ist, muß ich aus der Gegend weggehen. Einfach nur ins Nachbardorf ziehen, das reicht nicht. Irgendwann habe ich ihm dann gesagt, daß ich gehen würde, er solle sich überlegen, was er wollte. Da hat er beschlossen, sich von seiner Frau zu trennen. Das war zwei Jahre, nachdem alles angefangen hatte. So nach und nach kam dann auch raus, was die Leute schon die ganze Zeit alles über uns geredet hatten. Ich hätte mir gar nicht vorstellen können, daß man sich so darüber das Maul zerreißt.

Es wurde ziemlich dramatisch, die Frau ist mit Möbeln aus dem gemeinsamen Haus ausgezogen, das damals noch den Schwiegereltern gehörte, also Thomas' Eltern. Das ist ja oft so. Sie zog erst mal zurück zu den Eltern. Die Tochter hat sie natürlich mitgenommen. Was meinst du, was da los war, das war natürlich gar nicht schön für die Schwiegereltern und für meinen Mann. Die Enkelin, Thomas' Tochter, durfte uns zu Hause nicht besuchen. Ich bin ja gleich eingezogen. Naja, Thomas' ehemalige Schwiegereltern drehen heute noch den Hals in die andere Richtung, wenn sie uns als Paar sehen, die wissen gar nicht, wo sie noch hingucken sollen. Seine Ex-Frau und ich, wir grüßen uns, aber mehr nicht, reicht ja auch.

Als Thomas und ich zusammengezogen sind, war uns ganz schnell klar: Das ist für immer. Ich war Mitte, Ende 20, und ich wollte natürlich ein Kind. Er war da anfangs nicht so scharf drauf, was man ja verstehen kann. Ich habe ziemlich gedrängelt. Ich wollte wirklich, fühlte mich auch alt genug. Mit Anfang 20 wäre ich noch gar nicht reif gewesen für ein Kind, ich weiß, daß andere das anders sehen, aber ich bin in diesem Alter einfach gerne ausgegangen. Und als wir dann beide wollten, klappte es erst nicht. Der Arzt hat gesagt, wir sollen noch Geduld haben, bevor man irgendwas anfängt mit Hormonbehandlung oder so. Als wir schon dachten, auf normalem Weg wird das nichts mit dem Kind, war ich plötzlich schwanger. Jetzt ist Anne schon fünf, und wir sind immer noch glücklich.

Aber trotz und vielleicht wegen aller Liebe und Leidenschaft hatten wir beide nebenbei größere und kleinere Affären, die wir uns gegenseitig immer erzählen. In unserer sozusagen illegalen Zeit haben Thomas und ich viel miteinander über unsere Lage gesprochen. Er hat ja die ganze Zeit eine normale Ehe geführt, und er hat auch davon erzählt. Vielleicht liegt es daran, daß es mir später dann auch nichts ausgemacht hat, wenn da mal was mit einer anderen Frau war, so zwischendurch und kurz, was ich ja auch manchmal mache. Daß ich nicht eifersüchtig bin, liegt bestimmt daran, daß ich Thomas am Anfang nicht für mich allein hatte und das auch wußte. Auf der anderen Seite wußte ich natürlich sehr genau: Wir gehören zusammen.

Daß wir uns alles von unseren Affären erzählen, mit Details, das möchte ich eigentlich so jetzt nicht mehr, vielleicht, weil ich damals Thomas' Geliebte war. Ich bin erwachsener, selbstbewußter und erfahrener geworden. Zur Zeit habe ich auch einen Liebhaber. Thomas weiß das, und er weiß auch, daß Christian keine Gefahr für unsere Ehe ist.

Das mit Christian kam so: Wir hatten zufällig ein Kontaktmagazin zu Hause, und ich habe auch eher zufällig in den Annoncen gelesen. Da war eine, die mich ansprach, was mich sehr gewundert hat, denn das hatte ich nicht erwartet: Eine Frau suchte eine andere Frau, um sich per Brief über erotische Fantasien auszutauschen. Das fand ich interessant, also habe ich geschrieben. Zeitweise ging die Post alle vier Wochen hin und her, mal lag ein halbes Jahr dazwischen, so ging das drei Jahre, seit 1995.

Das hat oft Überwindung gekostet, mich abends hinzusetzen und loszuschreiben. Bei der Arbeit im Hotel schreibe ich nicht viel, das ist alles Routinekram, wenn doch mal ein längerer Brief dabei ist und ich auf den keine Lust habe, mache ich das eben am nächsten Tag. Und jetzt dieses Schreiben am Abend, ich habe gemerkt, daß man sich richtig hinsetzen und einfach anfangen muß, dann geht es. Mein Mann wußte von diesem Briefwechsel. Plötzlich kamen keine Briefe mehr von Ulla, das war auch okay. Und plötzlich meldete sich ein Bekannter dieser Frau. Der schrieb, er hätte zufällig meine Briefe gefunden und gelesen. Und er fing dann an, mir zu schreiben. Das war auch alles ganz prima und aufregend, wieder gingen erotische Geschichten hin und her. Wir sind uns schnell sehr nahegekommen. Gesehen hatten wir uns ja nie, aber Christian hat mir geschrieben, wie er mich in seiner Vorstellung sah: Er sah mich mit Strapsen, High Heels und mit langen, rot lackierten Fingernägeln. Da ich ziemlich groß bin und auch nicht in der Stadt wohne, trage ich so gut wie nie High Heels. Strapse trage ich auch eher selten, und die Fingernägel habe ich mir bisher auch kaum lackiert. Aber das, was er da schrieb, regte meine Fantasie an, und ich stellte mir vor, wie es wohl wäre, in den High Heels und mit Strapsen. Dazu vielleicht noch so einen gewagten Mini und keinen Slip, so daß, wenn ich mich bücke, sich doch ein ziemlich gewagter Einblick ergibt. Dieser Gedanke machte mich wahnsinnig an. Ich habe mich dann für meinen Mann mal so angezogen, und es hat ihn unheimlich geil gemacht.

Das Vertrauen zu Christian wuchs, wir hatten ja per Post eine richtige platonische Beziehung miteinander. Irgendwann habe ich ihm meine Telefonnummer geschrieben und ihn gebeten, mich doch mal anzurufen. Er war mir auch am Telefon sehr sympathisch. Wir haben sehr lange telefoniert. Und auch sehr direkt und intim. Es war also so, als würden wir uns schon ewig kennen. Bei aller Direktheit und Intimität muß ich allerdings sagen, daß unsere Telefonate nie so etwas wie Telefonsex waren. So etwas habe ich dann doch eher mit meinem Mann gemacht, wenn wir mal getrennt waren.

Im Laufe der Zeit ergab es sich, daß Christian und ich immer weniger geschrieben und immer mehr telefoniert haben. Mein Mann wußte ja von dieser Fernbeziehung, und so war es kein Problem, daß Christian anrief. Meistens ergab es sich jedoch rein zufällig, daß ich allein war, wenn er sich abends gemeldet hat. Meistens telefonierten wir eine halbe Stunde oder länger. Wir fingen an, uns auch rein persönliche Sachen zu erzählen, aber nur die schönen, die positiven.

Dann kam die Sache mit den Briefen heraus. Thomas hatte die Briefe von Ulla noch mal gelesen, und da lagen auch die von Christian dabei. Ich weiß noch, wie er zu mir gesagt hat: »Du, das ist ein und dieselbe Person, er und diese Frau.« Thomas hatte es an der Schrift erkannt. Mir wäre das gar nicht aufgefallen, aber als ich verglichen habe, sah ich es auch. Ich war erst sauer, man kommt sich so benutzt und hintergangen vor. Da sagte mein Mann: »Wenn er das nächste Mal anruft, dann frag ihn doch, was das sollte.«

Ich habe prompt zu Christian gesagt: »Wenn du es abstreitest, hat sich die Sache erledigt.« Er hat erst alles abgestritten und sich ein paar Tage später reumütig wieder gemeldet. Er hat mir erklärt, daß er damit angefangen hat, daß er diese Anzeige aufgegeben hat, weil er es interessant fand, mal aus Sicht der Frau zu schreiben. Und dann hat er eben Lust gekriegt, mich kennenzulernen. Nur, wie sollte er das machen? Er hat beschlossen, als Ulla abzutauchen und sich dann als Christian wieder zu melden. Er hat natürlich überhaupt nicht damit gerechnet, daß ich drauf komme. Ich war mit der Erklärung zufrieden, ich fand das alles ja auch irgendwie aufregend. Wir haben also weiter telefoniert. Irgendwann, nach ungefähr einem Jahr, haben wir uns verabredet. Ich hatte jetzt auch den Wunsch, ihn nach den vielen Briefen und Telefongesprächen richtig kennenzulernen. Er hatte den Wunsch ja schon länger, aber er wollte mich nicht überrumpeln.

Auch wenn mein Mann alles wußte, wollte ich Christian doch nicht bei uns zu Hause treffen. Ich habe mich also mit ihm in einem Hotel in einer Stadt verabredet, wo wir nicht damit rechnen mußten, daß uns jemand kennt. Christian hatte mir ein Foto von sich geschickt, ich habe ihn auf Anhieb erkannt. Ich muß dazu sagen, daß er mir gleich auf den ersten Blick noch sympathischer war als nach dem Schreiben und Telefonieren. Das gemeinsame Hotelzimmer war absolut selbstverständlich, und jeder, der uns sah, mußte denken, daß uns schon eine langjährige Beziehung verbindet.

Christian war sehr charmant und zuvorkommend, und es hat ihn noch liebenswerter gemacht, daß er nicht sofort mit mir ins Bett wollte. Als erstes sind wir essen gegangen, zum Italiener. Der Vorschlag kam von ihm, und ich fand es toll, denn ich gehe gern zum Italiener, mein Mann aber nicht, er kommt nur mir zuliebe mit hin. Christian und ich waren also mit unserer Wahl mehr als zufrieden, und das Essen dauerte entsprechend lange. Schon als wir da zusammen am Tisch saßen, war von beiden Seiten dieses gewisse Kribbeln zu spüren, und ich hatte manchmal das Gefühl, wir würden gleich übereinander herfallen. Wir hatten uns dann immerhin so in der Gewalt, daß es nicht passierte.

Wir sind dann noch zusammen spazieren gegangen, das hat die Spannung noch mehr erhöht. Es war Sommer, und das Wetter war herrlich. Ein paar Mal haben wir uns geküßt, aber wie. Wir hatten dann eine herrliche Nacht mit herrlichem Sex, unheimlich zärtlich und unheimlich befriedigend. Für mich war von Anfang an klar: Mit einem anderen Mann nur mit Kondom, und auch das war überhaupt kein Problem.

Natürlich gab es nach diesem ersten Treffen weitere, die auch jedesmal wunderschön waren. Diese Affäre ist so aufregend. Meine Ehe möchte ich dafür allerdings nicht aufs Spiel setzen, und ich glaube, Christian ist seine Frau auch sehr wichtig. Er hatte früher schon hin und wieder mal was mit einer anderen Frau, aber nie so etwas wie mit mir, wie er sagt. Seine Frau weiß von der ganzen Geschichte gar nichts, ich weiß auch nichts von ihr, und wir reden auch nicht drüber. Ein Zusammenleben mit Christian könnte gar nicht so schön sein wie diese Treffen, die wir noch lange fortsetzen möchten. Wir treffen uns jetzt so einmal im halben Jahr, und das reicht mir auch.

Ich habe nur ein kleines Problem: daß ich es irgendwie erklären muß, wenn ich eine Nacht weg bin. Gerade bei den Schwiegereltern, die ja hier mit im Haus wohnen. Ich kann nicht sagen, ich bin zur Fortbildung. Die habe ich zwar durchaus manchmal, aber dann weiß das mein Chef natürlich. Und ich stelle mir vor, wie Chef und Schwiegervater sich abends im Krug treffen, mein Schwiegervater sagt: »Beate ist ja zu eurer Schulung.« Und mein Chef sagt: »Schulung? Welche Schulung? Beate hat doch 'n Tag Urlaub.« Na, da wäre was los. Daß ich eine Freundin besuche, kann ich auch nicht sagen, die müßte dann ja irgendwann auch mal bei uns auftauchen. Es wäre alles eigentlich unmöglich, wenn mein Mann nicht wüßte, was ich da mache. Wir besprechen die Ausrede zusammen, da kann dann nichts schiefgehen, wenn sogar er das gleiche sagt. Einmal war ich offiziell über Nacht in einem Krankenhaus, weil die über Nacht ein EKG schreiben wollten, einmal war ich doch bei einer alten Klassenkameradin, die sich unter Garantie nie hier blicken läßt. Gott sei Dank muß ich ja nie Details erzählen, dafür bleibt viel zu wenig Zeit im Alltag mit Kind und Arbeit und Haus und Feriengästen.

Mein Mann hat auch durchaus mal etwas mit einer anderen, aber ich weiß ja: Er würde mich nie verlassen. Ich muß auch nicht seine Jackentaschen durchwühlen oder seine Briefe öffnen. Bei uns ist das sowieso so: Ich wasche seine Jacken, bringe sie in die Reinigung, und da muß ich zwangsläufig die Taschen leer machen. Und was an Post im Briefkasten liegt, das macht der auf, der die Post rausnimmt, egal welcher Name draufsteht. Das ist alles noch ziemlich wie früher, und bei befreundeten Paaren ist das auch so. Was haben wir neulich gelacht, als wir mit Petra und Kalle noch los wollten und Thomas aus dem Schlafzimmer rief: »Was soll ich denn anziehen, du hast mir ja gar nichts rausgelegt.« Da sagt Petra: »Ist dein Mann auch nur zu Besuch? Der weiß wohl auch nicht, wo der Kleiderschrank steht.« Das ist wirklich bei ganz vielen so, daß der Mann anzieht, was die Frau ihm rauslegt. Das haben unsere Mütter schon für unsere Väter gemacht. Ansonsten sind die Männer heute natürlich schon anders als unsere Väter, also sie helfen im Haushalt mit, bringen die Kinder in den Kindergarten und so. Und Thomas kocht auch zu Hause, wäre ja auch komisch, wenn er das bei der Arbeit tut und hier nicht.

Wenn ich nicht so eine offene Beziehung hätte wie mit meinem Mann, wäre ich viel zu ängstlich, so was zu tun wie mit Christian. Ich mache mir normalerweise viel zu viele Gedanken um alles, zum Beispiel auch darum, ob jemand jetzt mitkriegen kann, was wir hier besprechen, der Kellner zum Beispiel. Obwohl ich den gar nicht kenne, der ist nur Saisonaushilfe. Ja, aber du siehst ja, so denkt man hier.

Ich habe Christian nicht nur für den Sex nebenbei, denn ich habe mit meinem Mann sehr guten und sehr leidenschaftlichen Sex. Natürlich ist es nicht mehr ganz so prickelnd wie früher, weil der Sex ja immer möglich ist und der Alltag da ist. Mit meinem Mann ist alles sehr vertraut. Man unterhält sich über die Probleme, man unterhält sich über Familie, Arbeit und alles, was sonst noch so an Sorgen und Nöten auftritt. Natürlich auch über die schönen Sachen, aber längst nicht mehr so ausgiebig wie früher. Mit Christian ist alles anders, weil es die Ausnahme ist. Und mehr will ich ja nicht, ich hab ja meine Ehe. Nie würde ich an eine feste Beziehung mit Christian auch nur denken, nein, so wie das ist, so ist das schön. Ich habe auch das sichere Gefühl, daß es irgendwann vorbeigehen wird. Ich bin froh, daß ich so leben kann, wie ich lebe.

Ich denke schon, daß in einer langjährigen Beziehung jeder mal dran denkt, aus dem Alltag, aus der Routine auszubrechen. Ich stelle mir das auch ganz schlimm vor, wenn zu Hause nichts mehr läuft, nur noch alle vier Wochen oder so. Hier in der Nachbarschaft sind viele Paare, die nicht glücklich sind. Aber die meisten merken es gar nicht. Manchmal hörst du dann, die Leute reden ja wirklich viel: Die Frau von dem und dem ist in die Ferienwohnung gezogen. Wir sind ja Urlaubergebiet, aber im Winter ist es fast wie früher, sehr einsam, und der Bekanntenkreis, die Freunde, die Familie, das ist alles viel wichtiger als in der Stadt, wo man mehr ausgeht oder eben auch mal unerkannt mit jemandem im Lokal sitzen kann.

Die Treffen mit Christian sind ein bißchen wie in einer anderen Welt, man hat nicht diese Alltagssituationen, du denkst nicht dran, daß sich das Kind ja melden könnte oder daß noch Arbeit in der Küche auf dich wartet oder so. Der Kopf ist einfach ganz frei. Wenn Christian mich öfter sehen wollte, würde ich das Ganze beenden. So wie es ist, ist es gut. Wir haben keine Verpflichtungen gegeneinander, weder moralisch noch finanziell, es sind keine Dritten betroffen, jeder denkt nur an sich selbst, und da geht man auch anders miteinander um, spricht anders miteinander, man genießt die kurze Zeit miteinander, und dann ist es gut. Ich meine, man weiß ja nie, was kommt, aber eine

Trennung von Thomas kann ich mir überhaupt nicht vorstellen, das kommt überhaupt nicht in Frage.

Dorothea, 45

Liebe dich selbst

Oder: Vielleicht gleich heute abend?

Ich bin seit acht Jahren nicht mehr verheiratet, und ich habe mir gesagt: Mit Ende 30 bin ich eine junge Frau, ich will auf Sex nicht verzichten, ich habe zwei Kinder, ich manage das jetzt eben anders. Meine Kinder will ich raushalten. Ich könnte komplette Bücher erzählen über Diäten, über alleinerziehende Mütter und eben auch über Liebhaber. Aber darüber kann ich weder mit meinen Eltern reden noch mit Arbeitskollegen, eigentlich geht es nur mit zwei Freundinnen, und die hören mir auch lieber zu, als daß sie selber erzählen. Sie können gar nicht selbst über so was sprechen, das ist ihnen irgendwie zu sehr unter der Gürtellinie. Das ist schade, weil es doch so schön ist.

Bei Ehemännern habe ich zweimal voll danebengegriffen, das reicht. Jetzt habe ich einen Mann für den Sex, einen fürs Handwerkliche, und mit einem gehe ich ins Theater. Eigentlich bräuchte ich noch einen vierten für die Kinder, aber der ist am schwersten zu finden. Im Moment zeichnet sich so ein bißchen ab, daß sich da mit einem Mann richtig was entwickelt, aber erst erzähle ich mal von den Liebhabern, die da waren.

Ich bin vom Osten hierher in den Westen gezogen, damals habe ich noch 120 Kilo gewogen. Auf der Arbeit habe ich einen Kollegen kennengelernt, der sehr charmant war. Nächtelang haben wir miteinander telefoniert. Nach drei Monaten habe ich ihm gesagt, daß ich mit ihm schlafen möchte. Es war sehr erfüllend, aber ich habe ihm zu verstehen gegeben, daß ich nur einen Liebhaber möchte, daß meine Kinder von ihm nichts erfahren sollen, und daß ich bestimmen möchte, wo und wann wir uns sehen. Wir haben zwei wunderbare Jahre miteinander verbracht. Ganz ohne Kleinkrieg und ohne Ärger. Wir hatten Sex an den verschiedensten Orten und zu den verschiedensten Zeiten, mal Quickies zwischen Tür und Angel, mal drei Tage in einem romantischen Hotel. Einmal waren wir zur Liebe im Wald, hatten Sekt und frische Erdbeeren mit. Als wir gerade fertig waren, sagt Harald zu mir: »Guck mal da drüben.« Da stand doch tatsächlich auf der anderen Seite der Böschung eine Gruppe Wanderer, alle Mann die Ferngläser noch vor den Augen! Wir haben fröhlich rübergewinkt, es war ja sowieso alles gelaufen. Sie zogen dann prompt ab. Wir haben noch oft zusammen über dieses Erlebnis gelacht. Nach zwei Jahren ist Harald weggezogen, weil er woanders eine neue Stelle hatte.

Das war schade, aber ich hatte zu der Zeit gerade die Idee, daß ich abnehmen müßte, und so war ich lange hauptsächlich mit Diät und Fitneß beschäftigt. Es wäre nicht mal die Zeit für einen Liebhaber gewesen. Innerhalb von einem Jahr habe ich 40 Kilo abgenommen, ich bin von Kleidergröße 52 auf 42 gekommen, bei 1 Meter 75. Ich hatte nun auch die Hoffnung, einen Partner für mich und einen väterlichen Freund für die Kinder zu finden. Ich habe mich super gefühlt, Dessous gekauft vom Feinsten und bin auf Männerjagd gegangen. Damals habe ich Fotos machen lassen, die finde ich heute noch schön.

Dann habe ich auf die ersten Annoncen geantwortet. Zehn Männer habe ich getroffen, ein paar habe ich auch probiert. Ich habe verschiedene Männer über Annoncen kennengelernt, nicht alle waren Treffer. Manche sind richtig frech. Die setzen sich hin, sagen: »Du hast ja einen wunderbaren Busen. Können wir jetzt ins Bett gehen?« Ein Mann schrieb mir auf meine Anzeige, er würde gerne auf Schloß soundso heiraten. Von Heiraten hatte ich in meiner Annonce gar nichts erwähnt, das will ich ja auch gar nicht. Er schrieb auch, er sei 1,80 groß und Anfang 40. Ich komme also am Treffpunkt an, da läuft so einer auf und ab, suchender Blick, der ging mir bis zur Schulter und war fast 60.

Ich spreche ihn vorsichtig an, »Äh, sind Sie hier verabredet?« Er: »Oh, Dorothea.« Ich: »Das muß doch irgendwie ein Irrtum sein, oder sind Sie in der letzten Woche 20 Zentimeter geschrumpft?« – »Nein, aber ich dachte, wenn ich schreibe, wie groß ich bin, kommen Sie erst gar nicht.« Genau, wie recht er hat, ich stehe auf große, schlanke Männer. Ich bin dann aus Mitleid noch mit ihm ein Bier trinken gegangen. Kleine Männer sind immer so schnell beleidigt und beziehen eine Ablehnung ihrer Person immer auf ihre Größe. Dabei war der wirklich insgesamt kraß, er hat mich nur vollgelabert, man müsse die Regierung stürzen und und und. Ich habe ihm dann klargemacht, daß ich es nicht leiden kann, wenn man mich anlügt, und daß mir seine rechtsradikalen Ansichten zuwider seien. Da war es höchste Zeit für mich zu gehen.

Dann begegnete mir Georg. Mein Brief konnte noch gar nicht richtig angekommen sein, da hing der schon am Telefon. Er hatte geschrieben: 40, 1,85 m, suche nette Frau für die Liebe. Schon seine Stimme am Telefon hat mich richtig heiß gemacht. »Wann können wir uns denn sehen?« Na, habe ich gesagt, die nächsten acht Tage habe ich erst mal Nachtdienst. Und wie ist es mit heute abend? Na gut, warum eigentlich nicht gleich. Es war ja nicht mein erstes Treffen auf eine Annonce, aber es war diesmal irgendwie anders. Ich zog diesmal, was ich bisher nie getan hatte, Dessous, Strümpfe und Pumps an, und ich war ziemlich aufgeregt und gespannt.

Wir haben uns vor einem Tanzlokal verabredet, er fragte noch, mit welchem Auto ich komme. »Ein blauer Passat«, habe ich gesagt. Als ich dann hinkam, sah ich ihn aus seinem Mercedes steigen: dunkler Anzug, Rolex, schlank, lange Haare im Zopf, und einfach umwerfend männlich. Ist das jetzt etwa gleich ein Zuhälter, der dich einspannen will, habe ich mich gefragt. Sollte ich aussteigen oder lieber gleich wegfahren? Meine Neugier war stärker. Ich bin im Auto sitzengeblieben und habe nur die Scheibe runtergekurbelt, dann bin ich doch ausgestiegen. Wir haben uns umarmt, und da war es um mich geschehen. Dieser Duft. Es schoß durch mich durch, vor Lust tat es zwischen meinen Beinen weh. So etwas hätte ich nie für möglich gehalten. Ich wußte sofort: Das wird was.

Wir haben dann eine Stunde in der Bar gesessen. Er erzählte von seiner Arbeit, er war in der Immobilienbranche und ein Workaholic. Wir brauchten beide nicht lange, um zu erkennen, daß wir noch heute abend Sex haben würden. Wir fuhren direkt in seine Wohnung, rissen uns förmlich die Klamotten vom Körper. Wie zwei Verdurstende auf Wasser, so gierig waren wir aufeinander. Die erste Nacht war so erfüllend, so lustvoll, so locker, als ob wir in dieser Hinsicht füreinander bestimmt wären. Georg war drei Jahre mein Liebhaber, dann war ein Jahr Pause, weil ich gänzlich ohne Mann gelebt habe. Vor einem halben Jahr habe ich die Sache wiederbelebt. Und so wie in der ersten Nacht wäre es wohl immer mit Georg, wenn ich zu ihm fahre, man kann es nur überwältigend nennen. Mein ganzes Leben lang hat mich noch nie ein Mann begehrt wie dieser Mann.

Als ich Georg kennenlernte, wog ich 30 Kilo weniger als heute. Ich merkte bald, daß ich mein Gewicht nicht halten kann. Ich verfiel in ziemliche Depressionen und nahm Kilo um Kilo zu. Georg hat gesehen, wie ich immer pummeliger wurde, aber das machte ihm gar nichts, im Gegenteil, er sagte: »Ich liebe jedes Pfund an dir.« Jedes Pölsterchen, jede Rundung war gut, gut, gut. Er liebte meine weiße Haut, meinen Bauch, der weich und rund war wie ein aufgegangener Hefeteig, meine Brüste, die er mit zwei Händen kaum umfassen konnte. Er hat immer so schöne Sachen gesagt, über meine Brüste, meine Beine ... Die waren für ihn griechische Alabastersäulen. Ich hatte mit ihm den besten Sex überhaupt. Dabei ist er moralisch überhaupt nicht meine Wellenlänge. Er ist in der Immobilienbranche, will keine Familie, interessiert sich nur für seine Rassepferde und sein Flugzeug. Aber er kann eben so schöne Sätze wie: »Von mir aus könntest du 200 Kilo wiegen.«

Wissen Sie, was Therapeuten bei Depressionen empfehlen, die mit Aggressionen einhergehen? Die Urschrei-Therapie. Und selbst das konnte ich bei ihm tun. Er hat mich mit seinen Liebesspielen so heiß gemacht, daß ich meinen Gefühlen lautstark Ausdruck verleihen mußte, das war für mich richtig befreiend und erlösend. Das mit der Urschrei-Therapie habe ich erst viel später erfahren. Tun Sie so was mal in einer 80-Quadratmeter-Mietwohnung und einem 10-Parteien-Haus, die Kinder schlafen nebenan. In Georgs Haus war das natürlich kein Problem.

Ja, und nun das. Ich hätte nicht gedacht, daß mir so etwas wie mit Wolfgang noch passieren könnte. Da habe ich gemerkt, daß sich meine Gefühle nicht durch den Verstand bestimmen lassen. Einiges war ganz schön hart in den letzten Wochen, aber da mußte ich durch. Ich hatte beschlossen, mit Georg Schluß zu machen. Ich habe nämlich mittlerweile rausgefunden, wie er wirklich lebt, daß er nicht nur eine Freundin hat, sondern einen Fundus an Frauen, die er nach Belieben benutzt. Da wollte ich mich ausklinken. Ich hatte auch gar keine Lust mehr auf einen Liebhaber, einen richtigen Freund, einen Vertrauten und Liebhaber in einer Person, das wünschte ich mir plötzlich. Ich habe durchaus nach langer Zeit, die ich nur mit Liebhabern verbracht habe, ein moralisches Problem mit diesem Zustand. Ich mußte mir öfter ein gutes Gewissen einreden. Ich denke, daß Männer es in dieser Beziehung leichter haben. Ich hatte also beschlossen: Solange ich diesen einen, richtigen Mann nicht finde, bleibe ich allein. Ich kann in vielerlei Hinsicht Erfüllung finden, auf Sex kann ich auch verzichten.

Ich habe aber doch wieder auf eine Bekanntschaftsanzeige geantwortet und Wolfgang getroffen. Bei seinen Zeilen in der Anzeige hatte ich ein sehr gutes Gefühl. Endlich mal ein Mann, der zu schätzen weiß, daß eine vollschlanke Frau auch ein Mensch ist und viele Vorzüge hat, dachte ich mir. Ich habe ihm geschrieben, und ein paar Tage später rief er mich an. Seine Stimme war mir sehr sympathisch, und wir haben uns gleich für den nächsten Tag verabredet. Ich habe es mir in den letzten Jahren abgewöhnt, irgendwelche Erwartungen zu hegen, ich gehe ganz entspannt an solche Treffen ran und lasse es auf mich zukommen. Und es kam auf mich zu. Wir waren abends verabredet. Kurz vor acht klingelt es, und da steht er und sagt: »Ich bin etwas zu früh.« Und ich sage: »Deswegen darfst du trotzdem reinkommen.« Wolfgang stand im Türrahmen, und mein Magen krampfte sich zusammen, meine Gedanken waren wie ausgeschaltet, es war nur noch Gefühl da, vom Kopf bis zu den Zehenspitzen. Seine Erscheinung, das Lächeln, die paar Worte, die er zu mir und meinen Kindern gesagt hat. In diesen Momenten habe ich mich verliebt. Das ist ein traumhaftes Gefühl. Er kam rein. Im Laufe des Abends hat er irgendwann meine Hände berührt, mich sanft geküßt, und ich stand völlig in Flammen. Seine Komplimente, seine sanfte und liebevolle Art ließen mich schmelzen. Ja, ja, ja, dachte ich, das ist der Mann, den ich heute, morgen und übermorgen lieben könnte. Es war ein wunderbarer Abend, aber mehr als Küssen und Streicheln war nicht.

»Wir telefonieren«, hat er mir spät in der Nacht aus dem Auto zugerufen und gewunken. Als ich wieder in meiner Wohnung war, konnte ich vor Aufregung nicht schlafen und habe mir meinen Lieblingsfilm *Titanic* angemacht und habe vor mich hingeträumt. Jedes Wort, jede Geste von ihm habe ich mir in Erinnerung gerufen, und ich war glücklich. Ich wußte, daß er mich bald anrufen würde.

Am nächsten Tag war ich schon morgens um sieben zwei Stunden im Fitneß-Studio und habe trainiert, weil ich meine Gefühle unter Kontrolle bringen mußte. Dann habe ich auf seinen Anruf gewartet. Den ganzen Tag. Am nächsten Tag, einem Samstag, sah die Welt schon nicht mehr so rosig aus. Ich hatte nur wenige Stunden Schlaf, meine Gedanken und Gefühle waren nur bei ihm. Die ersten Zweifel kamen. Wollte er nur eine Frau für eine Nacht? Was hatte ich falsch gemacht? War ihm etwas passiert? Den ganzen Tag habe ich mich in die Arbeit gestürzt, mir war nichts zu schwer, Hauptsache, es füllte die Stunden bis zum Abend. Heute wird er sicher anrufen, habe ich gedacht. Das Telefon klingelte so oft an diesem Tag, und jedes Mal setzte mein Herz für einen Moment aus. Aber Wolfgang rief nicht an! Ich wäre fast explodiert, ich mußte meine Gefühle mitteilen, darum habe ich meine beiden besten Freundinnen und meine Schwester angerufen. Sie hörten sich meine Verliebtheitsgeschichte an, und jede war der Meinung: Natürlich ruft er an, wenn er es ehrlich gemeint hat. Oder er ist ein absoluter Schauspieler und wollte dich wirklich nur für eine Nacht ins Bett haben. Dann sei bloß froh, daß du nicht mit ihm geschlafen hast, sonst wäre der Katzenjammer sprich Liebeskummer noch größer. Ich habe zu Hause nur geheult und immer gedacht: Wolfgang, ruf an, ruf an, ruf an.

Ich konnte auch am nächsten Tag nicht schlafen, nicht essen, meine Gefühle schlugen Purzelbäume. Am nächsten Tag, dem Sonntag, regnete es. Ich holte das Fahrrad raus und fuhr wie eine Irre zehn Kilometer. Der Regen hat mich überhaupt nicht gestört, ich wollte nur endlich wieder normal fühlen und denken können. Solche überschäumenden Reaktionen, Liebe, Sehnsucht, Hoffnung, kann ich nur mit Aktion unter Kontrolle bringen. Es hat nicht viel geholfen, wieder mußte ich mich bei meinen Freundinnen ausheulen, so wurde es dann ein wenig leichter.

Am Montag bin ich ins Schwimmbad gegangen, 1500 Meter schwimmen. Ich hatte Sehnsucht, ich verzehrte mich, ich schwamm und dachte immer nur: Ich bin so traurig, so traurig, so traurig, Wolfgang, ruf an, ich möchte deine Stimme hören. Zu Hause habe ich noch zwei Stunden geputzt, bevor ich zur Spätschicht gefahren bin. Noch hatte ich die Hoffnung, daß ich mich nicht geirrt hatte, ich dachte an seine Komplimente, seine Gesten. Alles das hatte mir doch gezeigt, daß er mich mag. Sogar über gemeinsamen Urlaub hatten wir gesprochen. Doch: nichts. Das Telefon blieb einfach still.

Dienstag und Mittwoch waren schrecklich. Ich schwor, daß ich solche Gefühle nie wieder an mich rankommen lassen würde, es tat so weh, verletzt zu werden, durch Ignorieren, durch falsches Spiel, verletzt durch geweckte Gefühle, die ich nicht unter Kontrolle kriegte.

Und dann, als ich schon nicht mehr damit gerechnet hatte, ruft er an. Warum ich mich nicht gemeldet hätte, er hätte es immer wieder versucht und nie sei ich rangegangen. Er hatte gedacht, daß ich seine Visitenkarte mit all seinen Telefonnummern hätte. Ich konnte mich nicht erinnern, wirklich nicht. Er fand den Abend mit mir sehr schön und wollte mich am nächsten Sonntag wieder treffen. Die Welt und ich waren wieder normal. Jetzt haben sich meine Gefühle auch soweit beruhigt, daß ich ihn nicht gleich überfalle mit meiner Verliebtheit. Es war wieder einmal für etwas gut, was da abgelaufen ist. Ich hatte vor längerer Zeit Telepathie gelernt, diese Übung hatte ich mit Wolfgang gemacht. Meine Farbe, die ich ihm schickte, war Rot, seine Farbe, die er mir schickte, war auch Rot. Eigentlich war damit alles klar. Trotzdem habe ich gebetet, Herr schicke mir Geduld und zwar sofort. Um einen seelischen Kollaps zu verhindern, hat mir mein Reikimeister Fernreiki geschickt, das hat wunderbar entspannend gewirkt. Also die Geschichte geht weiter. Wie, weiß ich nicht.

Jedenfalls merkt man in solchen Lebenslagen, daß man lebendig ist. Nein, ich möchte nicht tauschen mit abgehärmten Ehefrauen, die nur Langeweile haben. Bei mir ist es wenigstens abwechslungsreich. Daß ausgerechnet ein Mann wie Georg mir soviel Spaß machen kann, das hätte ich doch zum Beispiel nie gedacht. Ich habe ja lange nicht gewußt, was ich machen würde, wenn mir noch mal jemand übern Weg laufen würde, ich habe doch eine ziemlich schlechte Meinung von Männern. Wolfgang könnte es schaffen, die zu ändern.

Es hat lange gedauert, bis ich zu mir selbst gefunden habe. Ich habe ein Seelchen, das ist ganz zart und reagiert ganz empfindlich auf alles, was um mich herum geschieht. Meine Hülle, mein Körper ist viel zu groß, zu fett, zu unbeholfen und zu unpassend für dieses Seelchen. Ich hatte schon als Mädchen ein Problem mit mir selbst und fühle mich nicht wohl in meiner Haut. Wie oft habe ich wütend vor dem Spiegel gestanden und meinem Bild entgegengeschleudert: »Ich hasse dich!« Mir war dabei nicht wohl zumute, meinte ich etwa mich? Den Gedanken habe ich ganz schnell abgeschüttelt, ich meinte bestimmt meinen Körper, der war mir ja wirklich nicht sympathisch. Ich war ein intelligentes Köpfchen, aber ich habe mir nicht viel zugetraut. Meine Familie konnte mir die Liebe und Rückendeckung, die ich eigentlich gebraucht hätte, nicht geben, ich habe mich oft allein gefühlt, meine Eltern sagten immer nur: »Wir wollen doch nur dein Bestes.« Ich habe das nicht gespürt.

Ich wollte einfach nur glücklich sein, aber wie? Was meine Eltern mir vorlebten, schien mir der Weisheit letzter Schluß zu sein: Mann plus Frau gleich Glück und Zufriedenheit. Also her mit den jungen Männern und rein ins Bett. Schon mit 14 habe ich angefangen, mit Männern zu schlafen. Ich war so sehr auf der Suche, und ich wußte nicht, nach was. Die Geräusche aus dem Schlafzimmer meiner Eltern und das Geheimnis darum haben mich fasziniert und neugierig gemacht. Den Spruch meiner Mutter »Liebe ist etwas Wertvolles und Besonderes, hebe dir die körperliche Liebe auf« habe ich nicht verstanden. Mein Körper und meine Fantasien waren so weit entwickelt, mein Geist und meine Seele hinkten aber meilenweit hinterher. Ich wollte unbedingt das Besondere suchen, habe es aber völlig verkehrt angefangen. So viele Männer habe ich kennengelernt und keine Erfüllung gefunden.

Es waren viele, und Seelchen hat ein Wechselbad der Gefühle nach dem anderen erlebt, von himmelhoch jauchzend bis zu Tode betrübt. Ich wurde älter, und mit 19 hatte ich die Idee, daß Heiraten das richtige wäre. Die Ehe hielt genau 383 Tage. Also, das war es wohl auch nicht, mein Selbstbewußtsein hätte in einem Fingerhut Platz gehabt. Glauben Sie nicht, daß meine Seele Gelegenheit gehabt hätte, mir den Weg zu zeigen. Ich bin ein umtriebiger Mensch, mit meinen Aktivitäten habe ich jedes zarte Anklopfen von Seelchen einfach überspielt. Da war Seelchen einfach still. Und wieder kam ein Mann, und was für einer. Vier Jahre lang lebten wir eine Haßliebe mit Alkohol, Streit, Demütigungen, Versöhnungen, wieder Streit und Versöhnung. Ich habe gehofft, mit meiner Unterstützung würde er den Weg heraus aus seinem Dilemma finden. Das war natürlich dumm von mir. Die Einzelheiten möchte ich gar nicht erzählen. Ich war hin- und hergerissen zwischen dem Verstand, der sagte: Trenne dich von diesem Mann, er raubt dir sämtliche Energie und saugt dich aus bis auf die Knochen, und der Angst in mir, die gesagt hat: Ich will nicht allein sein, da fühle ich mich schlecht, lieber dieser Mann als gar keiner. Es konnte nur eine Katastrophe folgen.

Die kam auch prompt. Ich wollte nicht mehr leben. Ein Klimmzug, und mein Seelchen wäre auf der duftigsten, der zartesten himmelblauesten Wolke gelandet, die man sich vorstellen kann. Aber die moderne Medizin kennt da ja nichts, man hat mich ins Leben zurückgeholt. Erst war ich ziemlich traurig darüber. Allmählich habe ich begriffen: Man hat nur dieses eine Leben, ich habe auch meine guten Seiten, ich bin ehrlich, kann auf Menschen zugehen, ich bin fröhlich und vielseitig, ich kann mein Leben meistern, wenn man von dem allerprivatesten Bereich einmal absieht. Ich suchte eine Lösung. Weg aus dieser Stadt, dachte ich mir, da war mir noch nicht so klar, daß es galt, Seele und Körper stärker in Übereinklang zu bringen. Ich wollte einfach nur weg, und nahm die alten Muster, die in mir drinstecken, mit. Neue Umgebung, neue Arbeit, neuer Mann also.

Ja, es gab einen neuen Mann, den ich geheiratet habe. Ich habe ein Kind bekommen, und wieder gab es Probleme und Kummer. Mit dem zweiten Kind wird alles besser, dachte ich. Dachte mein Mann auch. Aber Pustekuchen. Er wurde zum Alkoholiker – ich war schuld. Er hatte Autounfälle – ich war schuld. Es hat mich fertiggemacht, nach außen den Schein einer heilen Familie aufrechtzuerhalten, bei der Arbeit, den Verwandten, den Freunden. Ich habe gegessen, was mir in die Finger kam, und wurde immer dicker, daran war ich natürlich auch schuld. Ich habe einfach versucht, so das große Loch aus Einsamkeit und Verbitterung und Traurigkeit zu stopfen. Ich hatte solchen Hunger, aber wonach? Ich habe es nicht erkannt. Mein Mann hat mich gedemütigt, sexuell genötigt in furchtbarer Weise, ich mußte hilflos mit ansehen, wie auch die Kinder unter der ganzen Situation litten, und irgendwann war ich nur noch eine Maschine, die funktioniert hat. Es gab keine Freude, keinen Lichtblick. Eines Tages stand die Polizei vor der Tür: »Ihr Mann hatte einen Unfall, Totalschaden. Das Auto haben wir Ihnen gleich mitgebracht, Ihr Mann liegt im Krankenhaus. Er muß einen Schutzengel gehabt haben.« Er einen Schutzengel! Den brauchte doch ich. Da habe ich meine letzte Kraft zusammengenommen. Ich habe meinen Mann verlassen. Habe einfach die Kinder genommen, bin von Ost nach West gezogen, habe uns eine neue Wohnung gesucht und mir eine neue Arbeit.

Ich war endlich glücklich. Alles entwickelte sich im Laufe der Zeit prächtig, die Kinder fanden Freunde, ihnen ging es gut, die Arbeit machte Spaß, ich war zufrieden mit unserem Lebensstandard. Da konnte ich auch daran denken, das Problem zu lösen, das mich am meisten belastete, im doppelten Wortsinn. 40 Kilo. Aber war das wirklich das schwerwiegendste Problem? Heute weiß ich: Es war es nicht. Ich sah zwar fantastisch aus, als ich abgenommen hatte, und meine Seele schwelgte in dem neuen Glanz. Aber ich habe wirklich geglaubt, mit der neuen Figur finde ich auch den richtigen Mann und damit auch Glück und Zufriedenheit. Es hat so lange gebraucht, bis ich begriffen habe, daß ich und nur ich allein mit mir glücklich sein muß, daß ich niemanden brauche, der mich glücklich macht. Dabei hat mir professionelle Hilfe geholfen, stundenlange Gespräche mit den Freundinnen und die vielen Bücher, die ich gelesen habe, Kinder-, Frauen-, Männer- und Beziehungspsychologie und vor allem *Wenn Frauen zu sehr lieben*. Da fand ich mich drin wieder. Nach und nach habe ich mich aus meinen negativen Bindungen gelöst. Es ist nur gut, daß ich wenigstens die Kinder aus meinen Irrtümern rausgehalten habe und fern von den Liebhabern, denen Machogehabe und Egoismus schon an der Nasenspitze anzusehen waren.

Ich bin wirklich erwacht aus einem Alptraum, der mein Leben war. Die Gefühle der ewigen Unzufriedenheit, von Minderwertigkeit und Unvollkommenheit sind von mir abgefallen. Am schwersten ist es mir gefallen zu begreifen, daß nicht die Menschen, mit denen ich zu tun hatte, oder meine Umgebung schuld waren an meinem Unglück. Das Schwerste, was ein Mensch tun muß, ist, in sich selbst zu schauen, kritisch sich selbst gegenüber zu sein, seine eigenen Schwächen zu erkennen, die Stärken hervorzuheben und richtig an sich selbst zu arbeiten. Wie oft habe ich die Augen verschlossen und Entschuldigungen für meine eigenen Unzulänglichkeiten gefunden, nie war ich in der Lage, meine Leistungen richtig einzuschätzen. Mein Seelchen hat sich rechtzeitig und laut genug gemeldet: Liebe dich selbst, achte dich selbst, und höre auf, einem zweifelhaften Glück hinterherzujagen. Laß uns aus Körper und Seele endlich eine Einheit schmieden.

Heute denke ich: Doro, du bist richtig so. Und es ist so gut zu sehen, wie meine Kinder aufblühen bei einer Mutter, die ihre innere Zufriedenheit gefunden hat. Das mit Wolfgang hat mich zwar ordentlich durchgewirbelt, aber nicht aus der Bahn geworfen. Wir werden sehen, wie es weitergeht.

Ich habe einen Liebhaber.

www.ich-habe-einen-liebhaber.de

Martina Rellin
Wir sind die neuen Liebhaber
Männer erzählen von ihren Begegnungen mit der ganz besonderen Frau
Schwarzkopf & Schwarzkopf Verlag

Wir sind die neuen Liebhaber

Männer erzählen von ihren Begegnungen mit der ganz besonderen Frau

Kaum war das Buch »Ich habe einen Liebhaber. Frauen erzählen von ihren Begegnungen mit dem ganz besonderen Mann« erschienen, bestürmten Leserinnen die Autorin Martina Rellin: Und – wo bleiben die Männer? Jetzt sind sie da! Es gibt sie: die neuen Liebhaber. Männer, die nicht die ebenso herkömmliche wie überkommene Beziehung zu einer Geliebten haben, die, selbst ungebunden, ewig und drei Tage auf ihn, den verheirateten Mann wartet. Nein, »die neuen Liebhaber« pflegen leichte, anregende, gleichberechtigte und sinnenfrohe Beziehungen zu Frauen. Beziehungen, wie Martina Rellin sie uns in ihrem Buch über die Frauen unter dem Titel »Ich habe einen Liebhaber« vorgestellt hat. Natürlich kommen in dem neuen Buch auch einige der Liebhaber aus dem ersten Buch zu Wort, die Liebsten von Gabi und Bettina und Konsortinnen, das wird gewiss für viele Leser besonders reizvoll.

Martina Rellin hat Männer dazu gebracht, mit derselben schonungslosen Offenheit über ihre Liebesbeziehungen außerhalb der festen Partnerschaft zu sprechen, die bereits die Berichte der Frauen über ihre Liebhaber so lesenswert gemacht hat. Mehr als 20 Männer berichten in »Wir sind die neuen Liebhaber« von ihren, ja, von ihren was? Von ihren Affären, Beziehungen, Leidenschaften, Lieben – alle angesiedelt außerhalb fester Partnerschaften. Es sind verheiratete Männer, die erzählen, solche, die schon lange in festen Händen sind, aber auch Männer, die gar keine feste Partnerin wollen und also ebenfalls froh sind, die Geliebte in festen – anderen – Händen zu wissen. Zum Beispiel Sven, 35: »In der ersten Kontaktanzeige habe ich mich noch älter gemacht: 40, habe ich geschrieben, weil ich Frauen um die 50 anpeilen wollte. Ich hatte nämlich gemerkt, dass ich mit denen richtig geilen Sex habe, die wissen, was sie wollen. Damit ist doch allen geholfen.«

Martina Rellin
Mein Liebhaber
Neue Berichte von Frauen über ihre
Begegnungen mit dem besonderen Mann
Schwarzkopf & Schwarzkopf

Mein Liebhaber

Neue Berichte von Frauen über die Begegnung mit dem ganz besonderen Mann.

»Schade, dass ich dieses Buch so schnell durch hatte. Wird es eine Fortsetzung geben?« So reagierten Leserinnen und Leser auf das erste Protokollbuch von Martina Rellin. »Ich habe einen Liebhaber« wurde zum Bestseller mit inzwischen 50.000 verkauften Exemplaren. Verlag und Autorin beschlossen: »Ja! Es soll weitergehen.« Jetzt! Nach dem Buch mit Männer-Protokollen folgen nun 20 neue intime Geständnisse von Frauen.

Täglich erhält Martina Rellin E-Mails und Briefe, in denen begeisterte Leserinnen in wenigen Worten oder seitenlang mitteilen: »Ich habe auch einen Liebhaber.« Und: »Ich möchte es erzählen ...« Martina Rellin hat mit ihrem Thema in ein Wespennest gestochen – kein Wunder, geht es doch »... um Gefühle, Abenteuer und Romantik«, wie Der Spiegel schrieb. Erstmals durften und dürfen – meist verheiratete oder in fester Partnerschaft lebende Frauen – selbstbewusst und leidenschaftlich von ihren Liebhabern berichten, ohne dass jemand mit dem Zeigefinger droht. Diese frischen Berichte haben nichts zu tun mit der Klage der hingehaltenen Geliebten, die in Martina Rellins Büchern daher auch nicht vorkommt. Die Autorin: »Mein erstes Buch hat nur eine Grundlage gelegt: Jetzt erzählen auch Frauen, denen man eine heimliche Zweitbeziehung nicht zutraut, weil sie so lange brav verheiratet erscheinen. Ich weiß mittlerweile: Heimliche Liebhaber-Beziehungen gibt es tausendmal mehr als aufgeflogene Seitensprünge!«

Der Protokollband »Mein Liebhaber« überrascht mit neuen, teilweise noch gewagteren Berichten aus dem Liebesleben selbstbewusster Frauen. Manche hatte immer außer dem Haupt-Mann einen Mann »nebenher«, für andere ist der Liebhaber nach langer Ehezeit eine überraschende, belebende Erfahrung.

IMPRESSUM
Martina Rellin: ICH HABE EINEN LIEBHABER
Frauen erzählen von ihren Begegnungen
mit dem ganz besonderen Mann.
ISBN 3-89602-365-9

1. Auflage Oktober 2001
2. Auflage November 2001
3. Auflage Februar 2002
4. Auflage August 2003

BILDNACHWEIS
Autorenfoto Roger Melis
Titelfoto Oliver Jackel

QUELLENNACHWEIS
Das Anais-Nin-Zitat im »Hanna«-Kapitel stammt aus:
Die Tagebücher der Anaïs Nin 1, © Christian Wegner Verlag GmbH, Reinbek, zitiert nach 12. Auflage Nov. 1982, Deutscher Taschenbuch Verlag GmbH & Co. KG München.

Schwarzkopf & Schwarzkopf Verlag GmbH / Abt. Service
Kastanienallee 32, 10435 Berlin.
Service-Telefon: 030 – 44 33 63 00
Fax: 030 – 44 33 63 044

E-MAIL:
info@schwarzkopf-schwarzkopf.de